公共图书馆读者服务与阅读推广

赵燕汝 闫丽◎著

吉林科学技术出版社

图书在版编目（ＣＩＰ）数据

公共图书馆读者服务与阅读推广 / 赵燕汝，闫丽著
. -- 长春：吉林科学技术出版社，2023.7
ISBN 978-7-5744-0786-2

Ⅰ．①公… Ⅱ．①赵… ②闫… Ⅲ．①公共图书馆－
读者服务－研究②公共图书馆－读书活动－研究 Ⅳ.
①G252

中国国家版本馆 CIP 数据核字 (2023) 第 157602 号

公共图书馆读者服务与阅读推广

著	赵燕汝　闫　丽	
出 版 人	宛　霞	
责任编辑	张伟泽	
封面设计	皓麒图书	
制　　版	皓麒图书	
幅面尺寸	185mm×260mm	
开　　本	16	
字　　数	250 千字	
印　　张	16.25	
印　　数	1－1500 册	
版　　次	2023年7月第1版	
印　　次	2024年2月第1次印刷	

出　　版　吉林科学技术出版社
发　　行　吉林科学技术出版社
地　　址　长春市福祉大路5788号
邮　　编　130118
发行部电话/传真　0431-81629529 81629530 81629531
　　　　　　　　　　81629532 81629533 81629534
储运部电话　0431-86059116
编辑部电话　0431-81629518
印　　刷　三河市嵩川印刷有限公司

书　　号　ISBN 978-7-5744-0786-2
定　　价　80.00元

前　言

本书首先介绍了图书馆服务体系、图书馆服务评价、图书馆读者的阅读行为、图书馆读者服务工作、图书馆读者文献流通服务、图书馆读者导读服务；然后讲解了图书馆读者参考咨询服务、图书馆读者工作文明服务、图书馆读者服务工作的管理技术与设备、图书馆读者服务组织管理；最后介绍了图书馆阅读推广模式、图书馆主题阅读推广互动、图书馆推广服务管理、图书馆阅读推广创新服务等内容。本书主要研究图书馆读者服务的发展规律，探究国内图书馆读者服务工作现状与问题，审时度势，开拓创新，探索多元化的发展道路。其中，赵燕汝负责编写第 1 章至第 6 章，共计 13 万字，闫丽负责编写第 7 章至第 12 章，共计 12 万字。

赵燕汝，女，汉族，1989年1月出生，山东滨州人，研究生毕业于曲阜师范大学，现任滨州市图书馆办公室副主任。长期从事公共图书馆工作，参与市厅级课题两项，公开发表学术论文十余篇。曾获"山东省首届全民阅读活动阅读推广人"称号，并多次担任山东省读书朗诵大赛及全省少儿诗词朗诵大赛滨州赛区评委。在山东省文化和旅游厅主办的"非凡十年看山东"全省读书故事会中获一等奖。

闫丽，女，汉族，1975年3月出生，山东省肥城市人，1993年7月参加工作，中国共产党党员，毕业于中共山东省委党校，现任肥城市图书馆副馆长。

以思想教育为根本，不断夯实理论功底。 坚持全面学习和专题学习相结合，注重提高学习效率，增强专业技能。各学科联动，全面提高自身素质，依托图书馆工作优势，广泛涉猎人文、社科等多类知识。撰写了多篇论文，《关于巩固发展乡村私营图书馆（室）的思考》、《本体与关联数据融合驱动科技文献细粒度知识挖掘研究》、《浅析现代书院建设的意义》、《浅论公共图书馆数字资源在文旅融合中的影响及作用》等多篇学术论文，在山东省图书馆季刊和河北科技图苑期刊上发表。2016年在山东省图书馆学会"现代书院建设与齐鲁优秀传统文化征文"比赛中获得二等奖，参加2021年泰安市社科联课题评选，课题《社区图书馆共建共享模式研究》、《乡村文化振兴背景下的基层图书馆建设现状和策略研究》，2022年4月结项，坚定等级良好。

以业务能力为基石，持续提升服务群众效能。 秉持"爱一行、干一行、专一行"的工作态度，积极推广"文化惠民 书香桃都"全民阅读品牌，参与总分馆体系建设工作，深入基层，贴近群众，建成以市图书馆为总馆、14家镇街综合文化站为分馆的总分馆体系，形成"统一标识、统一制度、统一编目、统一数据、统一服务"的总分馆制度；参与建成"政府购买服务、社区提供场所、市图书馆资源共享、新华书店运营、志愿服务参与"的"五位一体"肥城模式，13个社区成立集阅读、文化、休闲、交流于一体的"家门口图书馆"，打通全民阅读服务的"最后一公里"。在肥城市"全民阅读"推广工程等项目建设推进中，完成多项重要任务。坚持"以人为本"原则，倡导"五心服务"理念，推出"春种、夏长、秋收、冬藏"系列活动品牌。在图书馆信息化建设中，创新推出"悦读、悦听、悦览"线上服务品牌。参加全国图书馆评估准备工作，以评促学、以评促建，推动我馆工作高质量发展。在全民阅读推广中，主动发挥模范带头作用，深入社区、乡镇，引导市民群众加入阅读行列。主动发挥图书馆社会教育的阵地作用，弘扬中华优秀传统文化中，取得积极成效。优异的工作成绩多次得到上级肯定，多次评为泰安市公共文化服务先进个人，曾获2016年度"山东省首届全民阅读活动阅读推广人"等称号。

目　录

第一章　公共图书馆

第一节 公共图书馆概述

一、公共图书馆的定义

《公共图书馆宣言》对公共图书馆的定义是："公共图书馆是由社区，如地方、地区或国家政府，或者一些其他社区组织支持和资助的机构，它通过提供一系列资源和服务来满足人们对知识、信息和形象思维作品的需求，社区所有成员都有享受其服务的权利，而不受种族、国籍、年龄、性别、宗教信仰、语言、能力、经济和就业状况或教育程度的限制。"

根据我国《公共图书馆服务规范》公共图书馆指由各级人民政府投资兴办，或由社会力量捐资兴办的向社会公众开放的图书馆，是具有文献信息资源收集、整理、存储、传播、研究和服务等功能的公益性公共文化与社会教育设施。

与专业图书馆不同，公共图书馆是针对所有的普通居民，提供图书（包括通俗读物、期刊和参考书籍）、公共信息及教育的场所。

二、公共图书馆的发展趋势

如何提供有效和多样化的服务，实现多元化的服务功能，是图书馆面临的一项艰巨的任务。

1.图书馆馆舍智能化

未来公共图书馆的建筑将具有灵活性、灵敏性和智能性。馆舍内部的设计将根据实际需要可随时收缩或扩展空间；遍布馆舍的电子通信网络，将使数据的采集，加工、传输等连为一体；计算机控制的管理系统能够自动调节光线、热量、通风、电力及其他变量；通过遍布馆舍的传感器，能够及时了解馆员的上班情况、到馆的读者数量、各人口的安全情况等。

2.图书馆收藏广泛化

传统图书馆的收藏是以书刊等印刷型资料为主。随着科学技术的发展，缩微资料、视听资料、机读资料、光盘资料等新型载体不断涌现，以及电子出版物的大量出版、光盘镜像服务的大量使用，图书馆馆藏资源不再以印刷品为主，非书出版物在图书馆馆藏中的比例不断上升，图书馆馆藏资源呈现出电子化、虚拟化、特色化的倾向。同时，各图书馆将重视开发特色馆藏，没有馆藏特色的图书馆将没有存在的理由。馆藏特色化和专门化是网络化图书馆发展的必然。

3.图书馆资源多元化、数字化及馆藏利用的自动化、远程化、即时化

随着信息技术的发展，非印刷型文献对图书馆的影响日益加强。网络的发展，使电子文献的使用效率得到提高，资源得到共享。但电子文献的出现和增长势头并未阻止印刷型文献的持续增长，电子文献和纸质印刷型文献具有很强的兼容性和互补性。21世纪，大部分图书馆的电子文献将与纸质印刷型文献长期共存，共同造福于用户。

随着"中国试验型数字图书馆"科研项目的启动，国家图书馆馆藏文献的数字化将以每年3000万页的速度发展。一些条件好的大中型图书馆也开始了馆藏文献的数字化。信息资源的数字化、网络化与信息处理的自动化将大大提高读者利用图书馆的效率。电子化图书馆在21世纪将实现无墙图书馆，在网络环境下读者将做到足不出户，便可随时掌握最新的信息。

4.图书馆机构功能化、管理人文化

传统图书馆的内部机构是按文献加工流程设置的，未来的图书馆将按服务功能设置。在原来采访、编目、典藏、流通等机构的基础上，将产生出特色阅览室、信息部、技术部、公关部等。图书馆的管理思想将从对书刊、设备、馆舍的管理向对读者、对馆员的管理转化。图书馆的管理体制是保证图书馆改革与发展顺利进行的必要条件，也是我国当前图书馆改革效果好坏的重要标志。

5.图书馆馆员素质的学者化、专业化、复合化

现代化图书馆不仅要求馆员具有图书馆学、情报学、目录学、文献学等方面的知识，同时为适应图书馆自动化系统和信息资源网络化的要求，还应具备计算机技术、通信技术、网络知识和数据库等方面的知识。在新形势下，图书馆的采购、分类、编目、流通、咨询、辅导等各项工作将逐步具有网络管理、网络导航、网络咨询、网络信息采集提供、网络信息资源分析研究等功能，这就要求图书馆的工作人员既有较高的管理水平，又必须是掌握新型技术的信息专家或信息工程师，是信息系统的建设者，成为复合型专家。

6.图书馆用户需求的社会化、多元化

在网络环境下，每一个团体或个人都可能成为图书馆用户，图书馆的服务对象将大大拓展。虚拟化图书馆将打破地域、行业界线，将不再会有公共图书馆、高校图书馆之分，图书馆面向的是全社会的读者。新兴学科、边缘学科的大量涌现将使读者群不再是某一专业、某一学科的专家、学者，而是社会的自然人。

7.图书馆服务手段的自动化、便捷化、服务内容深层化、智能化

在传统图书馆里，文献信息检索以手工为主，主要依赖卡片式与书本式的目录、索引和文摘等检索工具。而在网络环境下，各种便捷的文献信息检索工具应运而生，极大地拓宽了检索途径，扩大了检索范围，提高了检索成功率，缩短了用户与所需信息资源之间的距离，最大限度地实现了信息资源的价值。现代化的图书馆无论是印刷品还是电子出版物，流通方式都越来越自动化、便捷化。自动化管理系统软件已开启了图书馆自动化、智能化的先河。各种各样的信息服务和网络服务将取代图书馆传统的文献单一服务。这里的服务，包括传统的服务功能和在新信息环境下拓展新服务的功能两方面：既要继续做好传统文献服务工作，又要开展电子文献、数字文献服务；既要搞好传统的参考服务、导读服务和专业检索服务，又要开发建设图书馆网站，进行网上导航服务；既要保持实体馆藏的服务，又要竭尽所能，努力拓展网上信息传播空间。图书馆将根据用户的文献信息需求，运用各种方式、手段和技术深化、丰富信息服务。信息服务将从单纯提供文献单元的浅层服务向提供文献单元、信息单元、事实和数据、动态信息，综述信息等多元化、深层次、快速便捷服务系统转变。图书馆服务将走出本单位、本系统的狭小范围，实行信息服务的社会化。各种具有特色的专题数据库将是现代化图书馆的显著特征；各种数据的镜像服务将是 21 世纪图书馆的主要服务内容；远程教育、电视会议也会利用图书馆的设备和资源优势，而成为今后图书馆的服务内容之一；电子邮件、文件传递、信息查询、科技查询将会成为图书馆的日常工作内容，多功能的服务内容和服务手段将成为图书馆的业务。

8.图书馆评价效益化

评价工作是为了促进公共图书馆自觉地贯彻执行文化方针、政策，按照图书馆规律进一步明确办馆指导思想，改善办馆条件、加强业务基础建设、强化管理、深化服务、全面提高办馆质量和办馆效益，同时也在一定程度上检验各地政府对公共图书馆重视与支持的程度。评价不仅是对某个公共图书馆，也是对某个地区的公共图书馆事业的评价，是对地方政府管理文化业绩的考核。传统图书馆评价主要以馆舍面积、藏书数量、阅览座位等为指标，而未来图书馆评价将主要以提供信息资源的数量和质量，服务的功能与效果为指标。

9.图书馆办馆模式的一体化、网络化、国际化

在网络环境中，图书馆将与其他行业共同结为服务联盟，成为有机的整体。图书馆服务的网络化趋势表现在两方面：一是图书馆间的合作，从最传统的馆际互借到现代的联合咨询网之间的网络文献传递，另一个是跨行业跨地区不同图书馆之间服务的网络合作。那时的信息交流将打破地域限制。公共图书馆不再以馆藏数量的多少来衡量其存在的价值，而是以获取信息的知识、技术含量，深层次、全方位的知识服务，先进的服务

手段方式，复合型的服务人员，国际化、网络化服务联盟等来衡量其存在的必要。

第二节 公共图书馆基本构成要素

一、公共图书馆的构成要素

图书馆的构成要素有几种不同的说法：陶述先提出的"三要素说"，即书籍、馆员、读者；杜定友提出的"四要素说"，即资金、人才、书籍与房屋；刘国钧提出的"四要素说"，即图书、人员、方法和设备，以及"五要素说"，即图书馆、读者、领导和干部、建筑与设备、工作方法；黄宗忠提出的"六要素说"，即藏书、馆员、读者、建筑和设备、技术方法、管理。现在一般认为图书馆包括藏书、图书馆工作人员、读者、建筑和设备、技术方法和管理六个要素。而随着信息技术的快速发展，文献信息、用户、馆员、技术方法、馆舍与设备、管理成为当前公共图书馆的构成要素。

1.文献信息

文献是记录在物质载体上的信息。文献是图书馆赖以存在和开展工作的物质基础。图书馆馆藏文献是以图书馆的类型、任务和读者需要为依据，经过采选、整理、加工、典藏等工作，将分散的文献（记录与传播知识或信息的载体）集中组织成为有重点、有层次的文献体系。传统的图书馆馆藏文献（旧称"藏书"）是指由某个图书馆所收藏与管理的图书、期刊等文献，以及音像资料、缩微资料、机读文献等。随着社会的进步和技术的发展，藏书体系和藏书结构已发生了极大变化，现代的图书馆不是单纯地从藏书量和馆舍来比较优劣，还要看其获取文献信息、开发信息和提供信息的能力等。特别是文献信息资源，这是公共图书馆最为核心的要素，是图书馆的"立身之本"，它是针对特定用户群的信息需求而采集、组织、维护和发展的。现在则突破了一馆馆藏的限制，包括整个社会图书馆体系收藏的文献，甚至扩展到将网络上的虚拟信息资源也作为图书馆馆藏文献信息的补充。图书馆文献信息资源是图书馆所收藏和链接的各类型文献信息的总和。它们是重要的资源能帮助人们克服空间和时间上的障碍，贮存和传递人类已有的知识和经验，从而推动人类知识的增加和科技、经济的进步。文献信息资源中所携带的知识和信息内容可以供无数人同时使用或先后、异地反复使用、共享，还可以通过复制（复印、转录、缩微、数字化）等手段保持其原有的内容。合理、有效地开发文献信息资源，能给人类社会带来巨大的社会效益和经济效益。图书馆的文献信息体系应当是一个向社会开放的、经过严密组织的知识体系。随着社会和科学事业的发展，极大地提高图书馆文献信息资源体系的输出功能应成为现代图书馆的重要特征之一。

2.用户

用户（亦称"读者"）是图书馆的服务对象。凡是具有利用图书馆资源条件的一切社会成员，包括个人和集体，都可以成为图书馆的用户。图书馆用户的职业特点、知识结构、文献需求、心理特点及行为方式等各不相同。用户的存在和需求，决定着图书馆服务工作的价值；用户对图书馆的依赖程度，决定着用户服务工作的发展水平；用户快速、全面、准确获取文献信息的要求，促进了图书馆自动化技术的发展。用户不仅是服务工作的受益者，而且是推动服务工作前进的动力、检验服务质量的标尺。可以说，用户的文献信息需求是图书馆存在与发展的根据，是公共图书馆的核心要素之一，从这个意义上讲，它是图书馆诸要素中最活跃的要素。用户工作是图书馆的中心工作，也是图书馆改进管理水平和技术条件、提高服务质量的目的所在。发展用户、研究用户、服务用户是图书馆用户工作的主要内容。

3.图书馆工作人员

图书馆的工作人员，简称"馆员"，泛指图书馆的从业人员，包括各层次的行政管理人员和专业技术人员。他们是图书馆各项工作的管理者和组织者，是藏书与读者发生关系的媒介，是藏书由潜在价值变为现实价值的关键。因此，图书馆工作人员是构成图书馆系统中最重要的因素之一。图书馆工作开展得如何、社会作用发挥得如何，在很大程度上取决于图书馆工作员的职业道德和业务水平。馆员是公共图书馆的主体因素，是联系读者与图书馆的桥梁，他们掌握着图书馆的信息资源体系及其技术方法，是图书馆发展的关键。馆员是图书馆工作的实施者，是图书馆构成要素中最活泼的、最富有生气的要素，是最具生命力的物质力量和精神力量的源泉。未来的图书馆工作者可以不在"馆"里工作，可以在自己的电脑终端前与他人取得联系，完成本职工作。

馆员是图书馆的管理者，从事宏观或微观管理、业务或从事行政管理、人员或经费管理、馆舍或设备管理等。馆员是文献信息的开发者。如果说，馆员被历史赋予的第一个社会角色是"藏书保管者""知识守护者"的话，那么，现代图书馆的工作人员还要对藏书进行深层开发与挖掘，对分散在字里行间的有用信息进行筛选、汇总，加工成二次、三次文献。馆员是知识和信息的传播者。馆员不仅是文献的收集者，知识的守护者、文献信息的开发者、加工者，而且是知识和信息的传播者，借书育人者。

4.技术方法

图书馆藏书的收集、整理和开发利用的技术方法、读者服务的技术方法，图书馆组织管理的技术方法以及以计算机技术为代表的现代信息技术，构成了图书馆科学的方法。技术方法是做好图书馆工作的主要手段，图书馆能不能发挥作用，主要决定于图书馆工作人员能不能掌握正确的技术方法。图书馆作为社会知识信息的交流工具，必须以各种技术手段、工具和方法作为自己存在的基础。技术方法综合地应用于图书馆实践活动中，促使图书馆工作不断向前发展。

5.建筑与设备、信息设施

馆舍和技术设备、阅读设备、办公设备、水电设备等是图书馆最主要的物质条件。馆舍与设备是图书馆开展各项业务工作必不可少的物质条件，馆舍的功能要与图书馆的职能相适应。馆舍建筑如果不能适应工作需要，馆内各种设备不齐全、不符合标准都将阻碍图书馆工作的开展，降低图书馆的社会功能。建筑曾是特定历史时期最为重要的信息活动设施，但随着信息环境特别是现代信息技术的发展变化，建筑的作用日趋减小，取而代之的是多种适用的现代信息技术与设备，也称信息设施。传统的图书馆信息设施主要包括图书馆建筑、书架、目录柜、阅览桌椅以及打字机、油印机、装订机、图书流动车等简单设备。现代化图书馆信息设施则包括缩微阅读机、视听设备、复印设备、传真设备、文字处理设备、图书馆自动化系统、局域网以及因特网接口等。图书馆自动化系统则是现代化信息设施的主要核心，它由计算机硬件系统、软件系统和数据库三大部分所组成。硬件系统包括计算机主机、外部设备及其他设备等，是自动化系统的物质基础；软件系统包括与硬件系统配套的系统软件以及处理器等。设备是图书馆工作人员为读者服务的工具，是构成图书馆要素中的一个独立要素。设备和馆舍是图书馆构成要素中的两个"硬件"，是办好图书馆的物质基础。

6.图书馆的科学管理

图书馆的管理就是应用系统论的科学方法，按照图书馆工作和图书馆事业发展的规律，合理地规划、组织、控制、协调图书馆工作中的人力、物力、财力等各种资源，达到以最少的消耗来实现图书馆的既定目标、完成图书馆任务的过程。没有图书馆的科学管理，就没有图书馆工作的合理化和科学化，图书馆也就不能成为一个具有特定功能的有机整体，图书馆管理是图书馆工作顺利进行的基础，没有科学的管理，必然导致图书馆工作的分散、重复、混乱和低效。图书馆管理的内容有很多，如图书馆组织机构的管理、人事制度管理、业务管理、行政事务管理、图书馆的规章制度、图书馆管理的方式和方法等。

图书馆管理是实现图书馆工作现代化的需要，图书馆即使有了先进的技术和设备，不实行科学管理，就不能提高管理水平，也不能充分发挥作用。文献信息是图书馆服务的基础，用户是图书馆服务的对象，工作人员是图书馆与读者的桥梁，技术方法是图书馆服务的方法，建筑与设备是图书馆服务的必备条件，科学管理是图书馆提高服务效率的手段。它们之间相互依存、相互促进，共同构成图书馆的有机整体。

二、公共图书馆的基本特征

我国的公共图书馆担负着为科学研究服务和为大众服务的双重任务，在促进国家政治、经济、科学、文化、教育事业的发展，提高全民科学文化水平方面发挥着极为重要的作用。与其他各种类型的图书馆相比较，公共图书馆更接近最大范围的普通读者。对大多数读者来说，公共图书馆产生着比其他类型的图书馆更加有效的教育作用。因此，公共图书馆是各类型图书馆中的骨干力量，在整个图书馆系统中占有重要的地位。其中省、市、自治区图书馆是所在藏书、目录、馆际互借和业务研究、交流的中心，对区域内的中小型图书馆提供业务辅导。县图书馆多为本县工人、农民、乡镇居民和少年儿童服务。大、中城市区图书馆的主要服务对象是城市中的各阶层居民。有些大城市的区图书馆藏书数十万册，它们在开展馆内流通阅览的同时，还到街道、里弄开办借书站和流通点，把书送到基层，并协助和指导街道图书馆（室）建立城市基层图书馆网。

（一）省级公共图书馆的特征

省、自治区、直辖市图书馆（以下简称省级公共图书馆）是我国公共图书馆的骨干力量，是全省文献信息资源、目录、图书馆协作协调及业务研究、交流中心，是全国图书馆事业的重要组成部分之一。

1.藏书具有综合性、地方性的特点

省级公共图书馆收集各学科领域和各种类型的文献资料，以满足不同层次、不同职业的读者对文献的广泛需求。省级图书馆必须藏有包括各种形式载体的书刊资料。必须全方位搜集本地区和具有本地区特点的地方文献，形成具有地方特色的馆藏。

2.服务对象具有广泛性

省级公共图书馆面向社会各种文化程度的读者开放服务。对因故不能享用常规服务和资料的用户，例如少数民族用户、残疾用户、医院病人或监狱囚犯，必须向其提供特殊服务和资料。各年龄群体的图书馆用户能够找到与其需求相关的资料。有些公共图书馆还对边远地区的读者开展流动服务。

3.业务活动既广泛又专业

公共图书馆担负着为科学研究提供专业的服务，同时又为大众服务提供普通的服务的任务。读者可免费获得图书馆提供的服务，包括文献外借、阅览服务、参考咨询、文化活动（文献展览、报告会、讲座、电影、音乐会等），以及为老年人、儿童和残疾人提供的专门服务等。

省级图书馆是地区的信息中心，它向用户迅速提供各种知识和信息，担负着协调各大系统图书馆的业务工作，担负着全省图书馆系统继续教育的培训工作，担负对地、市县馆及基层馆业务的指导工作，一些大中型公共图书馆常设有分馆。一般来说，各省的中心图书馆和图书馆学会设在省级公共图书馆。省级馆还担负着学术研究的任务，有学术研究机构、出版学术期刊。

（二）省级公共图书馆功能

省级公共图书馆，它是政府主办的公益性文化服务机构；是独立运用现代化传播方式、广泛覆盖全社会城乡基层、为广大人民群众传播科学文化知识信息的中枢平台。关于省级公共图书馆的功能和定位观点不一，有学者认为：省级公共图书馆作为某一地区公共图书馆的中心机构，首先应成为省域范围内信息资源中心和信息服务中心，主要承担参考咨询、情报等较高层次的信息服务。也有学者认为，省级公共图书馆功能实现的顺序为信息咨询研究中心、教育支持中心、文化遗产中心、阅读中心、社区信息中心和社区中心。据一项调查显示，自主学习中心、传播文化、普及科普知识、培养阅读习惯与能力和提供准确、及时、有用的与工作、学习、生活等问题相关的信息是省级公共图书馆最重要的 5 项职能。

省级公共图书馆的功能可概括为：

1.国家版本和地方文献的收藏中心，各级公共图书馆都担负着收集和保存国家重要出版物副本，尤其是地方文献的任务，成为地方文献的重要收藏中心。

2.国家书目中心，负责编辑和出版各种藏书目录和索引，为广大读者提供书目服务。

3.文献借阅中心，对公众开展流通借阅和馆际互借业务。

4.文献情报中心，积极开展情报工作，为科学研究和生产服务。

5.文化教育、娱乐中心，通过各种方式，为读者提供文化教育、自学、娱乐活动所需的图书资料和场所。

6.业务辅导中心，大型公共图书馆对本地区各类型图书馆（室）承担业务辅导职责。

7.协作协调中心，大型公共图书馆应成为本地区各类型图书馆之间，本地区与其他地区图书馆之间在图书资源、图书馆服务方面的协作与协调中心。

概言之，省级图书馆的功能主要包括社会教育、信息服务、倡导社会阅读、文化传播服务导航等。

（三）省级公共图书馆的任务

第一，宣传政府法令，向人民群众进行爱国主义教育和社会道德教育，传播正确的荣辱观，树立社会文明风尚。

第二，建立起具有地方特色的综合性藏书体系。根据本地区的政治、经济、科学和文化教育事业的特点和需求，全面搜集各种文献信息资料。特别是本地区的地方文献以及反映本地区情况的文献资料。

第三，为本地区的经济建设和科学研究提供文献信息服务，开展如馆际互借、书目参考、解答咨询、定题服务等多种形式的服务工作，以满足读者的需求。

第四，传播科学文化知识，提高本地区广大群众的科学文化水平。省级馆应面向社会举办各种知识讲座、科技报告会等活动，以多种形式传播科学文化知识，以满足学习型社会对人的终身学习的需求。

第五，开展图书馆理论研究和工作方法研究，对全省各系统图书馆进行业务辅导，促进图书馆事业的全面发展。

第六，在省（自治区、直辖市）政府有关部门的领导下，推动本地区各系统图书馆之间的协作协调。

（四）市级图书馆的任务

市图书馆是所在地区的藏书目录、馆际互借和业务辅导中心。市图书馆的具体任务是：一是根据当地政治、经济、科学、教育和文化发展的需要，把重点工作放在服务于本地区的生产和科研项目上，促进当地社会政治、经济的全面发展。二是开展常规读者服务工作，满足广大市民对知识的需求。三是对基层图书馆工作进行辅导。四是丰富市民文化生活。市级图书馆拥有丰富的文献信息资源，既有各学科的专著，也有众多的科普读物、文艺名著、报纸杂志等。人们可以从图书馆借阅自己感兴趣的书刊，也可以到图书馆翻翻报刊，看看图书，享受读书之乐。尤其是现代的城市图书馆，不仅收藏传统的印刷品和开展一般的图书流通借阅，还配备有唱片、录音、录像、幻灯、电影、电视等声像设备和资料，举办各种活动，使人们扩大眼界，增长见闻，获取美感享受，丰富精神生活。

第三节 公共图书馆的职能

公共图书馆的职能是指公共图书馆所具有的作用和功能。在图书馆的历史发展过程中，图书馆的职能随着社会及图书馆自身发展规律的变化而变化。图书馆的职能主要可归纳为两大类，即基本职能和社会职能。

一、公共图书馆的基本职能

公共图书馆的基本职能是指在不同时期、不同国家的公共图书馆都具有的职能，这些职能贯穿于图书馆整个发展过程中，不随图书馆的技术方法、服务手段等的变化而变化，也不随社会的发展而变化。公共图书馆的基本职能就是收集、整理文献信息提供读者使用，也可以把这一过程统称为传递文献信息。具体可以分为三方面：一是对知识、信息的物质载体进行收集、选择、积聚；二是对知识、信息的物质载体进行加工、整理、存储、控制、转化；三是对知识、信息的物质载体进行传递和提供使用。公共图书馆的三项基本职能是由它的本质属性决定的,任何图书馆必须具有这三项基本职能,即收集、整理、提供使用,只有通过三项基本职能,才能保证图书馆动态的平衡,才能与外界进行正常的物质、能量、信息的交流,同时维持图书馆的生存和发展。

二、公共图书馆的社会职能

公共图书馆的社会职能是以基本职能为基础的。是图书馆的基本职能在一定社会的表现形式。公共图书馆的社会职能是受一定社会影响的,是社会所赋予、要求的,并随着社会的发展而不断变化、扩大。古代图书馆时期,图书馆的社会职能主要是保存人类文化遗产。近代图书馆时期,大机器工业的兴起,要求与之相适应的全民文化水平的提高和教育的普及,图书馆担负起社会教育的职能。到了现代,科学技术的迅速发展,人们对知识、信息的需求越来越迫切,图书馆又被赋予了开发智力资源、传递科学信息的职能。总之,图书馆有的社会职能在消失,有的社会职能在扩大,而更多的新的职能在不断出现。图书馆的社会职能具体有以下几个方面。

1.保存人类文化遗产

图书馆是人类文明的载体,是保存人类精神财富的宝库。它从诞生之日起,就承担着保存人类文化遗产的职能,在整个社会系统中有着任何其他文化机构所不能代替的重要作用。文献是跨越时间限制的人类思想的结晶,正是凭借着图书馆保存的丰富的文献资源,人类创造和积累下来的科学、历史、文化知识等财富才得以代代继承和传播。图书馆广泛、全面地收集社会发展历史和知识经验的图书文献,并对它们进行加工、整理,使其长久地、系统地流传下去。

随着时代的发展,图书馆在自身的发展过程中,保存对象的形式在不断发生变化,保存手段不断更新,保存目的不断拓展。从最初的龟甲兽骨、纸草泥版,到近代的印刷型图书,再到现代的磁盘、光盘、磁带、胶片、缩微胶片等,人类社会每前进一步所留下的文化遗产都可以作为图书馆保存的对象。从最初的藏书楼藏书到利用信息技术将馆藏数字化、电子化,使其能更长久、更完善地得到保护;从古代图书馆保存文化遗产以藏为主到现代图书馆的保存职能,更多地体现在对文献的利用上,使人类文化财富能更好更广泛地得到利用。由此我们可以看到,时代的发展并未使图书馆的此项职能失去意义,科技的进步使得该职能的作用发挥得更加完善充分,特别是在当代知识经济发展的阶段,要通过努力,用现代化科学技术手段对这些文化宝藏加以分类开发、保存和利用,以便更好地、更大范围地、更长远地为当代和后代人服务。这一职能使图书馆在人类社会发展史上和科学技术的发展史上,有着不可磨灭的伟大功绩。

2.开展社会教育

公共图书馆历来就是一种重要的教育机构，古代的皇家图书馆和有名的图书馆，不仅是藏书万卷的场所，也是培养封建吏才的地方。在近代的图书馆事业史上，有一批集图书馆人与教育家于一身之人，如梁启超、康有为、胡适、鲁迅等，他们既是教育家，同时又都曾是图书馆人。从老子到康、梁，这绝非一种历史的巧合，而是有其内在依据的。现代的图书馆被称为"没有围墙的学校"，著名教育家蔡元培说过，"教育不专在学校，学校之外，还有许多机关，第一是图书馆"。

公共图书馆作为一种社会文化教育机构，其社会教育职能主要包含两个方面：第一是传播科学文化知识，活跃文化；图书馆收藏着丰富的图书文献，既有科普读物，又有专业的学术专著和专题论文，因此它能满足各种专业、各种职业、各种学历和各种文化程度的读者需要。图书馆的教育不受时间、空间、年龄等限制，这是任何其他教育机构不能相比的。因此图书馆成为普及和提高科学文化水平的重要社会教育设施。另外，在科学技术发展日新月异的今天，知识更新的频率不断加快，网络技术，进一步拓宽了文化知识传授的范围，提升了文化知识传授的手段；通过远程教学使更多的人获得受教育的机会；通过数字图书馆丰富和扩展了知识资源；通过网络学习和多媒体教学手段改善教学效果等。图书馆长期稳定地对全社会成员普及教育、传授文化知识所发挥的作用，是任何学校无法替代的。第二是读者终身学习的场所。公共图书馆在社会中是一所不受年龄限制，对全民进行终身教育的大学校。古代图书馆就具有教育职能，只是由于服务范围小，不很明显而已。在近代，图书馆的社会教育职能得到充分地发挥。资本主义的大生产，要求工人有较高的知识和较多的技能，社会要求图书馆担负起对工人进行科学文化知识教育的职能，以满足社会需要。图书馆的这一职能的发挥，也是进入近代图书馆的重要标志。进入现代图书馆时代，科学技术发展迅速，知识更新的频率越来越快，人的一生都需要不断学习新知识，作为社会大学-图书馆，其社会教育职能得到了更加充分的发挥。第三是提升国民素质，为文化创新创造条件。图书馆通过开展信息素养教育启发用户智力、活跃思想、培养科学思维能力，使用户获得终身学习的能力，在知识经济时代，传统的学习方式已经不能适应现代信息社会的要求，脱离校门的工作者只有不断学习，更新知识，才能追赶上时代的脚步。第四是培养公民信息素养，图书馆具有传授文化知识的教育职能，并且因其具有的长期性、稳定性和灵活性的特点以及在培养公民信息素养中所具有的特殊作用而有别于正规教育机构，从而成为国民教育体系中的一个有机组成部分。图书馆由于具有开展图书馆教育指导用户检索利用图书的教育实践基础，因此成为培养公民信息素养的最佳场所，肩负起信息素养教育者的角色，指导读者了解信息资源及其价值、学会表达信息需求、善于利用信息资源和信息机构以满足自身的信息需求。数字图书馆的出现为再教育者更新知识结构提供了可能。数字图书馆以其四通八达的网络支持，最大限度地突破时间、空间限制，营造出全民共享、共同进步的良好教育环境，对于我国国民素质将起到巨大的提升作用。

　　3.均等传递信息服务

　　《公共图书馆宣言》阐述："公共图书馆对其所在民众，应不分职业、信仰、阶层或种族，一视同仁，给予同等的免费服务。公共图书馆，作为人们寻求知识的首要渠道，为个人和社会群体进行终身教育、自主决策和文化发展提供了基本条件。每一个人都有平等享受公共图书馆服务的权利，而不受年龄、种族、性别、宗教信仰、国籍、语言或社会地位的限制。"这表明公共图书馆的存在使每一社会成员具备了自由、平等、免费地获取和利用知识信息的权利。在当今社会，科学技术迅猛发展，记载科学技术的文献数量也急剧增长，文献的收集、整理单靠个人分散孤立地进行，不仅花费很大的时间和精力，而且已远远满足不了实际需要。因而需要有专职人员、专门机构从事科学文献的收集、加工、整理、检索和传递工作。作为文献主要收藏单位的图书馆，不仅具有信息的物质基础一各种文献，而且还有传递信息的方法，传递科学信息，是现代图书馆的重要职能，国家要发展就要加强科学研究。而科学研究具有明显的继承性、连续性和创新性，这就要求迅速地进行科学交流和收集、掌握文献中的信息，以避免重复劳动，少走弯路，从而在已经取得研究成果的基础上，进行创造性的科学研究。现代通信技术和计算机技术在图书馆中的应用，极大地提高了现代图书馆传递信息的效率，从而使图书馆传递信息的职能得到更好的发挥，成为现代社会信息的中心。随着现代信息技术的进步，公共图书馆由传统的手工操作形式向自动化、网络化、数字化的方向发展。它不单是只有图书、期刊、报纸等纸张型的收藏载体，还应当是信息的集散地和加工厂，既要以书本为单元，也要以信息为单元。

　　网络时代的公共图书馆，拥有大量的信息资源和便捷的检阅方式，建立了自己的网址，通过因特网进入各个单位和家庭。针对不同的用户，提供全面、灵活的网络连接方式，为用户提供各种资源库的快速检索，用户可以方便地、远距离地获取网上资源，最大限度地利用文化信息、经济信息资源。

　　公共图书馆还关注个人信息需求，面向大众提供无偿提供与日常生活、工作、学习等与公众密切相关的信息，如当地生活基本信息（就业、消费、法律、医疗等），当地政府机构、企业、科教文卫等机构及其人员信息、地方志等。通过信息服务，扩大省级图书馆的影响力。具体而言，第一，传递馆藏各种目录、题录等检索工具，向读者及时揭示、报道最新馆藏文献信息，以最快的速度将采集到的图书、期刊、光盘、数据库等文献信息传递到读者手中，使读者能够在第一时间内直接获取相关馆藏文献信息。图书馆依靠信息网络技术提供的信息服务，以其高效、快速、服务对象广泛、服务形式灵活便捷的特点正在使这一目标成为现实；并且随着各项知识技术的发展，图书馆能够进一步对信息进行深入挖掘和整合，将信息服务提升为知识服务。第二是信息素养教育。省级公共图书馆提供信息技能培训，帮助公众获得或提高计算机使用能力和网络技能，提高信息检索、信息评价和信息利用等技能，如数据库使用技能等。有的省级图书馆还可以提供免费上网、查找资料的空间，在一定程度上消除数字鸿沟的影响。

4.开发智力资源

所谓智力通常称为智慧，它是人认识客观事物并运用知识解决实际问题的能力。智力也是资源，它与煤、石油等自然资源一样，只有被人们开发和利用，才能发挥现代图书馆巨大的能量，为人类造福。公共图书馆开发智力资源的职能表现在两个方面：第一是开发信息资源：图书馆收藏的图书文献知识是一种智力资源，它只有经过开发，才能服务于人类。所以，图书馆要采用现代化的技术手段，建立完整的检索系统，对图书馆的这种智力资源进行开发，最详细、最全面地将其收藏的文献中的信息充分揭示出来，为每一条信息找到使用者，为每一个需要者准确、迅速地提供科学信息，从而使图书馆的智力资源得到充分的开发和利用，创造出新的物质财富和精神财富。第二是开发人力资源：图书馆不仅开发人类积累的智力资源，还要开发人的潜在的智力资源。这种智力资源的开发与图书馆的教育智能是密切联系的。图书馆对读者进行学习方法和阅读方法的教育，进行信息检索、开发和利用的教育，从而提高读者信息开发利用的能力。并利用丰富的馆藏文献，举办各种学术交流会、专题报告会、读者信息检索培训等其他各种形式的活动，开阔读者的视野，培养他们的各种能力，这都是图书馆开发智力资源的体现。

5.文化休闲娱乐

进入 21 世纪，公共图书馆已成为一个地区的文化中心，其功能远远超出文献服务的范围，已成为传播公共文化娱乐服务的重要公共文化场所。现代社会是一个竞争激烈、节奏快捷、充满抗争的时代，人们需要承受多种内外在因素的影响，心理需要随时放松、调节。因此图书馆文化娱乐职能应着力于将其建成为人们文化休闲、文化享受、文化娱乐、文化交流、陶冶情操、精神建设、问题探讨、学术沙龙的重要场所，特别是营造浓厚的文化休闲氛围，使图书馆真正成为公共文化展示空间、传递空间、交流空间。随着数字图书馆的出现与发展，信息资源载体和传播方式的数字化为建设公共文化空间创造了更好的环境。作为对此理念的响应，目前许多图书馆根据自己的具体情况开展了多种相关的社会文化活动，使图书馆逐渐成为城市或社区公共生活空间的重要组成部分。这些活动有的已经产生了较大的社会反响，甚至取得了非常显著的品牌效应，成为现代都市中一道亮丽的文化风景。例如，国家图书馆的"国图讲座"、上海图书馆的"上图讲座"苏州图书馆的"公益讲座"等，就是其中突出的代表。

公共图书馆不仅具有文化娱乐的职能，还要满足社会对文化休闲的需要，丰富和活跃人们的文化生活。休闲时间增加是现代社会发展的必然趋势，也是社会文明进步、生活质量提高的标志。图书馆除了阅览室外，还可以开辟展览厅、演讲厅、小剧场、学术活动厅等文化设施，开展英语沙龙、音乐欣赏、美术绘画、棋艺研习等；还可以建立视听室，播放健康有益的录像带、录音带、VCD 光盘、幻灯片、影片等视听文献；建立电子阅览室、网吧，进行电脑游戏或网上聊天，并设有一些体育活动室、健身房、成立各种培训中心，甚至可以提供各种艺术表演来展示地方文化，增强地区及社区居民的审美意识。把休闲娱乐活动同日常生活、文化教育等有机联系起来，把图书馆建成一个丰富多彩的、环境幽雅的休闲娱乐场所和社区的活动中心，促进当地文化产业的发展，从而提高人们的文化品位丰富人民群众的精神生活，培训人民群众的高尚生活情趣。

6.倡导社会阅读功能

公共图书馆是阅读的推动者，是阅读文化环境的建设者。随着图书馆服务领域的逐步延伸，举办丰富多彩的活动。丰富人民群众的精神文化生活是图书馆义不容辞的责任。图书馆除了为应用型的服务对象提供信息，为学习型的读者提供终身教育的功能外，还可以为消遣型的文化休闲者提供健康文化娱乐的功能。利用各级图书馆中文艺、体育、娱乐方面的图书和期刊，把广大城镇职工和农民吸引到学习和阅读健康有益的书刊上来，进而转变观念，移风易俗。

公共图书馆是培养公众阅读习惯和能力的主力军，尤其是对青少年阅读指导。如向儿童宣传和提供适龄图书，组织学生阅读活动，组织阅读俱乐部开展社会阅读节等活动；提供儿童阅读方法技能指导，提供教师或家长对儿童阅读相关资料的引导；组织书评、作者见面会等活动，宣传推荐书目等，引导阅读方向。

7.文化传播服务功能

图书馆在发展过程中，经过同各种文化资源的相互交流、渗透，又创造了富有特色的图书馆文化。通过馆藏文化的传播，可以打破时空的局限，将"上下几千年，纵横几万里"人类积累的经验、创造的知识、研究的成果，进行更加广泛的传播和交流，从而为科研人员进行创造性的劳动提供必要的先决条件。所以，图书馆是文化交流和传递情报的重要渠道。图书馆通过馆藏文化的搜集和传播，实现学科内部和学科间的交流，为科学交叉和知识转移创造条件；通过传播馆藏文化，建构新的有用的知识体系，进而为科学创新积累资料，促进社会科学和自然科学的发展。

公共图书馆对所拥有的资源进行有序化管理，如加工、整理和传播等，因此图书馆具有明显的文化传播优势。首先，图书馆拥有浓厚的文化底蕴和丰富的馆藏资源，这是其他文化传播机构所不能比拟的。其次，图书馆已对馆藏资源进行行之有效的标准化管理，合理地使用和配置图书资源，从而方便文化和信息的广泛传播。第三，图书馆利用所有的设备和人力资源，能够对多种形式的文化信息进行多途径和多方式的传播，为文化传播交流创造了优势条件。第四，图书馆拥有最广泛的读者群，巨大的读者到馆次数和图书馆主页点击次数，说明图书馆读者群的庞大。通过图书馆的传播功能，既普及了文化知识，又推动社会进步。这也是图书馆的社会职能的实现。随着各种新的文化现象的不断产生，图书馆对这些社会"即时文化"现象进行传播。比如，对于各种重新发掘整理的民间艺术。社会各门类学科的最新发展动态、文艺人才的创新成果以及商业社会中所出现的不同价值取向等文化现象，图书馆都可利用自身的文化优势，通过举办展览、演讲会等形式予以关注并传播。

8.服务地方文化功能

公共图书馆是当地文化机构的一部分，收集、保存、整合文献为主，尤其是地方历史资料、地方特色文献资源等，建立共享特色数据库，提高公众对文化遗产的认识，了解自身文化遗产和其他文化、提供与时尚话题相关的图书、声像资料等，举办各种文化展览、与用户兴趣爱好相关的活动、作家讲座、读者见面会等活动，促进文化交流与理解，传播先进文化，形成积极向上的文化环境，支持地方文化发展。

三、地市级公共图书馆的职能

1.公民终身教育机构

教育教化职能是公共图书馆从产生之日起就具备的，或者说为公民终身教育服务就是公共图书馆的基本宗旨。作为这样一种社会教育机构，地市公共图书馆不仅要为公民提供正规教育服务，还要为个人和社会群体的终身教育提供基本条件。人们需要不断增长新的知识或者更新自身知识结构，才能适应社会发展的需要。这种需要在城市居民中尤其迫切。在社区图书馆网络并不完善的情况下，地市公共图书馆必须尽可能地满足大众的这种需求，提供学习场所和参考资料，举办各种专题讲座和知识技能培训，有条件的还应提供正式的教育服务。

2.城市信息服务中心

随着公共图书馆理念的发展，"保障公民信息权利"已经成为地市公共图书馆的必然职能。因此，地市图书馆要将纷繁复杂的信息进行收集。组织和传播作为重要任务，为公众提供有关其学习、工作、生活、娱乐等各个方面的信息，让市民可以自由地从图书馆获取自己需要的各方面信息而不受环境、身份、地域、经济条件等外在因素的影响，从而最大限度地维护社会信息的公平。当其信息服务涵盖了诸如天气预报、列车时刻、就业信息等与人们生活息息相关的内容时，地市图书馆在市民心目中的地位自然会有质的飞跃。

3.地区特色文献中心

由于地理位置、历史沿革、经济社会发展等方面的差异，每一地区都有自身的特色，对这种特色的记录和保存，应该是地市公共图书馆的当然职责。地市图书馆一方面要围绕当地特色，加强相关文献的收集和整理、开发，形成特色鲜明的文献资源库；另一方面要充分利用计算机和网络等现代技术和设备，向读者提供本地区特色文献资源查阅、咨询等服务。比如我国正在大张旗鼓地开展非物质文化遗产保护工作，而各地需要保护的肯定都是当地特色文化形式。

4.公众文化休闲中心

地市图书馆在提供文献信息服务的同时，有必要为读者提供健康向上的文化休闲条件和相关服务。如举办保健知识讲座、专题展览、文化沙龙、生活知识竞赛，甚至音乐、体育比赛，向读者提供活动场地和设备等，以此引导市民养成良好的休闲生活习惯，引领先进的社会风尚，活跃群众文化生活，为构建和谐社会作出特殊的贡献。

5.阅读指导服务中心

地市公共图书馆既要成为公众学习的场所，又要努力成为能够提供阅读学习指导服务的机构。可以通过提供专业咨询，组织主题座谈、馆员和读者交流、阅读辅导以及举办其他读书活动，发挥图书馆的阅读指导功能。尤其要注重对青少年读者的阅读指导，使其养成良好的阅读习惯，从小培养阅读兴趣。如果能与中小学校加强联系，成为学生阅读辅导基地，会取得更好的效果。

6.地区中心图书馆

地市图书馆在为本地区公众提供文献资源借阅与咨询服务、组织读者活动的同时，还承担着本地区公共图书馆服务网络组织协调、图书馆资源采购配送体系建设、资源共享及服务援助实施、业务指导、人员培训等功能。尽管受行政管理体制改革影响地市图书馆的这一功能会逐步弱化，但在较长一段时间内还将保持。理由在于：一是由于历史原因，市级图书馆作为联系省级与县级图书馆的桥梁，在地区公共图书馆服务体系建设中的承上启下作用短期内不可能消失；二是由于现实条件的因素，地市图书馆对农村图书馆服务体系建设起到辅导和促进作用，对农村乡镇图书馆建设有着重大影响；三是面对数量百倍于自己的县图书馆以及广大的乡镇、村图书馆，省级图书馆要完全取代目前市级图书馆，真正履行指导和服务职能，还存在着难以克服的困难。即使不用辐射到县级以下，对城区而言，市级图书馆当然处于中心馆地位，深圳、上海、天津等地公共图书馆服务体系建设实践可以佐证。

四、县（区）图书馆的职能

1.公共文化服务体系与县级公共图书馆的联系

县级图书馆是我国公共图书馆的最基层服务机构，在公共文化服务体系建设过程中，县级公共图书馆是各级政府主办的公益性文化服务机构，是政府文化职能的基本实现部门，是农村居民共享社会精神文明成果，享受公共文化权利的直接窗口。其准确合理的定位是整个图书馆事业发展的重要一环。

2.在公共文化服务过程中起着承上启下的作用

一方面，县级图书馆作为直接面向基层服务的文化部门，是公共文化服务体系中重要的服务部门，也是文化惠民政策的执行者。另一方面，政策的实施为图书馆发展带来了大量的资源与发展的新契机，成为各项文化政策的受益者。为解决困扰县级图书馆发展的经费问题、馆舍问题、服务网点问题以及人员问题提供了保障。

3.服务对象多、地域广阔、经费来源广

就县级图书馆个体来说，虽然其规模较小、服务能力有限、读者层次较为单一，但同时若将其置于整个公共图书馆系统来讲，县级公共图书馆的服务对象是县级城市居民并延伸及其周边农村地区，资金来源有政府投资、基金会投资、企业投资及居民捐助等方式，因此具有服务对象多、影响范围广、分布局域广、经费来源广等特点，成为我国整个公共图书馆系统中不可缺少的组成部分。随着各种扶植政策的出台，县级公共图书馆在公共文化服务体系中的地位与作用，可以从县级图书馆覆盖基层等优势体现出来。

4.服务弱势群体

县级公共图书馆的服务对象主要是生活在县级城市的民众以及所在地域的农村用户，包括广大偏远贫困地区的农村群众，经济相对落后，信息交流渠道少，存在广大的经济或信息获取上的弱势群体，县级图书馆对帮助当地民众获取知识摆脱贫穷具有重要作用。

第二章　图书馆读者研究

第一节 读者工作概述

一、读者工作的意义及内容

（一）读者工作含义

读者工作的含义，有广义和狭义两种不同的说法。

广义的读者工作，也被人们称之为读者管理工作或读者管理，是指图书馆管理者根据图书馆的方针、任务和目标，对图书馆的读者进行有目的的组织与整序，研究其阅读需要的规律，协调其同图书馆的关系，使文献流与读者流有机地结合起来，从而使图书馆的文献资源和读者的智力资源得以有效开发的过程。它是以整个读者群作为研究对象，了解读者的组成结构、阅读心理需求等。其目的是提高读者服务工作水平，提高文献的流通服务质量，包括文献的外借、文献的阅览、馆际互借服务、馆外流通服务等。因此，读者工作紧紧围绕读者群的组织与整序来进行，也就是使读者在图书馆的一切活动都按照图书馆的管理意图进行有目的、有秩序地运行。

狭义的读者工作，是指向读者宣传、推荐、检索和提供文献的工作，它是开发文献资源的重要手段是图书馆联系读者的桥梁和纽带。这里，我们需要明确另外一个与此相关的概念：读者服务工作。

读者工作与读者服务工作，往往被看作是相同的含义，不同的说法，其实这是不全面的。它们是两个不同的概念，具有不同的含义。读者服务工作，是指图书馆直接满足读者需要的服务活动，它是读者工作的一个主要组成部分，包含在读者工作范畴内，从属于读者工作是读者工作的一个下位概念。

（二）读者工作意义

目前，读者及其需求的研究，读者利用图书馆文献的行为探讨，读者阅读及其心理分析等，已经成为现代图书馆学理论研究中的一个重要方面。近几年，国内外有不少关于读者需求和利用的调查与意见征询结果表明，尽管近几十年来图书馆藏书成倍地增长，工作内容不断地充实，处理和传递情报的技术手段有了很大的进步，然而读者从图书馆服务中所得到的满足程度并不如原来所预料的那样，图书馆对读者的吸引力仍然若即若离。尤其是网络环境和新媒体环境下，图书馆不再是读者查阅文献的首选场所和唯一选择，读者到馆数量和对图书馆服务工作的满意度远远没有图书馆员们预期的那样。究其原因在于，图书馆尚未最大限度地满足读者的需求。

众所周知，读者需要是图书馆存在和发展的基础，没有读者需求，图书馆就没有了运行的动力，也就没有了本身发展壮大的理由；要提高图书馆馆藏的利用率，发挥文献在传递知识、交流情报中的价值，必须有一种读者服务的新观念；图书馆如果要赢得读者，巩固本身的社会地位，实现自身的社会效益，必须以读者需要为第一，以服务读者为至上，并且要讲究服务效率，提高服务质量。简而言之，图书馆工作的成败、兴衰、存亡，系于读者。

古今中外的许多政治家、思想家、科学家和艺术家都与图书馆有着深厚的感情，他们借助图书馆的丰富藏书，经过长期的自我充实提高，结合自己丰富的实践经验，取得了辉煌的成就，这从另一侧面证实了图书馆读者工作的重要性。

（三）读者工作内容

读者工作的内容范围，随着近年的发展完善，已经逐渐形成一个完整的工作内容体系，它主要包括以下六个方面：

1.组织读者

组织读者是读者工作的第一步，是图书馆管理者对读者实施有效管理的组织措施。它包括发展读者、划分读者群和整序读者流。发展读者是通过读者登记来实现的。读者登记工作是图书馆对读者进行调查研究、了解读者、联系读者的基础，是做好读者工作的前提。高等院校图书馆的读者成分比较单一，凡本校的师生员工，都是本馆的服务对象，只要进行简单的读者登记，就可以成为正式读者。公共图书馆的服务对象比较广泛，比较复杂，需要根据办馆的方针、任务、规模和条件，以及读者的阅读需要特点等，有目的地发展读者。读者登记表要妥善保存，这不仅是了解读者、研究读者的重要资料，而且是图书馆进行各项统计的依据。为了便于日后开展对读者的研究工作，在读者登记时要详细记录读者的专业、职务、工作性质、年龄等。

2.研究读者

研究读者是指研究读者的阅读规律，包括不同层次的读者在阅读需要、阅读目的、阅读过程上的特点及其规律。研究读者的目的是提高读者服务效益和读者阅读修养，因此，图书馆界学者把图书流通概括为"为人找书，为书找人"是有一定道理的。图书流通就是要让读者找到所需要的图书，让图书为适合的读者使用。所以，研究读者是开展图书流通的基础。只有把握住图书流通的规律，掌握读者的阅读需要，才能找出满足这些需要的方法和途径。

进行读者研究，可以从两方面着手。一方面从宏观方面着手，研究读者的阅读需求，以求掌握各类型读者需求的特点和规律；另一方面从微观方面着手，研究读者阅读的动机与目的。阅读心理与行为、阅读方法与效果问题，以便有效地满足读者的需求。

3.分析读者

分析读者指的是分析读者的各种需求。

一般地说，不同层次的读者群对文献的需求是不同的。中老年科技工作者所需要的文献多为中外文科技资料和少量专著，其要求是"新""全""专""精"。青年科技工作者精力旺盛，对新事物比较敏感，图书馆应根据实际情况对他们推荐对口书刊。除此之外，读者在不同时期所需要的文献也是不同的，即读者阅读文献具有很强的时代性和阶段性。以高等院校图书馆为例，教学进程的不同阶段，读者用书情况是不同的。如开学初期，教学参考书的借阅量最大，因此，做好这方面的图书流通工作是服务的重点；考试阶段，应适当延长借阅时间，为复习考试创造有利条件。读者阅读的目的也是不完全相同的，有的是为了充实自己头脑，有的是为了解决一个实际问题，有的是为了研究学问，有的是为了享受等。因此，研究读者需求时要具体问题具体分析。研究读者，进行读者需求分析，有助于从总体上把握其需要的特点和规律，研究读者的阅读动机，不仅是为了提高服务的针对性，更重要的则在于对读者动机加以正确引导，对于高尚的、纯正的阅读动机，应充分地满足其需要；对于阅读动机不纯正的读者绝不能迁就，必须加强教育和引导，使其明辨是非，提高读者的阅读欣赏水平。总之，研究读者需求是图书馆搞好读者工作的一个关键问题，进行读者研究，有助于提高读者服务工作的针对性和服务质量与效率。

4.服务读者

图书馆服务工作是指图书馆利用馆藏和获得的文献信息，采取多种方式向用户提供服务的一切活动。图书馆服务是图书馆工作的外在表现形式，是图书馆社会价值和最终目标的体现，也是图书馆中最具活力的工作。它包括优化读者服务方式、扩大读者服务范围、增加读者服务内容和提高读者服务水平。图书馆服务读者的传统方式可以根据读者的实际需要，利用藏书、目录、设备以及环境条件，有区分地开展各项服务活动，包括综合应用外借服务、阅览服务、复制服务、咨询服务、检索服务、定题服务、报道服务、展览服务情报服务等，建立多类型、多级别的服务方法体系。此外，还要有效地满足各类读者对一次文献、二次文献、三次文献的不同需要，帮助读者解决在学习、研究工作中选择书刊、查询资料以及获取知识信息方面的各种具体问题。一个图书馆以何种方式服务于读者，主要取决于本馆的性质、规模和读者需求，而且还要随着图书馆的发展和读者需求的变化而不断变化。目前，随着网络的普及和计算机技术在图书馆中的广泛应用，利用网络为读者提供服务已经成图书馆的服务方向。图书馆的服务方式也由传统的服务转向了现代化服务，例如网上参考咨询服务。总之，图书馆的读者工作范围和工作内容应根据本馆的具体情况和社会发展水平来决定。总的要求是"用最少的投入，在最短的时间内向最多的读者提供最好的文献"。图书馆扩大开架借阅范围，开展参考咨询和情报服务，开展预约借书和文献复制等，就是这一原则的具体体现。

5.教育读者

教育读者是图书馆教育职能的一个具体体现。它包括宣传读者、辅导读者及培训读者三个方面的内容。

宣传读者是图书馆对读者进行科学管理的基本手段之一。在全部的文献流通和情报传递过程中，都离不开宣传工作，离开了宣传工作，则无法实现图书馆对读者的指导宣传的根本目的，在于在了解和研究读者阅读需要的基础上，主动向读者揭示文献的形势与内容，宣传先进的思想、科学知识，职业技术以及广泛的文化信息，把读者最关切和最需要的文献及时展现在读者的面前，吸引读者利用图书馆的多种图书文献以及各种资源，使图书馆的资源得到最大程度的利用。

每个图书馆还应该开展阅读辅导工作，针对不同读者的具体情况，有区别地为读者服务。辅导读者的根本目的是在了解和研究读者阅读需要的基础上，积极影响读者选择阅读范围，引导他们正确地选择文献内容，帮助他们学会利用文献和图书馆。读者辅导工作，是在熟知读者及其阅读需要的基础上，帮助指导，以促进读者更好地获得知识，提高阅读能力及阅读效果。

培训读者是为了让读者能更好地利用图书馆的各种馆藏文献，提高读者使用文献的技能。培训读者主要从两个方面入手：一方面培养他们的情报意识，激发他们利用图书馆的欲望，使他们自觉地认识到图书馆是自己的良师益友、终身学习的场所；另一方面提高他们利用图书馆和检索情报的技能，以便能熟练地利用图书馆，具体说，就是图书馆通过各种方式向读者传授"怎样利用图书馆"的知识、目录学知识、文献知识、情报检索与利用知识、网络数据库使用等。

6.读者工作管理

为了有效地开展读者工作，读者工作部门本身应进行科学的组织管理，包括岗位设置人员配置、组织劳动分工、明确岗位责任、建立健全各种规章制度、合理组织辅助藏书改进服务手段，完善服务体制等工作。

图书馆所设办公室，是从事全馆业务、行政、财务、后勤等事务管理的部门。业务机构包括书库、采访部、编目部、社会科学书库、自然科学书库、期刊阅览部、信息咨询部、网络技术部、数据加工部等。采访部是根据本馆的性质、任务，按计划采购和补充藏书，建立本馆藏书体系的业务部门；编目部是对到馆文献的加工整理部门；一些图书馆采访部和编目部是合二为一的部门，称采编部。书库是图书馆开展图书外借，直接为读者服务的业务部门，通常分为社会科学书库和自然科学书库。期刊阅览部是图书馆管理期刊工作的部门，包括期刊的采访、订购、新刊登到、分类、上架、借阅等；同时在馆内开展书刊资料阅览工作。信息咨询部是开展信息资料收集整理、加工、分析研究和传递服务的部门；很多高校馆的信息咨询部都开展了高层次信息服务，例如科技查新、论文查收、论文检索、科技情报分析与利用等。网络技术部主要负责图书馆主页的维护、数据库的订购与更新，同时负责图书馆管理系统的正常运行，保证图书馆局域网的畅通。

（四）读者工作的作用

1.读者要素是图书馆知识交流中的关键

图书馆活动是传播社会知识和交流科学情报活动的一个组成部分。读者是图书馆知识交流作用的对象，是图书馆知识、情报传递链中的终端环节，一切交流功能的充分发挥和交流效果所能达到的最佳程度，既取决于交流的内容、交流的技术，更取决于读者对交流内容的要求，对知识或情报的吸收能力、读者素质以及运用这些知识或情报改善已有的知识结构提高认识世界和强化解决实际问题的能力。文献作为一种信息资源，其价值并不一定是显性的，只有在了解读者，进行开发和有目的的定向传递时，才能充分发挥文献的信息价值。此外，读者不仅对文献做出抉择，而且也通过对文献的取舍和吸收来考核图书馆工作质量。对读者的管理是整个图书馆管理的重要内容，没有读者的图书馆就不能称为图书馆，充其量不过是个藏书楼。因此，开展读者工作是提高交流效益的关键，读者是构成现代图书馆的要素，是图书馆之本。

依靠读者是以相信读者为前提的，是相信读者的具体表现，依靠读者不是因为图书馆人员短缺，用读者补缺的权宜之计，而是图书馆的办馆思想问题，是图书馆管理工作中的原则性问题。要从思想上真正认识到读者是图书馆的要素之一，读者是图书馆的主人，图书馆与读者是相互依存，不可分制的整体。工作中要为读者创造较多的参与图书馆管理的机会，吸收更多的读者参与图书馆的管理和建设活动。在补充新书和剔除旧书的工作中，在制定图书馆的各项规章制度时，都应广泛听取读者意见，吸收有代表性的读者参与决策，还要注意发挥读者的监督作用。

2.读者需求是促进图书馆发展的动力

"读者"是个广泛的概念，其中有不同的类型，按照人们某些共有的倾向和特征，可以把读者划分为一些大的群体，属于各个大群体内的读者将选择大体相同的主题内容并以大体一致的方式理解、吸收知识和做出响应，这就是读者的分类。我们要了解读者对文献资料的千差万别的需要，就有必要对读者给予群分，因为只有这种分类的方法才能使我们认识和区别读者，寻找出读者质和量的共同点和差异性，总结出读者工作的规律性。

读者需求具有个体性和群体性两个方面，每个读者的需求由于个体的素质和条件的不同，其心理特征互异，因而所寻求和指向的文献都具有鲜明的个性；但是任何读者又都具有共同的文化背景，一定范围内的读者大抵总处在一个相对固定的文化环境中，从事着同类型、同方向的研究工作，同一主题性质的实践活动，其知识吸取或科学交流的环境相同、方法类似，因而需求又具有极大的共同面。作为个体的读者的需求虽然千差万别、变幻多端，表现为一种随机现象，是我们难以把握的，但是作为一个群体中的一员，他的需求总是与此群体所处的特定环境条件，群体的共同特征一职业、教育、年龄、心理、实践经验等相联系着。各个读者群都有其共性的文献需求、阅读倾向和选择利用文献的方式，这样就使群体内的读者的文献需求又具有客观确定性，只要我们掌握了各个读者群的共有倾向和共同特征，就可以找到读者工作的规律性，更好地为读者服务。所以，对读者需求的研究要以对读者群需求的研究作为出发点，这种研究有利于从总体上实现为读者服务的目的。当然，这里也不排斥对个体读者需求的探索研究，因为任何共性均寓于个性之中，并通过个性表现出来。对一个典型的、有代表意义的个体读者需求分析，正可以促进我们对该一群体读者需求的深刻理解。

3.读者服务是衡量图书馆工作成绩的标志

图书馆的业务活动按其性质划分，可分为两大类：一类是文献的搜集、整理、典藏和保管等，即人们普遍称之为图书馆的内部工作；另一类是文献的传递和使用工作，如文献的外借、阅览、宣传辅导等，是图书馆的对外工作。这两类工作都是直接或间接为读者服务的，都是完成图书馆任务所不可缺少的一部分。但是，由于读者工作是面对读者的第一线工作，因而它在图书馆的业务工作中占有更加重要的地位。读者往往以图书馆读者服务工作的优劣来评价一个图书馆的工作质量。实际上，评价一个图书馆的管理水平和服务效益，是以图书馆的文献被读者利用的程度和这些文献在读者中流通产生的效益为标准的，而不是以图书馆的大小或藏书多少为尺度的。搜集的文献质量如何、数量是否够用、分类和编目的组织工作是否科学，都需要在读者工作的实践中得到检验，读者服务工作是图书馆全部工作的外在表现，是衡量图书馆工作成绩的标志。

4.读者教育是开发图书馆潜在读者的重要手段

现代图书馆同传统图书馆相比，具有较强的教育职能，开展生动有效、丰富多彩的读者工作，进行文献的宣传和推荐，可以传播科学技术知识，帮助广大科技工作者掌握最新专业知识。充分发挥图书馆的社会宣传教育职能，吸引更多的读者了解和利用图书馆资源。

我们应该看到，图书馆虽然是社会知识交流的一个实体，但是它的交流功能至今尚未得到充分的发挥，即使是在图书馆事业较为发达的国家里，也程度不等地存在着这种现象。最明显的表现是，大量的居民只能说是图书馆的潜在读者，而非现实的利用者，或者仅仅是一个短暂时期的读者而非终生的使用者。图书馆还只能为占人口比例不大的一部分人服务。所以，在网络环境新形势下，图书馆应该充分利用网络技术的优势，使被动形式的服务变成为主动的、针对性强的服务，以其有效的服务更多地参与社会知识交流和情报信息的传递过程，以吸引那些潜在的读者乐意使用图书馆资源。

对于图书馆来说，把潜在的读者扩大为现实的读者，重视对社会成员的知识再教育和情报传递，是充分发挥图书馆的知识交流功能的一项十分重要的任务，如果我们不为多数人提供服务，我们事业的基础将是脆弱的。同样，加强图书馆的教育职能，重视新知识信息的交流，为国民经济建设和科学技术发展服务，扩大图书馆传统读者中情报用户的比重，则是图书馆现代生命力的体现，它不仅标志着图书馆工作向更高层次的发展，也是适应了信息时代发展的需要。

二、读者工作的基本原则

1.为人民服务的基本原则

为人民服务是我们国家一切工作的出发点和本质的特征，也是我国图书馆读者工作实践和理论研究的指导思想。这个基本原则和指导思想，为读者工作指明了唯一的正确的方向。为读者充分利用图书馆提供一切方便，是图书馆对读者进行有效管理的一条原则。这是图书馆的性质和任务所决定的，它有利于馆藏文献的充分开发和利用，有利于提高图书馆的服务效益。

图书馆在贯彻这一原则时，应注意如下五个问题：

一是从方便大多数读者出发。从本质上说图书馆的规章制度和管理办法是维护大多数读者利益的，不应成为读者利用图书馆的障碍。但是，在实际的工作过程中，作为一个机构，要协调好图书馆、工作人员、读者三方面的关系，图书馆在制定一些规章制度时，会不由自主地倾向于管理方便，形成一些方便管理的规章制度，而忽视了读者方便。这样的制度必然会造成对读者的种种不便。图书馆规章制度是图书馆工作实践经验的总结和概括，但随着图书馆工作的开展和人们认识的深化，它并不是一成不变的。人们应当根据客观情况的变化及时地检查规章制度，发现确实不合理的就得坚决地加以改革。图书馆制定各种规章制度，既要以便利读者为出发点，又要建立在科学管理的基础上，两者必须统一起来。所谓对读者的便利，是指对全体读者的便利，不能是便利一部分读者而妨碍了另一部分读者的阅读。而且，这种便利是长远的便利，不是称便于一时，而贻患于未来。制定规章制度时要体现在保证重点读者需要的前提下，满足一般读者阅读需求的原则。从整体上来看，图书馆要保护多数读者的利益。例如，图书馆为了严防丢失损坏书刊资料而订立的某些制度，目的就是要保护全体读者的共同利益。

二是建立和完善多功能的目录检索体系，实现目录检索网络化。目录是指引读者查找文献的向导，多功能的目录检索体系可以为读者快、精、准地检索到所需要的文献提供方便。随着科学技术迅猛发展，计算机和通信设备在图书馆得到广泛应用，大部分图书馆目录检索已经实现了网络化，读者只需登录到图书馆主页就可以检索自己所需书目。

三是对藏书进行合理科学的组织与布局。藏书组织是指将图书馆收集并加工的文献按照一定的要求进行合理的布局，组织一个有序化的藏书体系。图书馆的藏书由于日积月累越来越多，内容和形式都较复杂，对藏书进行合理地科学地组织与布局能够使各种类型的读者，方便及时地借阅到所需图书资料，便于工作人员的管理，提高服务质量，确保藏书完整，避免丢失和损坏；努力做好藏书补充、藏书剔除、藏书保护、图书排架、图书清点、图书宣传、阅读辅导等工作。

四是改进服务方式，扩大文献的开架借阅范围，简化借阅手续。传统的服务方式就是个人外借，为充分满足读者的阅读需要，应该实行集体外借、预约借书馆际互借、网上文献传递、邮寄借书、馆外流动借书等工作。新媒体环境下，图书馆实现了自动化管理，可以大大缩短读者在借阅处借阅手续的时间，为读者利用图书馆创造方便。开架借阅可以实现人与书的直接见面，为读者最大限度地利用文献提供方便。

五是具有合理的开馆时间。延长开馆时间可以使读者利用图书馆的时间增加，无疑是对读者有利的。但是，开馆时间并不是越长越好，因为它要考虑工作人员的作息制度，读者的工作学习时间等问题，所以开馆时间同大多数读者利用图书馆的最佳时间相吻合即可，即要科学地安排开馆时间。

2.充分服务的原则

充分服务的原则，即读者至上的原则，就是全面开发利用图书馆的资源，最大限度地满足读者的一切需要，这是读者工作应当追求的共同目标。充分服务的原则，直接体现了"一切为了读者""读者就是上帝"等指导方针与战略思想，反映了两层意思：一是读者服务工作中要以文教为中心开展各项活动，千方百计地满足读者对文献的需求。二是图书馆的一切工作，包括文献工作、行政管理工作、思想政治工作，都要围绕读者的活动进行，以读者的需要作为一切工作的出发点和归宿。

图书馆在贯彻执行这一原则时，需要注意如下三个的问题：

首先，把读者利益看作是图书馆的第一利益，树立读者本位意识。这里所说的读者利益，主要指的是读者充分使用图书馆资源的权利，如读者在图书馆里正常的借阅图书期刊、借阅册数、借阅期限、阅读时间、开馆时间等，以及情报咨询、文献利用、图书证的办理及使用等，都应受到保护和尊重，任何人不准以任何借口对读者的上述基本权利施以冲击和侵占。读者的本位意识，是指图书馆是为读者服务的，它的一切活动都应以读者为中心。图书馆收藏图书只是一种手段，而读者利用图书才是最根本的目的，藏书建设应该是读者需要什么，就补充什么；开馆时间也应该是读者利用图书馆的最佳时间，不要在读者有时间阅览时，图书馆闭馆，而读者无暇时，图书馆开馆。读者借阅图书的期限也要根据具体情况来设定，既要保证图书的正常流通，又要确保读者持有图书达到一定时间以便于使用。

其次，尽最大努力满足读者的阅读需要。读者的阅读需要是多方面的，而图书馆的文献资源是有限的，不可能满足广大读者的一切阅读需要，如何使有限的资源发挥出最大的作用，这就需要图书馆采取各种必要的有效措施，制定更为合理的工作流程和规章制度，如延长开馆时间、加大阅览文献的比重、加快文献借阅频率、开展预约借书等服务，来充分满足文教需要。同时，传统图书馆的读者服务主要是以文献借阅为主，而现代化的图书馆则突破了这种局限，开展了多功能服务。即图书馆要深化文献服务，不仅提供文献单元服务，还要提供知识服务，接受各种咨询、解答各种问题。同时，还要扩大服务内容与服务领域，积极为大众提供审美、交流、学习等多方位的服务。在开展多功能服务的同时，图书馆还应尽力加强特色服务，建设自己的特色馆藏，以展示自己的个性，更好地为读者服务。同时，图书馆还应在本地区和本系统内积极开展资源共享活动，通过馆际互借等方式，来满足读者的特殊需要。

最后，图书馆内务工作与读者需要发生矛盾时，应服从读者需要。图书馆的服务工作同读者的需要从根本上讲是一致的，但在具体工作中却经常会发生一些矛盾，例如开馆时间、借阅册数、节假日、图书加工、图书整架等。图书馆在处理这些问题时，都应该首先考虑读者的需要，尽量避免发生冲突。

3.区别服务的原则

区别服务就是有针对性地满足各种读者的不同需求，其实质在于讲究服务的艺术，注重服务的效果，着眼于服务的质量。该原则是搞好读者工作的基本政策。图书馆工作是一种社会教育工作，在图书馆服务工作中必须针对读者的不同情况，来采取不同的服务方针，有区别地对读者进行服务，才能起到事半功倍的效果。

区别服务主要是由如下三个方面的因素来决定的：

首先，是图书馆藏书结构与读者结构。区别服务原则是建立在对读者和藏书进行系统分析的基础上的，藏书是一个多级别、多层次的动态结构，而读者成分及其需要也是一个多类型、多层次的动态结构。图书馆管理者应该有针对性地采取不同方式来满足不同读者的需要。区别服务的核心是提高读者工作的有效性，使所有的文献资源都能做到物尽所能，发挥其所有的价值，使所有的读者都能各取所需，满意而去。其次，是服务机构与服务方式。随着图书馆事业的不断发展，社会上出现了各式各样的图书馆，这些图书馆的具体任务和服务对象不同，对书刊文献资料的搜集、整理，保管和传播的内容、形式及方法也各有差异。

根据图书馆的领导系统，考虑图书馆的性质、读者对象和藏书内容等因素，对图书馆进行划分，类型有：国家图书馆、公共图书馆、学校图书馆、科学图书馆、专业图书馆、技术图书馆、工会图书馆、军事图书馆、儿童图书馆等。在上述各类型图书馆中，通常认为公共图书馆、科学图书馆、高等院校图书馆是我国整个图书馆事业的三大支柱。由于不同类型的图书馆机构的不同，导致了它们具有形式各异的服务方式，在图书馆的读者中，有些属于重点服务对象，有些则属于一般服务对象。对重点服务对象，在借书范围、册数和期限等方面应当有区别地给予重点保证和关照。当然，在满足重点读者阅读需要的同时，也要兼顾一般读者的阅读需要。例如在高校图书馆中，高校教师和学生就是重点服务对象，一些社会人员或实行馆际互借的其他在校生则属于一般读者，对于他们图书馆都会采取不同的服务政策。另外，同属于重点服务对象的高校教师和学生，也会在借书期限或册数等方面受到不同的限制。这就是根据实际情况进行区别服务的原则。贯彻区别服务原则能使图书馆的服务工作分清主次，保证重点，兼顾一般，从而使馆藏文献及人力、设备等条件用在最需要的地方。

最后，是图书馆各种社会职能决定的。所谓职能，就是指人、事物或机构应有的作用。职能是由性质决定的，有什么样的性质就有什么样的职能。图书馆的职能，从根本上讲，是由图书馆的中介性决定的。图书馆的职能也要根据其性质、任务，读者对象、收藏范围和所在地区等具体情况的不同，而有所侧重。因此，应强调从各馆的实际出发，来发挥图书馆的职能作用，以便办出图书馆的特色来。

4.科学服务的原则

科学服务的原则就是遵循图书馆工作自身的规律，按照科学的思想、科学的态度、科学的方法、科学的管理措施，组织读者服务活动，这是所有图书馆工作者工作的基本要求。科学的思想，就是在读者工作及其研究中，要具有整体的全局的观念，要会运用全面的、联系的、发展的观点来认识问题。科学的态度就是实事求是，一切从实际出发，讲究实效而不图虚名的态度。科学的方法，是指在读者工作及其研究中，要形成一整套实践与理论的方法。科学的管理措施，是指读者工作的规章制度、先进的技术设备和服务手段。

5.教育导读的原则

教育职能是现代图书馆的重要职能之一。图书馆的读者群成分复杂，其阅读需要和阅读目的也是多种多样的。为了提高阅读的效果，更好地履行图书馆的教育职能，作为社会阅读活动的组织者，图书馆必须对读者的阅读目的、阅读内容和阅读方法给予积极地引导，使读者阅读活动健康发展。

6.资源共享的原则

资源共享是当今图书馆事业发展的一个重要课题，也是读者服务工作的基本原则。早在20世纪50-60年代，图书馆界就有人提出了这个概念，认为图书馆资源共享，是指图书馆之间相互分享各自的资源，为读者或用户提供更多的服务。现在，这个要领在原来的基础上又有了延伸和发展。例如美国匹兹堡大学教授肯特认为："资源共享是图书馆的一种工作方式，即图书馆的全部或部分功能为许多图书馆所共享。"他还认为，图书馆资源不仅是藏书，图书馆所拥有的人员、设备、工作成果等都是资源，因而也可以某种方式为许多图书馆所共享。关于资源共享可以说是图书馆界多年来的梦想，区域合作、实现文献资源的合理配置与共享是解决图书馆诸如购书经费不足、藏书空间有限、文献保障率低等问题的关键。为更好开发信息资源，为我国的经济建设服务，图书馆应更新观念，改变传统运作模式，利用网络和各种现代化技术，走协作之路，努力实现全方位的资源共享，让"藏书楼"向数字化图书馆转变。

第二节 图书馆读者结构

作为整体意义的读者队伍，是由各个不同类型的读者群所组成的有机组织系统，称为读者结构。这些不同类型的读者群具有共同的文化背景和相对固定的社会环境，从事着相同类型、相同方向的社会活动和同一主题的研究任务；在图书馆活动中体现出共同的文献需求、阅读倾向和选择利用的方式。这些共同性为我们研究读者需求规律，更好地服务读者，提供了客观依据。为此，从整体上认识和了解读者队伍的组成系统，分析各类型读者群的个性特点和共性特点，是非常重要的，可以更加合理地组织与发展图书馆读者队伍。

一、读者队伍的组织与发展

（一）读者队伍组织

读者是图书馆服务的对象，通常是由特定范围、特定类型、特定成分的读者类型所构成。在整个国家和地区的图书馆事业中，读者队伍的数量、读者成分、读者类型的广泛程度直接说明了图书馆事业的发展程度，说明了图书馆资源的开发利用程度，同时也说明了图书馆的社会地位和社会作用的发挥程度。因此，图书馆只有做好读者的组织工作，才能开展有针对性的服务工作，提高服务的效率，从而加快图书馆事业发展的步伐。

做好图书馆读者的组织工作，有两层含义。一是从图书馆事业的宏观角度出发，按照各类图书馆的性质和任务，将各种类型的读者群进行组合，使其成为具有一定内在联系的图书馆读者队伍。包括读者队伍的调整工作，确定图书馆各种类型读者的比例和数量，以及读者登记与借阅卡的发放等工作。其意义在于通过对读者的科学组织，掌握各种不同类型读者群的需求规律和心理特征，在提供一般服务的基础上，进行重点服务，从而最大限度地满足读者的需求。二是指从图书馆具体工作的角度出发，成立和组建各种不同类型的读者个体参加的读者活动组织。如"读者沙龙""读者协会""读者委员会"及各类定期讲座等。各种读者的组织活动是为了创造良好的阅读环境和条件，提高读者的阅读能力和阅读水平，培养读者图书馆意识所展开的一系列组织活动。它是随着现代社会图书馆读者主体意识的崛起而发展起来的，是图书馆在不断提高服务质量的过程中所开拓的读者服务新领域和新途径。其意义在于图书馆读者也是一种资源，为了更好地面向社会、服务社会，图书馆不仅要充分发掘和利用各种图书馆资源进行社会性服务，同时还要充分发挥图书馆读者的智慧，组织读者参与图书馆事业的管理和活动，从而提高图书馆在社会中的地位，实现图书馆的各项社会职能。

在图书馆读者队伍中，客观地存在着重点读者与一般读者的区别。重点读者是图书馆的重点服务对象和研究对象。确定重点读者，要把图书馆和读者两方面的情况结合起来考虑。一方面要考虑图书馆的主要性质、任务与藏书结构，另一方面要考虑读者利用图书馆资源的目的以及对图书馆的依赖程度。读者是担负科学研究任务的、系统自学的，还是一般性阅读的；是经常利用图书馆的，还是偶然利用图书馆的；是经常反映阅读需求和阅读效果的，还是不常与图书馆取得联系的。

总之，应当根据图书馆的实际情况，确定不同类型，不同成分的重点读者；同时也要根据读者的实际需求情况，确定重点读者的组织条件。一般来说，图书馆的重点读者应包括利用图书馆资源进行系统学习和从事科学研究的读者。此类读者对图书馆资源的依赖程度比较高，并能经常利用图书馆资源，与图书馆保持密切联系、积极反映阅读需求和阅读效果，是图书馆服务的重点读者对象，应给予各种优惠服务。图书馆读者队伍的组织，除了确定重点读者之外，还应根据社会经济建设的发展，以及社会和读者对图书馆资源的利用状况，及时地对图书馆读者队伍进行调整。在通常情况下，调整读者队伍，应考虑三个方面的变化因素：

1.国家和地区经济建设及科学文化教育事业发展的变化情况。图书馆只有以国家和社会的发展为主要服务目标，才能生机勃勃、日益发展。一般来说，国家经济改革的势头、企业和机构的调整、社会经济成分的变动、工程技术与科学研究项目的发展等都会直接或间接地影响着读者对图书馆资源的需求，影响着图书馆读者队伍的变化。因此，在对图书馆读者队伍调整过程中，首先就必须根据社会的需要来进行，这是保证图书馆文献服务充满活力的根本条件。

2.图书馆读者队伍的实际变化。由于读者工作的调动、职业的变化、单位的撤销以及读者居住搬迁等原因，读者的借阅卡长期得不到利用，形成长期闲置的借阅卡。而许多需要利用图书馆资源的读者又因为领不到借阅卡而无法利用图书馆资源。因此，必须对持有借阅卡而又长期不去图书馆的读者进行调整。

3.图书馆藏书结构失调状况。在正常情况下，图书馆读者结构应与藏书结构保持大体平衡，才能最充分地利用图书馆藏书。否则，就会产生利用率下降的现象。为了充分开发和利用图书馆资源，就应该定期开展验证核实工作，调整撤销不适宜的读者部分，发展新读者，增减各类型读者成分数量比例，使读者队伍的构成与社会实际需要相适应，与馆藏结构相适应，与图书馆的任务和能力相适应。经过调整，不断提高图书馆读者队伍的质量，使图书馆资源得到充分利用，使应该利用图书馆的社会成员成为图书馆的正式读者。

（二）读者队伍的发展与转化

对于图书馆来说，把潜在的读者转化为现实的读者，重视对广大社会成员的图书馆意识的教育和信息利用能力的教育，是充分发挥图书馆知识交流功能的一项十分重要的任务。加强图书馆的文献传递职能，扩大读者范围，增加信息用户的比重，促进知识信息的交流，为国民经济建设提供全方位的服务，是图书馆生命活力的体现，它标志着图书馆工作发展的更高层次。

1.图书馆发展读者应考虑的因素

一般来说，读者的形成和发展与人们生活的社会环境有着密切的联系，因为社会环境既是促进人们求知欲望和滋长信息意识的土壤，又是决定人们对知识和文献需求程度的重要因素。社会政治、经济发展的趋向，市场调节和竞争的手段，企业经营的方式，科学研究的规模和能力，抉择系统的建设和抉择过程的科学化程度等，都是人们进行社会信息传递的根本条件；而社会科学技术的发展水平，社会教育的普及与提高程度，社会的文化和心理特征等，又是激发人们对文献需求，产生阅读行为的重要因素。在现代社会里，科技知识在更广泛的程度上转化为直接生产力，构成社会生产、技术进步、生活改善中不可缺少的决定因素，知识的社会价值得以充分实现，这样尊重知识、尊重人才真正成为社会的普遍风尚，人们的信息意识才能普遍增强。而全民族文化水平的提高，高学历人员比例的增加，科学研究不断深入发展，国内外学术交流日益频繁，以及社会对精神文明建设的重视等，是进行社会信息传播与交流的有力保证。只有在这样的社会环境条件下，才能出现一支庞大的读者队伍和多样化的文献需求，才能促进图书馆文献交流功能的发挥。所以，社会环境是造就一支广泛的、活跃的读者队伍的重要因素，是决定社会文献传播和信息交流的规模、范围、开发程度、吸收能力的基础。因此，图书馆读者队伍的发展，必须从社会发展的整体意义出发，分析图书馆与社会之间的关系，在促进社会各方面发展的同时，求得自身的发展。

人们通常认为，图书馆读者队伍的发展，应该考虑三个方面的问题。

（1）各类型的图书馆的主要服务任务及其提供服务的可能条件。由于各种类型的图书馆具有不同的工作性质和服务任务，在发展读者、充分利用图书馆资源的过程中，就应该根据本身的工作性质和任务来确定发展的对象。如公共图书馆是面向公众开放的图书馆，担负着为科学研究服务和为大众服务的双重任务。在促进国家政治、经济、科技、文化、教育事业的发展，提高全民族科学文化水平方面起着重要作用。因此，公共图书馆读者队伍的发展，应充分体现其所有的特点，向整个社会提供服务，使每一个社会成员都能充分利用图书馆资源。同时，公共图书馆还应改善文献传播与交流的方法与技术，变被动形式的服务为主动的、针对性强的服务，以积极有效的方式更多地参与到读者的社会实践活动之中，吸引广大的潜在读者利用图书馆资源。除此之外，发展读者还应考虑图书馆的各种可能条件，具体来说，包括：图书馆的馆藏条件-图书馆藏书的规模、藏书结构及其比重等；馆员条件-图书馆读者服务工作人员的数量、知识结构及其服务能力；馆舍条件-图书馆的空间容量与设备条件等，这些是满足读者需求、壮大读者队伍不可缺少的重要因素。

（2）各地区、各系统政治、经济、科技、文化、教育发展的实际需要。社会的文献需求是推动图书馆事业发展的强大动力，为社会的国民经济建设和科学技术服务，是图书馆现代生命力的具体表现。因此，发展读者必须根据社会发展的实际需要，如地区或系统的经济运行特点，科学文化教育事业的发展状况，厂矿企业体制改革的重点问题，科学研究的攻关项目，机关学校的现实工作，以及各行各业、各阶层有文献需求的社会成员，都可以作为图书馆服务和读者发展的对象。只有这样，才能最大限度地发挥图书馆资源的社会作用。

（3）地区或系统图书馆事业发展状况及其图书馆的馆际分工与协调。图书馆事业的发展直接影响到读者服务的范围和规模。由于图书馆事业是一个整体的社会事业，在满足整个社会文献需要的过程中，各类型图书馆都客观存在着一个相互联系和相互制约的内在机制。因此，图书馆读者队伍的发展，也应本着全面规划、统筹安排、分工协作、紧密联系的原则，在分工协作的基础上，最大限度地满足社会文献需求。一般来说，各系统图书馆主要是将本系统的社会成员发展成为正式读者，公共图书馆则主要把各阶层的社会成员发展成为公共图书馆的正式读者。个人读者按照就近利用图书馆的原则，成为最近的图书馆各项资源的利用者。具有特殊需要的读者可以通过单位和组织，与图书馆建立起各种借书关系或通过馆际互借方式加以解决。

2.潜在读者转化成图书馆的现实读者

潜在读者系相对于现实读者而言，指那些具有阅读能力但暂时尚未利用图书馆资源的社会成员。图书馆发展读者的主要任务，就是将这些潜在读者转化为图书馆的现实读者。现实潜在读者向图书馆现实读者转化的一个非常关键的因素，就是将读者潜在的需求转化为现实的需求。从理论上分析，读者需求是使读者产生阅读行为最基本的动力，是一种心理状态，通常以个人愿望、意念的形式表现出来。它并不由个人意志所决定，而是由人与人、人与自然的关系以及其联结形成的社会环境所决定。社会不但产生着人类需求的对象，也产生着需求本身。由于读者自身的发展与社会环境的变化，因而导致了读者需求的不断发展变化。读者需求广泛地存在于读者的社会活动之中，有的可以被读者所感受和表达出来，这种被读者所表达出来的需求，在日常的读者服务工作中称之为现实需求，它直接导致了读者查找文献，阅读文献、利用文献的行为，通过一系列行为活动来满足这些现实需求。而另一部分未被读者所感受的需要或者感受到而未表达出来的需要，就是读者潜在需求，它是客观存在的需求，只是由于各种社会环境因素和自身主观因素的影响而未表现出来。图书馆要将潜在的需求转化为现实的需求，把潜在读者发展成为现实读者，则要积极地创造条件，诱导和促进读者需求的转化。

第一，图书馆应积极地开展阅读指导活动，端正读者的人生态度和个人价值取向。要做到这一点，图书馆就应重视创造良好的阅读环境，给读者以健康文明的影响和熏陶，以正确的世界观和方法论对读者进行正面的教育和引导。尤其是在市场经济条件下，面对各种经济的冲击，人们的价值观发生了很大的变化。如何树立高尚的精神境界，正确处理好"社会与个人"的关系，不仅是社会精神文明建设的主要内容，而且也是图书馆读者服务和读者教育的重要任务。因此，图书馆在进行政治思想导向教育的同时，还要加强人生观的价值导向，为读者推荐好书，宣传好书，让读者在阅读中潜移默化地接受正确的人生观，引导读者树立健康向上的积极进取的人生态度和价值观。

第二，应增强读者的图书馆意识。读者的图书馆意识直接影响着对图书馆资源的利用程度，而社会的图书馆意识又是决定图书馆生存和发展的重要因素。图书馆要树立主动服务的思想，把增强读者的图书馆意识作为一项经常性的工作来抓，并贯穿于图书馆工作的各个方面和各个环节、层次，并引起全社会的重视和支持。同时，也要重视自身的宣传，要让广大的社会成员充分了解利用图书馆在其工作、学习和生活各方面的重要意义，借以激发读者阅读和利用图书馆的愿望，从而积极和自觉地利用图书馆资源。

第三，提高读者对图书馆资源的利用能力。图书馆利用能力是一个综合能力，是成为图书馆读者的根本条件和保证，通常包括读者的阅读能力，查找文献的能力及利用文献的能力。其中，阅读能力是读者的基本能力。一般来说，潜在读者包括两类社会成员：一类是有阅读能力，但无利用图书馆的条件；另一类则是有特定的文献需求，有利用图书馆的条件，但无利用图书馆的能力。对于这两类社会成员，图书馆应该通过各种途径将他们组织起来，授以利用图书馆的知识。如开办图书馆知识讲座，介绍图书馆的馆藏情况、业务部门的设置、服务范围和服务内容，以及利用图书馆的方法，帮助读者获取阅读能力，巩固和提高利用图书馆资源的能力，为激发和满足读者潜在需求创造良好条件。

第四，扩大读者服务范围，改进读者服务工作的组织，提高服务质量，以良好的图书馆形象吸引和影响读者利用图书馆。图书馆资源的利用与否，在很大程度上还取决于图书馆读者服务工作开展的好坏和图书馆作用发挥的大小。图书馆工作开展得好，图书馆作用发挥得充分，则可以取信于社会，吸引社会对图书馆的利用，扩大社会公众对图书馆的依赖程度，促进潜在读者向现实读者的转化；反之，则会制约社会对图书馆的利用，甚至危及图书馆的生存和发展。因此，搞好图书馆工作，充分发挥图书馆的社会职能，是形成和增强社会图书馆意识的关键，也是发挥读者、壮大图书馆读者队伍的重要因素。

（三）图书馆现实读者转化为积极读者

潜在读者转化为现实读者之后，仍然存在着继续发展的过程。图书馆如果不能把握这个过程，现实读者还会逆转。因此，加强读者培训，不断提高读者获取知识、信息和文献的能力，掌握利用图书馆的方法，开展丰富多彩的读者活动吸引读者，是巩固读者队伍的有效措施。发展和巩固读者队伍的最高境界，是培养一大批读者积极分子。积极读者是指以读者身份直接参加图书馆服务和管理工作的社会成员。积极读者把被服务者与服务者统一在一起，把权利和义务统一在一起，从深层次上揭示了读者与图书馆系统的关系，以及读者与社会的关系，体现了以读者为主体的现代图书馆学思想。

实现现实读者向积极读者的转化，首先是要对读者进行文献知识的教育，使读者了解和掌握图书馆文献资源的类型与特点，以及使用方法和条件上的特殊要求，为读者充分利用不同载体形式的文献打下牢固的基础。其次是要对读者进行文献检索的教育，提高读者的文献检索能力。使读者能够通过各种检索工具，查找和选择所需要的文献。尤其是在现代图书馆中，大量的文献信息都记录和贮存在数据库中，如何通过计算机检索系统选择和确定文献，是图书馆资源利用的关键问题。因而辅导读者正确使用各种检索工具和检索系统，是巩固读者需求和利用图书馆的最基本的措施。再次是帮助读者熟悉图书馆的业务工作和各项服务措施，使读者掌握图书馆学知识和方法，这是提高读者利用图书馆的自觉性和积极性的有效途径。尤其是在自动化和网络化的条件下，掌握有序化文献信息的知识和方法是十分重要的，它能使读者更加快捷、更加广泛、更加准确地选择文献，满足其需求。同时也为读者参与服务、参与管理打下基础，为现实读者转化成积极读者创造了条件。

总之，发展读者，培养一支积极读者队伍是依靠读者力量办馆的具体体现，其实质是促进图书馆事业的蓬勃发展。

二、读者与图书馆读者

（一）图书馆读者

图书馆读者是一个特指的概念，通常是指具有文献需求和阅读能力，并充分利用图书馆资源的个体和社会团体。它是一个特定范围的读者，是社会读者中最为活跃的一部分。图书馆读者是图书馆服务的对象，图书馆的一切业务活动，都是以组织和指导读者的阅读活动为目的的。作为一种社会的宣传教育机构，图书馆的各项社会功能都体现在读者阅读活动的效益上。所以，读者是接受图书馆作用的对象，读者的阅读活动时刻都在接受图书馆工作的影响。同时，读者对图书馆资源的利用，一般都具有强烈的自主性。读者是图书馆真正的主人，图书馆的各种资源以及全部的业务活动都是以读者为核心的，其内容与规模是以读者的需求为根据，在充分尊重读者自主性的基础上，为读者提供全面的文献服务，从而满足读者文献需求。图书馆读者数量庞大，成分复杂，类型多样，涉及极其广泛的社会成员。通常图书馆读者可以分为现实读者和潜在读者两大类型。现实读者是指在图书馆活动中有阅读行为的社会成员，其中包括图书馆的正式读者和临时读者。解决问题的关键在于使图书馆如何变被动的服务方式为主动的、有针对性的服务方式，如何有效地积极参与社会知识交流和文献信息的传递过程，以吸引那些潜在的读者充分利用图书馆资源，使图书馆真正成为人类文化知识的"喷泉"。

（二）读者结构

所谓"结构"，就是组成一个整体的各个因素之间稳定的联系。按照辩证唯物主义的观点，任何事物都不是毫无次序地罗列和堆积，而是按照一定的形式有序地组合而成。

虽然图书馆读者是一个松散的群体，彼此之间没有固定的联系和组织形式。但是，由于读者之间所处的环境、文化教育和社会任务相同或相近，使这些读者很容易产生共同的情绪、需求、观念和态度等。因此，在阅读活动中必然产生各种各样的联系，如相同的阅读需求、相同的阅读兴趣等。同时，又由于读者本身的年龄、性别的差异，使读者在文献的需求和选择利用上表现出各自不同的特点。所以我们认为，图书馆读者也是有层次的，它是由不同层次的读者群组成的有机系统，是由不同成分、不同类型、不同范围、不同数量的读者群所构成的整体。因此我们所说的读者结构，从宏观上来说，是指构成图书馆读者队伍内在联系的各种因素（包括构成读者队伍的社会因素和自然因素）。

构成读者队伍内在联系的各种社会因素主要有读者的职业结构、知识结构、民族结构等；构成读者队伍内在联系的各种自然因素主要有读者自身的年龄结构、性别结构、生理结构、地域结构等。宏观读者结构是指某一具体图书馆的读者构成。它是由不同类型、不同职业、不同文化素养的读者所构成的组织体系。研究读者结构有利于我们掌握读者队伍的现状及其发展变化趋势，为做好读书服务工作提供可靠的依据。一般来说，读者结构在不同程度上影响着读者群的排列组合，影响着读者对文献需求的程度和文献利用的深度广度。同时，不同的读者结构还影响和制约着图书馆的藏书结构，两者之间相互适应、相互调整，共同完成图书馆系统的正常运行。随着读者结构的发展变化，藏书结构要进行相应的调整；而当一定的藏书结构建立之后，对图书馆的读者结构也需进行相应的调整，否则会降低藏书的流通率，形成滞书、死书。总之，读者结构反映了图书馆的基本读者队伍，表明了图书馆的主要服务对象。它是读者服务工作研究的主要内容之一。读者结构是客观存在的，同时也是无形的。任何一个图书馆都有其与工作性质和任务相适宜的读者结构。

（三）读者结构类型

1.职业结构

所谓职业，是指通过社会分工，要求人们所从事的某种具体工作。它既是社会分工的需要，也是人们赖以谋生的手段。我们所说的职业结构，是指读者在文献阅读过程中所体现出的各种职业需求的比例。它主要表现在阅读中的职业需要、职业兴趣、职业爱好等特征上。这种职业结构的作用主要表现在它能反映出读者稳定而持久的阅读倾向。

人们通常所说的职业结构往往是指就业后的读者队伍的一种组合形式。实际上，在一些尚未就业的读者中就已经存在着一定的职业特征。尤其是对从事专业学习的学生（大中专生）来说，这种职业的特征表现得更为明显。这群读者在入校之前就进行了职业的选择和定向，在思想上为今后的职业工作进行了充分的准备，心理学上称为"定势"，这种职业的定势，对读者的阅读范围有着决定性的作用。这个时期的读者，已具有初步的职业意识，主要表现在主动掌握有关职业的基本业务技能、培养职业素质和职业兴趣上。所以，读者的职业结构是广泛的，它不但可以构成各种社会职业的读者群，而且还对社会职业的后备军的阅读倾向有着重要的影响。可以这样说，不同的职业结构，可以构成不同类型的读者群；稳定的职业结构，对读者的阅读活动起着决定性的作用，它将在较长的时间内限制和影响读者的阅读方向和阅读内容。

2.知识结构

所谓知识，是指人们对客观事物、现象和过程的反映，是人们运用自己的智力和能力认识客观世界的结果。这种认识客观世界的智力和能力来源于人们的文化程度和科学范围。而知识结构则是指读者在文献阅读过程中表现出的文化程度和科学范围的需求比例。它主要表现在读者的文化特征上，即具有一定教育程度和文化水平的读者对文献需求上所表现出的内容深度，阅读方式、阅读目的的层次级别。知识结构的作用主要是能够反映读者文献信息的接受能力和利用方式。一般来说，具有不同知识水平的读者，在文献的阅读范围、内容深度上有着很大差别，对图书馆的利用方式及需求价值上也有着明显的不同。如，具有较高知识水平的读者（科研读者、教师读者等）对文献的需求上主要表现为二次文献和三次文献的需求，更多的是利用图书馆的外文资料和特殊资料，通常以参考咨询和文献检索为主要利用方式。而一般读者大多需用中文普通文献。有人曾经做过一个调查，了解青年学生（大、中学生）对古、今、中、外文艺作品的需求情况。其结果表明，在当代青年学生读者中，大学生读者对古代文学作品和外国文学作品明显高于中学生读者；中学生读者对现代文学作品的需求略高于大学生；对外国文学的翻译作品的需求，大学生读者和中学生读者大体相当。这个调查结果证明，不同文化程度和知识结构的读者，在文献需求上是有很大差别的。所以，读者的知识结构直接影响着读者接受文献的信息量，同时也影响着读者阅读文献内容的深度和广度。在图书馆这个文献交流系统中，它又直接影响着图书馆藏书体系的构成比例。

3.年龄结构

年龄结构是整个社会读者智力构成的一个重要的亚结构，它是指图书馆读者队伍中各个年龄组的构成比例。其作用在于反映不同年龄阶段的读者在接受文献和理解文献过程中的心理素质及智力状态，是读者智力构成的一个十分重要的方面。

年龄是人类的自然属性，大至一个社会、一个单位，小至一个家庭，都是由不同年龄人组成的，不同年龄的人有着不同的智力和社会任务，因而对文献的需求层次也表现出明显的差别，体现出不同的阅读兴趣、阅读目的和阅读方式。如少儿读者主要以阅读童话和故事书籍为主，青年读者以阅读社会流行作品和科普著作为主，老年读者以阅读传记、回忆录为主。因此，图书馆对读者的服务必须针对其每个年龄组的读者表现出来的各种特点来进行。目前，随着科学技术的迅速发展，知识陈旧周期的不断加速，新的知识以排山倒海之势不断涌到人们面前。尽管年龄的增长仍伴随着知识的积累，但是，人们的知识水平与年龄之间已没有非常明显的因果关系了。从大量的科学发明史中可以看出，科研成果的绝大部分出自青年与中年之手。特别指出的是青年读者，由于求知欲强，阅读兴趣广泛，通过阅读，能促进他们的智力开发和世界观的形成。所以，图书馆要特别注意加强对青年读者的研究和指导，帮助他们学会利用图书馆和图书馆里的参考工具书。所以，读者的年龄结构可以直接影响读者利用图书馆的方式，影响读者接受文献内容的层次和水平。

4.性别结构

性别也是人的自然属性。由于性别的差异，读者在阅读过程中表现出来的心理活动具有较大的差异。大量的调查研究表明，男性大都具有较强的竞争意识和攻击性，富于理性和自信心。他们理想远大，自我控制能力较强，善于进行抽象思维。女性大都富于感情和依赖性，善于形象思维，进取心弱于男性，更愿意寻求他人的帮助。这些心理活动特征深刻地影响着读者的图书馆活动，影响着读者对图书馆资源的利用。

5.民族结构

读者队伍的民族结构是一种社会因素。由于我国是一个统一的多民族国家，各民族的政治、经济、文化、教育的发展以及语言文字的应用各不相同，各民族具有不同的民族特点。因而，不同民族的读者在阅读行为上存在很大的差别。特别是在多民族地区，这些差别表现得尤为突出。统计数字表明，图书馆读者的民族构成中，汉族读者占绝大多数。其他民族的读者在数量上虽然不如汉族读者多，但对他们的文献需求应给予特别重视。在少数民族聚居地区，图书馆应花大力量搜集民族文字的书籍，并做好服务工作。

6.特殊生理结构

对于丧失部分生理机能的读者群，我们称之为特殊生理结构。这些读者尽管生理上有缺陷，但大脑健全与正常人一样，具有特定的文献需求和阅读能力。受生理方面的影响，他们在阅读文献类型、阅读手段和服务方式上，有特殊的要求。如盲人读者通过触摸阅读盲文读物，聋哑读者通过手语进行阅读。因此，图书馆应为这些特殊生理结构的读者配备听觉资料，视觉资料和播放、录制设备并送书上门，以多种服务方式给予热情、周到的服务。

（四）读者结构特点

无论什么样的读者结构都具有如下特点：

1.读者结构是一个具有内在联系的组织系统

读者结构不是松散的、零乱的、毫无联系的读者个体的集合，而是由一个个不同成分、不同类型、不同范围、不同数量、不同层次的读者群所构成的综合体。在这个综合体中，一定数量的读者个体构成了不同成分的读者群，并体现出具有共性特点的文献需求。而不同类型的读者群体又构成了整个读者结构的各个组成部分，并且相互联系形成一个有机的整体。

2.读者结构是一个不断发展变化的系统

读者结构是一个相对稳定的组织系统，这种稳定性只能在特定的时间范围和特定的空间范围之内体现出来。但是，随着社会的发展和变化，读者需求也将发生变化。读者的需求变化，带来了读者行为上的变化，而读者行为的变化最终将导致图书馆读者结构发生变化。因此，读者结构又是一个动态结构，随着社会的变化，以及读者结构各组成要素或组成部分的变化，整个读者结构也会发生相应的变化。

3.读者结构从整体上反映图书馆读者队伍的状况

读者结构反映了图书馆读者队伍的构成状况，各类型读者群的比例决定了文献利用的特点。任何一个图书馆的读者队伍，都是由特定范围、特定数量、特定类型、特定成分的读者群所构成，各级各类图书馆，有不同的读者群，因而就有着不同特点的读者结构。相对而言，公共图书馆读者类型相对复杂，成分多样，数量众多，其读者队伍的构成状况比较复杂；专门图书馆的读者结构比较单纯，通常由对口专业的读者群所组成，体现出专业化的文献需求特点；高等学校图书馆的读者队伍结构具有层次性和系统性特点，介于中间状态。通过图书馆读者队伍的结构状态，就可以大体了解读者需求的整体特色。

读者结构最基本的构成要素是读者个体，它直接决定读者结构的状况。可以说，读者个体的数量决定了读者结构的大小，读者个体成分的复杂性决定了读者结构的复杂性。当一定数量的读者个体按其内在联系进行排列组合，就形成了具有某种共性特点的读者群。读者群是读者结构的基本单位，它反映了读者结构中各类读者的比重与特点，是读者结构构成状况的具体体现，是对松散、无序的读者个体进行分门别类地划分和组合的结果。它使各种各样的读者个体形成一个个具有共性的群体，从而形成具有某种内在联系的组织系统。由此看来，读者结构实际上是把一定范围内一定数量的读者个体分门别类地划分和组合成若干个读者群之后，再把各读者群有机地结合在一起。因此，它是一个人为的组织系统。

三、读者类型

读者类型是图书馆读者结构中的基本构成因素。图书馆多种多样的读者群，形成了各种不同类型的读者，不同类型的读者具有各自不同的特征。这些特征形成了读者的社会经历与社会生活地位，体现了读者特定的文献需求和阅读行为。为了更深入地研究读者，掌握读者阅读需求规律，更好地满足各类读者需求，就要将结构复杂的读者队伍，按照某种标准进行区分和组织。由于读者阅读需求和阅读能力千差万别，其社会职业、文化程度各不相同，因此应采用不同的划分标准来区分读者类型。

（一）划分读者类型的主要依据

读者类型是图书馆读者队伍的基本构成因素。我们在确定划分读者类型的标准时，必须遵循如下几项原则：

首先，要选取对读者及其心理的变化最为密切的因素作为划分的依据。如，在同一所大学里划分读者类型，应按照读者进校的年限来区分，因为不同年级的读者在阅读兴趣和阅读范围上有着很大的差别，所表现出来的心理承受力也不一样。

其次，划分读者类型的标准不宜过繁，因为读者是处在特定社会环境中的人，具有一定的复杂性，如果我们采用过多的标准来区分读者，必然会给自身的工作带来许多不利。因此，在确定划分依据时，应力求突出重点，足以说明问题即可。

再次，划分读者的依据要便于判断。否则将影响读者分析的准确性，并降低区分读者类型的作用。

一般来说，划分与组合读者类型的主要依据之一是读者的各种结构特征。许多读者类型就是依据读者自身的职业结构、年龄结构与文化知识结构划分组合而来的。如根据读者的职业结构，可以把读者划分为工人读者、农民读者、教师读者、军人读者等；根据读者的知识结构，可以把读者划分为一般读者、专业读者等；按照读者的年龄结构，可以分为儿童读者、少年读者、青年读者、中年读者、老年读者等；根据读者的性别结构，可以分为男性读者和女性读者；根据读者的民族结构可以分为汉族读者、少数民族读者等。总之，划分读者类型应以读者自身结构特征能反映不同类型读者群的共性特点为基准。

读者在图书馆的活动方式主要是指读者在图书馆的借阅权限和组织形式，也是划分与组合读者类型的主要依据之一。按照读者在图书馆的借阅权限，可以划分为正式读者和临时读者。正式读者享有经常、固定地使用某一特定的图书馆资源的权限。临时读者是指在图书馆没有办理借阅证件或建立借阅关系，偶尔利用图书馆资源的读者。正式读者和临时读者对图书馆资源享有不同的使用权限。按照读者在图书馆的组织形式，可以分为个人读者、集体读者、单位读者三种类型。其中，个人读者是图书馆的主要读者群，包括不同成分的个人读者类型；集体读者是以小组为单位利用图书馆资源的读者类型，小组内的读者个体具有共同的读者需要和阅读方式；单位读者是以固定机构为单位利用图书馆资源的读者，包括建立了馆际互借关系的图书馆和图书馆的分支机构。

总之，划分读者类型主要有两种依据，即根据读者自身的结构特征和读者在图书馆的活动方式进行区分。通常是先将读者按其在图书馆的活动方式进行区分，然后再按照读者的结构特征进行深入的区分，组合成若干具体的读者类型，各类型读者在利用图书馆资源上体现出了各自的基本特点。

（二）各类型读者的基本特征

1.个人读者类型

个人读者是图书馆读者队伍的主要读者类型，是以个人为单位独立利用图书馆资源的社会成员。它通常又可以根据读者的结构特征划分为多种不同特点的个人读者。

（1）少年儿童读者。少年儿童读者也称为中小学生读者，是指6-15岁年龄段的少年儿童。由于他们处在半独立、半依赖、半成熟、半幼稚时期，受外界影响较大，行为上具有较大的可塑性。

（2）大学生读者。大学生读者既是青年读者的一部分，又是学生读者的一部分，具有双重特征。作为青年读者，大学生在生理机制、心理机制上已经基本上完善成熟，世界观已经形成。

（3）科技读者。科技读者通常是指各行业、各学科的科技工作者（包括科学研究人员、工程技术人员、医生、作家、文艺工作者等）。按专业技术职称，可以分为高级科技人员、中级科技人员和初级科技人员。科技读者是图书馆读者队伍中的主要读者类型和重点服务对象。

（4）教师读者。教师读者是指在各级各类学校从事教学工作的社会成员（包括普通高等学校、各类成人高等教育学校、中等专科学校、中小学教师等）。教师读者是各级各类学校图书馆的重点服务对象，也是各级公共图书馆的服务对象之一。

（5）公务员读者。公务员读者对文献的需求除了提高自身的科学文化知识以外，更需要战略性的综合动态信息，以及专业领域内的事实性资料。在图书馆服务上，我们应针对公务员读者的文献需求特点，开展针对性较强的服务工作，以提供全面系统的综合性的，既聚焦十分强烈又具有全局观点的文献信息，满足公务员读者的特殊需求。

（6）工人读者。工人读者是图书馆读者队伍中的主要读者类型，他们人数众多，成分复杂，层次多样，广泛分布在厂矿企业、商业财贸、交通运输、建筑、邮电、服务行业及其他第三产业部门，是各级公共图书馆和工会图书馆的主要服务对象。在工人读者队伍中，青年工人读者群是图书馆的积极利用者，是图书馆一般读者队伍的重点研究对象。

（7）农民读者。农民占中国人口的绝大多数，是图书馆最大的潜在读者。在我国新一代的农民中，大多受到过初、高中教育。随着改革开放的不断深入，农村商品经济的发展，农民的职业成分发生了很大的变化，文化事业的发展，使农民读者的信息意识普遍增强，学科学，讲科学、用科学的社会风气日益高涨，人们的精神需求日益强烈。

（8）军人读者。现役军人，是连队图书馆的主要服务对象，也是各级公共图书馆的大众读者类型之一。军人读者在文献需求上通常是以政治理论、军事技术、科学文化知识为主要内容。在图书馆的利用上是以外借、阅览形式为主。随着军地两用人才的培训，军人读者的阅读需要将向着广阔的科学技术领域方向发展，体现出理论性、技术性、可操作性、实用性特点。

（9）居民读者。居民读者是街道图书馆和各基层公共图书馆的服务对象，其中包括从事个体、集体劳动的就业职工，退休、离休的老年居民，以及各种闲散人员。随着我国经济体制改革的深入，为数众多的下岗职工将补充进入居民读者群中，成为基层图书馆的主要读者类型。

（10）残疾读者。残疾读者是个人读者类型中的特殊读者群。他们虽然在生理上有一定缺陷，失去部分生理功能，难以从事正常的阅读活动；但在智力上，残疾读者（脑残疾除外）并无缺陷，具有与健康人同样的阅读需要和阅读能力。如我国"当代保尔"张海迪身残志不残，以顽强的毅力学习科学文化知识，学习外语，并翻译了大量外国文学作品，成为生活的强者。

2.集体读者

集体读者是指以一定的组织形式（如读书小组、写作小组等）利用图书馆资源的读者。集体读者最突出一个特点，就是具有共同的需要和阅读方式。他们或同在一个具体单位，或从事同一种职业，或为同一工种、同一年级，或进行同一个项目的研究，在一定期限内，集体借阅一定范围的文献。各类型图书馆都有不同形式的集体读者，如公共图书馆的读者小组、借书小组、自学小组等，高等学校图书馆的学生小组、教材编写小组等，科研单位图书馆的科学研究小组等。

3.单位读者类型

单位读者是指以固定机构为单位利用图书馆资源的读者。单位读者通常包括三种类型：

（1）图书馆固定服务的单位。如由各类型图书馆直接提供文献服务的生产单位、科研单位、教学单位及其他组织机构。

（2）图书馆的分支机构。如公共图书馆的馆外流通站、图书馆的连锁分馆、高等学校的院系资料室、科研机构图书馆的分支部门等。

（3）建立了馆际互借关系的图书馆。单位读者作为图书馆的团体用户，其实际上是一个文献信息传递的中转机构。它的基本职能就是充当文献传递的"二传手"。一方面根据本单位读者的需求，向图书馆直接借阅或调阅文献；另一方面又直接传递给读者使用。它是以单位的名义借阅图书的组织。

4.临时读者类型

临时读者是指偶尔到图书馆进行借阅活动的编外读者。凡无本馆借阅证件，或无正式关系而临时利用图书馆资源的读者，均属于临时读者。临时读者包括任何个人读者、集体读者和单位读者在内。一般来说，任何社会成员都可以利用图书馆资源，都可以成为任何图书馆的临时读者。一个读者只能是一个图书馆的正式读者，但可以成为许多图书馆的临时读者。各类型图书馆都要尽可能向社会开放，吸引更多的临时读者。

第三节 图书馆读者心理

读者心理研究是应用心理学的一般原理、知识和方法，对图书馆读者心理活动（包括读者的心理现象、心理过程和心理机制）进行分析和研究，从而掌握读者心理活动的产生与发展规律，为掌握读者需求动向，最大限度地满足读者的文献需求提供理论依据。

一、读者心理研究的内容与意义

（一）读者心理的含义

心理现象通常也被称为心理活动，是除了客观物质现象外，存在于主体（人）自身的主观精神现象，如人的感觉。思维，情绪、意志等，简称心理。人的心理，是世界上最复杂、最微妙的现象。心理现象不同于物理现象，本身没有形状、大小、气味、重量等可直接感知的具体形态，因而不容易为人们所了解，但是它又并非神秘莫测、虚无缥缈，不可捉摸。因为人的各种心理活动是在特定的社会环境下，在人们的客观实践活动中产生出来的，同时又会对实践活动产生反作用。因此，通过人类的社会实践活动又可以分析人的各种心理现象，掌握心理活动的发展规律。

什么是读者心理？读者心理的内涵十分复杂，它包含了读者在图书馆活动中的阅读心理和检索心理。读者的阅读心理是指读者在阅读活动过程中表现出来的心理现象，它包括了阅读的认识活动和阅读的意向活动。阅读的认识活动是读者对文献载体上的文字、信息或符号感知的过程，包括感觉知觉、表象、思维等一系列生理和心理的活动过程。

读者经过这些过程吸收并理解文献中所包含的知识和信息。阅读的意向活动带有较多的个人心理色彩，它是受读者的先天特性和社会环境的影响而形成的读者个人的阅读需要阅读动机、阅读兴趣、阅读能力等。阅读的意向活动是推动读者阅读的一种内部动力，它直接影响着读者的阅读倾向和阅读效果。读者的检索心理是指读者在文献检索过程中表现出来的心理现象和心理特征。它包括了读者的研究内容及水平深度，读者文献检索的共同心理特征，如求新、求准、求全、求快心理，以及特殊心理特征，读者的检索能力以及对图书馆工作评价的心理表现。读者心理的形成和发展是读者内部意识和外部环境现象相互作用的结果是读者主观因素和各种客观因素相互作用的综合反映。掌握了读者心理的形成和发展，认识和观察读者行为就具有了充分的理论依据，了解读者的种种表现，就能及时把握和预测读者需求及行为的动向，为提供针对性服务打好基础。

读者心理，从主体而论，可以分为图书馆读者心理，社会读者心理。各种知识的交流和传递，都需要在全面了解读者心理，掌握读者心理特征的基础上进行。图书馆读者虽然与社会读者在对象上有交叉，但是因环境、活动方式不同，读者的心理活动有着较明显的差异。因此，我们所说的读者心理，是指读者在图书馆这一特定环境下，通过对图书馆资源的利用活动而表现出的各种心理现象、心理特征及心理发展规律。

（二）读者心理研究的内容与目的

读者心理研究是心理学与图书馆读者服务工作相互交叉渗透、结合而成的一个相对独立的领域。一般来说，读者心理研究的主要对象是那些利用图书馆资源中的各种类型、各种成分读者群的心理现象，研究他们在利用图书馆这个特定环境中所表现的心理特征和心理现象，揭示读者行为的内在原因及其规律。它是以心理学的原理与方法为基础，以图书馆资源的利用活动为范畴，以图书馆读者为特定的研究对象，以阅读和检索心理的一般规律为主要研究内容，并将读者心理活动与读者服务工作结合起来，形成一个比较系统的体系。

专门的研究对象，决定了读者心理研究的内容。

1.研究读者在图书馆活动中的认知心理现象

认知心理是读者对文献的载体形式、文字符号及信息内容的感知、记忆、思维等一系列心理活动过程。它是读者接受信息，理解并吸取文献内容的重要心理基础。对读者文献认知心理的研究，就是揭示读者查找文献、使用文献的内在心理机制。

2.研究读者阅读时的心理意向活动

读者的心理意向活动对阅读的认知过程起着调节和支配的作用。它能够使读者的阅读活动更具有目的性、方向性和主观能动性，是读者阅读认知过程的必要心理条件。对读者阅读的心理意向活动进行研究，主要是为了掌握读者在阅读活动中的各种心理特征。

3.研究读者心理与读者服务工作之间的关系

读者阅读心理的形成，必然会受到社会发展的影响，而读者心理与读者服务工作之间，客观地存在着相互影响、相互作用、相互制约的辩证关系。读者服务工作只有掌握了读者心理特征，适应了读者心理的需要，才能体现出工作的针对性与有效性，不然就可能表现出盲目性，从而影响工作的准确性。读者心理的研究工作，应以特定的时间，空间和社会历史背景为条件，这样的研究才会对我们的工作起到指导作用。

我们对读者心理的研究，其意义是它有助于了解图书馆读者心理的形成和规律，以及读者从事阅读的心理机制。其目的是充分掌握读者在图书馆活动中的心理变化，以便采取有效措施更好地满足读者需求，提高优质服务的速度和效率，使图书馆读者服务系统达到最佳的运行状态。它体现在：一是研究读者心理，是为了指导读者服务工作的实践、发展和完善读者服务理论体系。读者服务工作具有很强的学术性，对读者的心理分析以及对各类读者需求的调查研究，都是科学性活动。对读者心理的研究成果不但满足了读者的心理需求，并且丰富了读者服务的理论体系，促进了读者服务工作的开展，成为体现图书馆教育功能和信息传递职能的保证。二是研究读者心理，是为了建立科学的读者服务体系，变被动服务为主动服务。读者心理与读者服务之间存在着相互影响、相互作用的辩证关系，读者与图书馆员之间互为主客体。我们研究读者在阅读活动过程中的心理现象和心理特征，以及读者心理的形成，对于提高读者服务工作质量是十分重要的。我们从心理学的角度来认识读者、了解读者、研究读者心理需求的特点以及阅读活动的规律，就能主动为读者提供服务，克服读者服务工作中的被动性。三是研究读者心理，是为了图书馆员自身的建设，改善和密切与读者的关系。读者到图书馆去是为了选择文献，接受信息，其间与图书馆员的交流，其实质体现了人与人之间的相互关系。在读者与图书馆员的交往中，图书馆员占有主导地位。这对图书馆员的综合素质提出了更高的要求，图书馆员不但要掌握过硬的技术和本领，掌握牢固的专业知识和广博的学科知识，而且还要热爱自己的本职工作，热爱读者，全心全意为读者服务。通过对读者心理的分析和研究，改善与读者的关系，解答读者提出的各种问题，帮助读者检索文献，最大限度地满足读者的阅读需求，为读者提供全面优质的服务。全面系统地研究读者心理，深入具体地掌握读者阅读与检索心理特征，是现代图书馆读者服务工作实践和读者研究必不可少的重要内容。

二、读者心理活动过程

我们所说的心理活动过程是指读者在阅读时产生的心理活动。读者的阅读活动，是以各种各样的心理活动为基础的。依据心理学的原理，人的心理活动过程包括了认识过程、情感过程和意志过程。它们之间有一定的区别，同时又相互依赖和相互促进。

（一）读者心理的认识过程

阅读是人类获取知识的一种重要活动和手段。读者阅读心理活动首先是从对文献的认识过程开始的，这一过程是对读者认识文献的个别属性加以联系和综合反映的过程。阅读的认识过程就是信息的加工过程，是对所接受的文献信息进行输入、检测、存贮、加工输出和反馈的过程。在这个过程中，它要求调整人在阅读时的感知，注意记忆思维（抽象思维和形象思维）等心理活动因素，使之处于高度积极的紧张状态，来完成对信息的认识。

1.读者的感觉

感觉是人的大脑对客观事物的个别属性所做出的直接反应。它是认识世界的感性阶段是我们追求知识的最初源泉，也是人类心理活动的基础，是人的意识形成和发展的基本条件。感觉的生理基础是客观事物直接刺激于人的感觉器官的神经末梢，引起传导神经的冲动，再传递给大脑皮层的中枢神经，于是感觉便产生了。各感觉器官都分工执行不同的反映职能。

人类产生感觉，必须具备两个条件：一是要有客观事物对人体感觉器官进行足够强度的刺激；二是主体的觉察和接受外界刺激的能力。读者对文献信息的感觉，同样也应具备这两个条件，但由于各种原因，读者之间对文献信息的感受性差别很大。例如文献相同，读者不同，就有可能会产生不同的反映，这是因为读者特定的文献需求、特定的心理素质、特定的环境和特定的职业因素所导致的结果。所以，读者的感觉是主观因素和客观因素相互作用的结果。就一般情况来看，读者对自己喜欢、符合需要的文献易于产生感觉。读者的感觉是阅读活动的开始。有了感觉，读者就会主动去了解文献的形式和内容，就会积极地进行认识活动。因此，读者的感觉对心理活动的认识过程有着极为重要的作用。

2.读者的知觉

知觉是人的大脑对于直接作用于感觉器官的客观事物做出的整体反映。如果说感觉是对客观事物进行具体的、特殊的直观反映的话，那么知觉就是将各种具体的、特殊的感觉材料进行理解综合，并加以解释，然后组合成具有一定意义的对象。因此，知觉是在感觉的基础上形成的，是多种感觉相互联系和综合活动的结果。感觉是知觉的基础，知觉是感觉的继续。读者对文献信息的知觉，通常要受到主观条件和客观因素的影响和制约。读者的知识和经验直接影响着知觉过程。例如，当读者接触到某一专业领域的文献时，就会很自然地将自己原有的知识和习惯的感知方式联系起来，把感觉到的信息归到某一类知识体系中去理解。所以心理学认为，知觉是现实刺激和已存贮的知识经验的相互作用的结果，是确定人们接受刺激的意义过程。

在知觉过程中，读者的知觉通常体现出以下四个特点：

（1）知觉的选择性。知觉的选择性具体地表现在读者只挑选对自己有意义的文献作为知觉的对象。原因主要是：其一，读者在获取信息时，由于时间和精力的限制不可能把外部环境所有的信息一个不落地全部输入大脑，所以在输入刺激的信息时不得不进行选择。其二，读者知觉的根本所在是因为有特定的需要、兴趣和爱好，人们总是选择对自己有意义和有价值的客观事物进行整体认识。因此，读者的知觉过程具有明显的选择性。

（2）知觉的理解性。读者总是用自己拥有的知识和经验去认识文献，以求对文献内容进行理解。因为理解就是意识到事物的意义，是知觉的前提。知觉的理解性是通过人在知觉过程中的积极思维活动来实现的。任何知觉过程都是在以往的知识和经验的基础上达到理解，在理解的基础上实现知觉。文献记录了千百年来的人类知识，是人类知识的结晶，因此，对文献的知觉，尤其需要借助已有的知识和经验，来确认文献的范围和用途，理解文献的内容与意义。

（3）知觉的整体性。知觉的整体性是指读者把具体的文献作为一个统一的整体来进行知觉。知觉的对象是一个复合刺激物，由多种部分组成，各个部分又具有不同的特征。读者在对文献进行知觉时，并不是把这些部分割裂开来，孤立地认识，而是将其作为一个整体来知觉。例如，文献具有本质属性和非本质属性，读者对文献的非本质属性容易产生反映，如对文献的作者、书名、载体形式等外部特征能迅速地感知，从而进一步判断是一种怎样的文献即达到对文献本质属性的认识。文献中的各种属性对形成读者知觉的整体性有着十分重要的作用，尤其是文献中各种属性之间的相互关系，在一定程度上决定了知觉整体性的效果。如文献的关键词、主题词等，能让读者形成对文献的整体印象，掌握其内容特征。读者对文献的整体印象都是在理解的基础上建立的，知觉的理解性往往决定知觉的整体性。

（4）知觉的恒常性。知觉的恒常性是指知觉的条件在一定的范围内发生改变时，读者的知觉依然保持相对不变。具体表现为当文献的载体形式，形状及外部特征发生变化时，读者仍然会从文献的内容上去了解它的本质特征。因此，知觉恒常性的意义就在于它可以使读者适应外部环境的变化，并从实际需要出发，充分吸收和合理利用文献的内容。读者的知觉是在阅读活动的实践中产生、完善和精确的心理活动，对读者阅读的活动起到进一步深化的作用。它是感觉和思维之间的一个重要环节，是对感觉材料进行加工，为思维活动提供准备条件的过程。

3.读者的注意

注意是指心理活动对一定对象的指向和集中。它不是一种独立的心理活动，而是各种心理过程共有的特性。注意贯穿在整个心理活动过程中。读者的注意对于文献的选择和吸收有着重要意义。例如，读者对某一文献的"注意"，就会使他排除干扰，有选择地、集中地利用文献内容。正是由于注意的作用，读者才能使感觉向知觉转化，进而使知觉分析向信息加工和贮存转化，并在此基础上进行深层次的思维活动。注意可分为无意注意和有意注意两类。无意注意是指一种没有自觉目的的，不需要任何努力的注意。

注意是一种有选择性的行为，表现出读者心理活动的倾向性。通常有以下几种情况容易引起读者的注意：（1）能够满足读者某种需要的文献；（2）与读者某种特殊感情有关的文献；（3）符合读者阅读兴趣的文献；（4）与读者的知识经验有联系的文献；（5）读者处于良好的精神状态。

由此可见，能够真正引起读者注意的事物大都与读者的主观状态有着密切的某种联系。因此，注意是决定读者整个认识过程的关键因素。为了有助于读者认识活动的发生和进行，图书馆应当采取各种方式和手段，引起读者注意，增强注意的效果。

4.读者的思维

思维是人脑对客观事物间接的和概括的反映。它是在社会实践的基础上进行的。思维的工具是语言，人们借助语言把丰富的感性材料加以分析和综合，由此及彼，由表及里，去粗取精，去伪存真，从而揭示出事物的本质和规律。

读者的思维是指读者对文献内容特征进行间接的和概括的反映。它是读者对文献的心理认知过程。通过思维，读者能够发现和掌握文献内容的共同特征、本质属性以及文献所揭示的事物之间的内在联系和规律。思维活动的基本特点在于它是通过读者已有的知识经验或其他事物为媒介，来概括地反映文献的内容本质，以及间接地理解和把握那些没有感知过的或不可能感知的事物。其意义则在于通过思维活动来认识客观事物或现象，获得精神上的体验和满足，并学习和积累知识经验，从而达到解决现实问题的目的。

读者对文献内容的思维过程是一个复杂的心理过程，是对文献进行分析和综合的过程，是了解并掌握文献之间的内在联系和规律的过程。其目的和结果，是依靠人的思维能力、发现问题、把握问题，然后解决问题，并从中获得精神上的满足。

（二）读者心理的情感过程

阅读情感是读者在阅读文献时产生的心理体验。当阅读的文献符合读者需求时，读者就会采取积极的肯定的态度，产生热爱、满足、愉快等内心体验。阅读情感是读者心理活动的一种特殊反映形式，贯穿于阅读心理活动当中，它能激发读者阅读的热情，对读者阅读行为有积极的意义。读者心理的情感过程是通过认知活动的"折射"而产生的。它通常受到以下因素的影响和制约：第一，读者生理素质和心理素质的影响。读者的阅读情感受读者自身的生理和心理素质等主观因素的影响，表现出深刻、强烈的倾向性心理特征。如不同生理特点、不同心理倾向的读者，其心理状态就不同，因而导致了各自不同的情感状态。有的具有喜悦、愉快、积极的情绪色彩，而有的则怀有忧愁、悲观和消极等情绪。因此，保持健康而热烈的阅读情感，对读者的阅读效果十分重要。第二，文献外部特征和内容特征的影响。情绪和情感是人们认识客观事物所产生的一种态度的体验。它是一种心理活动的体现，并伴随着人们的认识过程而发展和变化。读者在阅读文献的过程中，一定会引起情感上的变化。只有当文献的外部特征和内部特征符合自己的需要时，才会产生阅读的冲动，体现出积极而且热烈的阅读情感；反之就会产生抵触、消极的阅读情感。另外，不能忽视的是社会环境的影响。不同的社会条件、社会历史环境以及读者的生活工作环境，都决定了读者对文献的需求状态，因而影响和制约着读者阅读情感的发生与发展。

（三）读者心理的意志过程

意志是主动地确定目标，支配自己的行动。克服困难并实现预定目标的心理过程。是人类改造客观世界和主观世界，发展自身能力不可缺少的心理因素。

读者的心理意志过程是指读者在图书馆活动中表现出来的有明确目的行动，努力克服各种困难，最终实现利用文献目的的心理活动过程。

当读者具有一个清晰的阅读目标，这个目标激起了强烈的阅读欲望、动机、兴趣，这些心理因素又调动起读者的视觉、思维、行动的一切内在潜力，从而进入到集中全力阅读及思索的过程中，而忘却其他与阅读无关的事情。这就是在意志的主导下产生的有明确目的和较强自觉性的行为，体现了读者心理活动的自觉能动性。

意志过程与读者的认知过程、情感过程存在着密切的联系。首先，读者的意志活动是建立在对文献信息的感知、注意、记忆、想象、思维等心理过程的基础之上。只有当读者充分认识到文献的价值时，才有可能选择各种方式、方法和途径、利用文献内容，实现意志所指向的阅读目的。同时，读者的意志又反过来促进认知活动的深入和拓展，促进阅读活动更加具有目的性和意向性。其次，读者的阅读情感影响着读者的意志过程，而意志过程反过来又对读者的心理状态和外部动作产生调节作用。

总之，读者心理活动的认识过程、情感过程和意志过程是读者阅读心理过程中统一的、密切联系着的三个方面。一方面，意志过程依赖于认识过程，但又促进认识过程的发展和变化；另一方面，情感过程影响着意志过程，而意志过程又能调节情感过程的发展和变化。三者相互渗透和联系，共同作用于读者的阅读活动之中。

三、读者阅读心理特征

阅读是人们在社会生活中的一种目的性行为。阅读的整个过程体现为个人的精神活动，它既是一个生理过程，同时又是一个心理过程。研究阅读心理，就是从读者心理的角度，具体研究阅读活动是怎样进行的，读者为何要阅读、阅读什么、如何阅读等。

（一）读者阅读心理类型

1.产生阅读心理活动的因素

读者心理活动的产生受多方面因素的影响和制约，但基本上是受到外部环境和自身需要这两方面因素的影响和制约。

一方面，读者所处的外部环境是其产生心理活动的基本条件，它可以影响、制约和作用于读者心理活动，并产生变化和发展。读者所处的时代和生活环境包括各种自然因素、社会因素，以及整个社会共同的道德规范和审美标准等。作为社会成员的读者，他必须学习和掌握必要的文化知识，具备一定的工作能力。所以，读者就必然要去阅读，获取知识，提高文化素质。当具备了较高的知识能力和工作能力时，才能在社会生活的某一领域找到自己的立足点，才能为社会做出贡献。读者的阅读心理活动明显受到社会生产发展和分配性质的制约，这是读者面临的客观现实。

另一方面，自身需要是产生读者心理活动的内在因素，是读者心理活动发展的直接动力。我们看到，来图书馆的每一位读者所反映出的阅读态度和阅读愿望，都与其个人的心理活动以及个人的社会实践活动有着直接联系。读者为了实现自己的愿望、理想、追求，其基本方法和途径有着很大的相似性，那就是去学习、去探索，不断扩充知识、积累知识和掌握知识。这些目标。是激励读者进行阅读活动的强大动力。另外，每一位读者都会对自己的水平，能力和特长等方面有一个估计和评价，也会认识到自己的某些不足和长处。为了使心目中的自我形象向着完美标准的方向发展，就必然要去拓展知识充实自己。总之，读者在外部环境的触发和自身需求的推动下，其阅读意识和行为就会主动地、自觉地产生，这是激发读者参与阅读活动的重要因素。

2.阅读心理的类型

读者在阅读活动中表现出来的阅读心理是多种多样的，以读者的阅读目的为标准，读者心理可分为如下三种类型：

（1）求知心理型。求知心理类型的读者，以青少年读者和普通读者为主体是各类型图书馆中最基本的读者。其中，又可分为直接的或主动的求知心理和间接的或被动的求知心理。直接主动的求知心理是由学习需求和学习过程的发展所引起的具有主动性特点的阅读行为，它表现为读者强烈的求知欲望和积极性。而后者则是由学习的结果所导致的阅读行为，这种阅读行为的被动性较强。

求知心理类型的读者由于正处在学习知识的阶段，必然有一个循序渐进的过程。所以，在知识的扩大和深化上，都是有计划、有步骤、分阶段地进行。因此，图书馆可根据其特点有针对性地提供合适的文献资料，使读者的求知心理得到满足。

（2）欣赏心理型。读者在学习、工作和研究之余，总是希望调剂一下自己的精神生活，要进行轻松愉快的阅读。由于阅读书籍，报刊既是文化娱乐活动，又是一种积极的休息，还能获得知识、受到教育和启发，所以得到了人们普遍重视和热爱。从欣赏的角度、层次和情趣来看，因人而异，各有特点。这种欣赏心理类型的读者，对文献内容的需求上具有知识性、趣味性和广泛性等特点。如有的读者喜欢哲学著作，也喜欢历史著作，还喜欢文艺作品等，有的只喜欢天文学领域的著作，可见，有些欣赏与读者自己的职业有关，有的则与职业无关。

（3）研究心理型。从事科学研究活动的广大科技人员是研究心理类型读者的主体。他们具有专业理论知识，有一定的学术水平和研究能力，担负着具体的科研任务，有强烈的责任感和紧迫感。他们的探究欲望极强，是图书馆科技文献的主要利用者，阅读也是集中在与自己专业有关的文献上。图书馆应尽最大努力，为这些读者收集、整理并迅速提供所需的文献资料，让他们掌握所研究课题的最新信息，跟踪科技发展的前沿动态，早出成果。

在读者各种各样的阅读心理类型中，求知心理型和欣赏心理型，是具有读者阅读活动的普遍性和读者服务的共性特征的。而研究心理型在读者阅读活动中，是较为有针对性和带有个性的心理类型，它是在读者服务中值得重点研究和重点服务的对象。衡量一个图书馆的藏书质量，工作人员的素质水平，工作效率和服务的优劣，重点就是要看对这些读者服务的满足程度。我们研究读者的阅读心理类型，是为了进行读者的基本服务和重点服务做准备，也是读者服务工作的一个基本内容。

（二）读者阅读动机

读者的阅读动机，是引发、维持其阅读行为并将之导向一定目标的心理过程，是激励读者去阅读的主观原因，是读者的内部愿望的表现。从心理学的角度来看，人的行为规律是需要决定动机、动机支配行为、行为指向目标。阅读动机的出现，以阅读需要作为基础，它是阅读动机的直接动力。人的需要有物质方面的需要和精神方面的需要。我们讨论读者的阅读动机，就是要从人的基本需要及由此衍生出的阅读需要出发、分析研究读者在阅读过程中的表现，了解掌握读者的阅读动机和各自的心理活动，灵活运用不同的工作方式，为读者提供高质量的服务。

按照阅读动机所追求的目标来看，主要是为了满足读者提高科学文化水平；解决生产、科研、工作、学习、生活中的问题；丰富精神生活这三个方面的需要。

1.学习动机

读者出于学知识，打基础，提高文化水平和业务能力的动机，来图书馆进行借阅。例如，大中小学生为配合教科书的学习，阅读一些参考书、课外辅导读物；大批青年为了升学考试、文化考核、业务技术职称的晋升等而系统学习基础知识和专业理论；为了扩大知识面而广泛浏览阅读各类文献；为了提高业务水平而深入学习专业知识等。此类阅读动机对图书内容的选择具体而明确。图书馆应大力支持和满足他们的学习欲望，帮助他们利用图书馆，完善他们的知识结构。

2.解疑动机

读者生活在现实社会中，肩负着各种社会责任，他的收入、地位、荣誉等都与他的工作业绩紧密相连，这会促使读者不断地努力。因此，当读者在科研项目、生产实践社会交往及工作生活中遇到某种疑难问题时，就需要到图书馆寻求具体的文献、信息和技术、方法，来解决遇到的实际问题。他们有明确的目的和方向，表现出急切的需求愿望。面对此种类型的读者，我们应当重点服务，针对他们的特点，及时提供急需的文献资料，在最短的时间里，为读者建立一个满意的、解决问题的途径。

3.娱乐动机

现代社会竞争激烈，生活节奏不断加快各个领域的工作者都承受着极大的压力，为了缓解身心疲劳，人们对精神文化生活的需求显得十分迫切。各种娱乐活动可谓内容广泛、形式多样。而阅读是最经济、最高尚、最受广大群众欢迎的一种放松方式。持有娱乐动机的读者在对文献内容的选择上，最大的特点就是广泛性，在自己的兴趣所及，各类图书都会读一读。图书馆应积极主动地为读者提供健康、有吸引力的书籍，帮助读者选好书、读好书，进而使他们既放松身心又开卷有益。

（三）读者阅读兴趣

阅读兴趣是指读者对文献信息所表现出来的积极探究的认识倾向，是一种具有稳定性和趋向性的心理表现。它能够反映读者的阅读倾向，对读者选择文献信息起到引导作用，是读者阅读效率的主要动力。随着人的体力、智力的成长和成熟，随着人的活动范围的扩大，社会实践的增多，可能形成各种各样的阅读兴趣。而读者的阅读兴趣也是非常复杂的，其表现也有所不同，因此在阅读行为上会产生很大差别。有的读者具有广泛的阅读兴趣，有的则比较狭窄。广泛的阅读兴趣可以使读者获得更多、更广的知识面，用以适应现代科学技术综合发展的需要。而狭窄的阅读兴趣，能使读者集中于特定类型或学科的文献阅读，从而对某一方面的知识达到精深的程度。在阅读过程中，最佳状态是将广泛的阅读兴趣与专门的阅读兴趣结合起来。使读者的智力结构得到协调发展。有的读者虽然具有广泛的阅读兴趣，但经常变化，不能持久地发展下去，表现出分散和多变的特点。而有些读者则表现出浓厚的阅读兴趣，始终朝着自己的目标前进，这类读者在阅读文献的过程中具有集中和稳定的特点。

研究读者的阅读兴趣是图书馆读者服务工作的一项重要内容。读者到图书馆来查阅文献，虽然各自的要求和目的并不一致，但都有一个愿望，就是希望查到自己需要的文献，找到自己感兴趣的图书，并在这方面能得到图书馆的帮助和指导。读者之间的阅读水平，能力和兴趣是有差别的，图书馆必须根据读者的具体情况，采用不同的服务方法，分别给予帮助，让读者找到最适合自己的图书文献，在阅读的过程中，取得事半功倍的效果。图书馆要深入了解读者阅读兴趣的种种心理过程，帮助他们认识阅读兴趣对阅读行为产生的影响，树立正确的理想和目标，培养读者自觉阅读、主动学习的能力，并根据自己的兴趣进行有效的阅读，进而扩展广泛、稳定的阅读兴趣，促进人们的思维活动，提高其从事创造性活动的水平。

（四）读者阅读能力

文献作为一种信息资源，其价值取决于读者对文献内容的要求和掌握，以及运用这些信息或知识改善自己的知识结构，提高认识世界和解决实际问题的能力。在图书馆的读者群中，表现出来的阅读能力是不同的。我们通过对阅读能力的研究，掌握他们的阅读特点和心理活动的规律，以便采取主动的对策，提供有效的服务。

读者的阅读能力是指其在阅读活动中对文献资料充分利用的能力，它体现在选择文献、阅读技巧、理解文献内容、消化并运用知识这四个方面。

1.选择文献的能力

在文献信息量非常丰富的环境中，阅读必须具有高度的选择性，它包括了解自己所需要的文献范围和重点，掌握文献的检索途径与方法，能够鉴别文献内容，然后精选出最有价值、最适合自己所需要的文献资料。

2.掌握阅读方法的能力

学会使用各种阅读的方法，灵活有效地运用相关阅读技巧，是体现读者阅读能力的重要方面，是读者进行阅读活动并取得效果的保证。衡量阅读技能有两个主要指标：一是阅读速度，二是阅读成效。

3.理解文献内容的能力

阅读文献的基本要求，就是要读明白文献内容，能完整准确地把握文献的主要意义，深入地领会文献的实质。理解能力的基础来自读者自身知识储备的广度和深度，基础知识越扎实，理解能力越强，阅读效果越好。

4.消化和运用知识的能力

阅读文献的最终目标，就是充分吸收文献所载的知识，并把这些变为个人知识体系的有效组成部分，然后灵活地加以运用。读者具备了这种能力，才会收到学以致用的效果，才会不断扩大自己的知识领域。以上四个方面，既相互区别又密切联系，统一在阅读活动的过程中。显而易见，读者阅读能力的高低取决于读者的文化程度。文化程度高的读者因知识面较宽，相应的阅读能力越高；反之亦然。

不同阅读能力的读者，在阅读行为上有较大的差别。无论是对文献的内容。鉴赏水平和选择行为上都能体现出这种差别。比如，同样内容的文献，有些读者评价甚高，而有的读者却反应平平。这就说明读者对图书内容评价的能力上存在着差异。在文献的选择上，有的读者可以自己从信息网络上查找所需要的文献和信息；有的可以利用图书馆的各种目录，选择和利用文献；有的则需要在工作人员的推荐和帮助下开展阅读。因此，对于不同阅读能力的读者，我们要掌握他们的阅读特点，采取有选择的服务方式，针对不同情况，提供相应的服务。

第四节 图书馆读者需求

图书馆是社会发展需要的产物，这种社会需要的具体表现就是读者需求，图书馆就是以读者为对象的存在物。没有读者的需求就不可能有图书馆的生存和发展。我们研究读者需求，有利于图书馆工作人员业务水平和自身能力的提高，有利于完善和发展图书馆的各项职能，从而促进图书馆事业的发展。

一、读者需求的概念和意义

（一）读者需求的概念

读者需求是指读者对适用图书文献的寻求过程。它以读者的阅读目的为出发点，以其适用文献的取得为结果。此过程体现了读者与文献之间的关系，属于阅读行为的前期活动。取得适用图书文献的过程就是满足读者需求的过程。

从广义上讲，读者需求是图书馆读者对图书馆资源的需求。图书馆资源包括：一是精神资源，即记载人类精神生活结晶的书刊文献资源和以简洁文字著录这些书刊内容的目录资源。二是物质资源，即图书馆的建筑设施、设备等。三是人力资源，即图书馆的工作人员。很明显，读者不仅需要图书馆为他们提供精神食粮，也需要图书馆提供优雅、安静的阅读环境和先进的服务设备，同时，还要求图书馆工作人员的热情周到的服务。这三方面是相互联系的。

从狭义上讲，读者需求就是对书刊文献资源的需求。所以，读者需求其实就是读者通过阅读活动，从文献中获取知识和信息，并由此产生对文献的研究和利用。读者需求总是以自身的某一种具体需要为起点，并体现在阅读内容、阅读行为和阅读效果之中。其表现是阅读内容依照需要进行选择，阅读行为按照需要加以控制和调节，阅读效果针对需要做出评价，阅读活动满足需要继而更加深化。读者需求不仅是个人的某种需求，也是社会需求的表现。因此，不断变化、复杂多样的特点贯穿于读者需求的始终。所以图书馆工作应对此给予极大的关注和满足。

（二）读者需求的意义

1.读者需求是图书馆赖以生存和发展的基础

不难想象，一个不满足读者需求，也就是没有读者的图书馆，还有何存在价值？随着社会、政治、经济、文化的发展，人们需要一个传播科学文化知识、保存人类精神财富、传递信息情报的文化机构，用来适应各方面的发展。这便是我们所说的社会需求。这种需求具体体现为读者的需求，它随着读者需求的不断增加而更新变化。因此，作为满足这种需求的图书馆来说，其内部机构、服务方式等都要进行相应变革。读者需求与满足这一需求的图书馆资源和服务工作相互矛盾的运动，便推动了图书馆的向前发展。随着科学技术的飞速发展，图书文献的大量增长，社会的发展需求又赋予了图书馆参与情报传递的社会职能。而现代化的电子计算机、缩微技术、视听技术的应用则是更好地满足这一需求而在服务方式上的变革。在信息时代，读者需求又出现新的变化，使传统手工式服务的图书馆逐渐向现代化网络图书馆、虚拟图书馆转变。

2.最大限度地满足读者需求是图书馆工作的核心

图书馆的内部机构设置，藏书的最佳布局、藏书体系的形成、读者服务方式的确立等都是围绕读者需求这一目的展开的。例如，图书馆的文献服务、情报服务、技术服务等，其存在的目的就是为了满足读者对书刊文献的借阅需求，情报信息需求和特种技术需求。

3.研究读者需求，摸清读者需求规律是有效地针对服务、区分服务的前提

掌握各类读者需求的特点就能最大限度地避免工作中的盲目性，有针对性地采取相应服务方式，从而提高服务效率，达到好的服务效果。但同时，一个图书馆的有限服务又很难满足读者的所有需求，这是图书馆矛盾的普遍性。但区分各类读者需求的主次，

分清哪些应该重点服务、哪些应该急需服务、哪些应该一般服务是化解矛盾的一个重要途径。比如图书馆的采购部门可根据不同读者需求和本馆任务，适时有效地选择采购文献，建立最佳的藏书体系；服务部门针对读者需求，可采取灵活有效的服务方式；领导部门可根据图书馆读者需求的结构层次，针对性地制定出工作部署和工作计划等。

4.对读者需求的满足程度是衡量图书馆工作效率的重要指标

图书馆对读者需求的满足程度如何，不仅说明图书馆的服务工作是否有效，同时也说明图书馆的藏书结构是否与读者需求相符合。因为有效的服务要以合理的藏书结构为基础。它既涉及图书馆各服务部门的服务流程，也与图书馆领导部门的决策有关。一般情况下全面衡量图书馆的工作效果，对读者需求的满足程度进行的定量分析主要是通过拒借率的统计。在分析时还要与读者需求状况即藏书流通率、读者到馆率、图书周转率等结合起来研究，找出其症结所在，从而更好地提高服务效果。

二、读者阅读需求的类型

读者在阅读活动中表现出来的兴趣和需求是多种多样的。从不同的角度和标准出发，会看到各不相同的读者需求类型。各种类型的图书馆要根据各自的性质、规模和任务，认真分析读者需求的类型和特点，以便更好地为读者提供服务。读者阅读需求大体可以总结为如下几种类型：

1.社会型读者需求

社会型读者需求，简单来说就是大家都在阅读类型相近的书刊文献。它明显地展示出时代特征和发展潮流的需要，此类读者需求不是个别的现象和主观因素造成的，而是社会需求和客观发展的趋势所迫。例如，当国家政策转变，社会转型的初期、某一新技术的普及应用等时期，许多不同职业、不同文化程度，不同兴趣爱好的读者群，会不约而同地阅读有关的书刊文献，这些文献就成为社会上的阅读热点。这说明读者的阅读需求从一个方面反映了社会政治、经济和文化状况，具有时代发展的特点。社会的政治、经济、文化诸因素会给读者阅读需求不断施加影响，甚至在阅读文献的版本、内容需求的强弱程度以及趋势等方面都会起着巨大的作用。这种社会型的读者需求呈现出的突出特点，就是读者在一个阶段对文献需求的数量较大，读者阅读的时间相对集中，使得某些文献数量暂时紧张，成为众多读者的阅读中心。随着时间的推移，社会潮流的变化，社会型读者需求也会随之发生转变，有的会从短暂的阅读需求变为持久的阅读需求，有的会发生转移，形成新的阅读需求。面对这种社会型读者需求，图书馆工作者要用敏锐的观察和科学的态度认真对待，要经常关心国内外发生的大事和社会发展的趋势，同时要分析这种读者需求的性质、规模、强度以及时间的长短，掌握读者需求的发展方向，使读者的长久需要与现实需求充分地结合在一起。与此同时，应做好图书馆藏书的调配工作，加强图书的宣传，促进图书的流通，满足大量的社会型读者的阅读需求。

2.专业型读者需求

专业型读者需求是指从事学习工作、研究等专业活动的读者所提出的文献需求。这种阅读需求经常与读者自身的业务工作、专业学习和研究活动紧密联系。研究活动的开展确定了专业需求的范围、内容和要点。一旦满足了专业读者的需求，则使得读者在专业知识技能和解决具体问题的能力上有所提高，又会推动专业实践活动的进一步深入发展。由于专业型读者需求与其从事的专业实践在内容、目的、范围、时间上有一致性，因而体现出明显的职业特征，这种需求是为了解决面临的实际工作任务和难点，其需求的特点是专业性、资料性、咨询性。他们的阅读目的明确，干哪种工作就阅读哪类文献，以求提高自己的专业知识和专业技能。因此，在阅读活动中，各种行业职业、工种的读者，按照自身业务要求，其阅读需求和阅读倾向比较固定，对文献内容的要求具有针对性。相同行业职业、工种的读者，其专业阅读需求的指向差别不大，但由于年龄、文化、知识结构和素质的不同，就会在文献利用的侧重点以及深度与广度上存在差异。一般来说，从事较为复杂的专业工作的读者具有专业阅读需求，而且需求的范围比较广、专业性强、水平较高、持久稳定。研究专业型读者需求的共性和个性特点，有利于更具针对性地做好读者服务工作。

3.研究型读者需求

研究型读者需求是指为了解决某一研究课题，完成所担负的具体研究任务而产生的阅读需求。具有研究型需求的读者往往是围绕研究内容组织和开展阅读活动，以便了解课题的研究动向，掌握课题的研究水平。因此，这种读者需求所涉及的阅读范围具有长期的指向性和专业性，体现出较强任务规定性的特点。读者在研究课题的几个阶段中，根据不同的进展情况，提出对文献内容的范围和要求。任何承担了科研课题的读者，受研究任务的制约都会表现出积极的研究型阅读需求。如在科研项目选题阶段，读者通过查阅文献，了解某一领域哪些研究课题具有现实意义且有待深入发掘；在调研阶段，通过普查文献，了解本课题的研究成果及动向，从中筛选可供参考的资料、数据，事例和方法，以启迪思路、开阔眼界、形成新的认识等。研究型读者需求还具有较强的自发性特点。总之，研究型读者需求是将阅读活动与创造性活动紧密结合的阅读需求。在有着较高文化素质和研究能力的知识分子读者群中，这种阅读需求比较普遍。研究型读者需求对文献有着一定的要求，其特点是具有全面系统、准确具体新颖及时和针对性强等。但由于这些读者在能力上存在差别，导致读者在文献利用上有所不同。因此，对于研究型读者的需求，图书馆工作人员要采取不同的方式，不懈地搜集、加工、整理和提供有关文献，为读者提供重点服务，不断满足这类读者的研究需要。

4.业余型读者需求

有许多读者在工作、学习之余，从个人的兴趣和爱好出发，自发地产生的一种阅读需求，这种需求称为业余型读者需求。业余型需求与读者的工作和学习一般没有直接的联系，它受自己个性心理因素的影响比较明显，反映了个人的爱好倾向及心理特征。与其他类型的读者需求相比，业余型读者需求是最为常见的读者需求，几乎所有读者都有这种阅读需求。如在人们遇到衣食住行方面的问题时，当人们想养身防病、锻炼保健、旅游、购物、化妆美容、适应社会，增长知识等时，都表现出这种需求。尽管这些是个人兴趣的表现，但受读者文化程度及素质品质的制约，以及社会、家庭、职业等多种因素的影响，业余型读者需求也会存在很大的不同，有些阅读需求成为读者个人发展方向的重要指导。因此，图书馆要善于发现和引导读者健康的业余需求，培养读者对科学技术、文学艺术的浓厚兴趣，使读者的阅读活动得以健康、有效地实现。

通过对上述各种类型读者需求的分析，我们可以找出他们之间的共性和个性的特征。社会型读者需求和业余型读者需求，具有较广泛的社会性和读者服务的共性特征。而专业型和研究型读者需求，则具有读者需求的个性特征，这也是我们在读者服务中的工作重点。衡量一个图书馆的工作、文献收藏质量、工作人员素质水平、工作效率和服务能力的高低，就看它对重点课题、重点项目，重点读者需求的满足程度、服务速度和服务效果的层次好坏。我们研究和掌握了读者需求的主要特征，就可以对读者进行充分服务和区分服务。

三、各个系统图书馆读者需求的特点

（一）高校图书馆读者需求的特点

各个系统图书馆，其读者需求有各自的特点。而高等学校图书馆的主要服务对象是学生读者和教师读者。这两类读者具有各自不同的特点，因此对图书馆的需求也有明显的差别。

1.大学生读者需求的特点

大学生读者是高校图书馆中最为主要的读者群体，分析他们的需求特点，满足他们的阅读需求，是高校图书馆读者工作的重要任务。大学生读者对文献需求有如下三个特点：

（1）对教学用书的需求有稳定性、集中性和阶段性的特点。由于专业的设置和教学计划的安排以及课程开设，教学内容体系等限定了教学用书的基本范畴，使得教学用书在大学生读者当中具有相当的稳定性。教学用书的集中性表现为使用的种类和复本集中，读者数量集中和利用时间集中。在大学教学过程的各个阶段，教学用书呈现出周期性循环往复的使用状态，有较强的阶段性规律特征。

（2）阅读活动与所学专业和将来的职业工作相联系。大学生读者的阅读兴趣、阅读目的等在很大程度上受到未来工作需要的指导和影响。因而，他们比较倾向于专业文献的阅读，以及与专业相关的一些学科文献的阅读，渴望获得更多的专业知识。

（3）大学生读者的阅读需求高于其他读者。大学生读者思维敏捷，兴趣广泛，而且容易接受新鲜事物。在结合教学内容阅读文献之外，大学生读者根据个人爱好，阅读许多的课外读物，涉及面非常广泛，不仅仅是专业书籍、教材和教学参考书，还会有选择地阅读文学艺术、哲学法律、体育文化等方面的书籍。无论是社会环境还是个人主观愿望，都在激励大学生读者多学知识多读书，从中寻找他们需要的内容，以充实他们的生活，提高自己的文化素质学习能力、研究能力。因此，他们的阅读热情态度、目的都表现出强烈的求知欲望。针对大学生读者的阅读需求特点，图书馆应科学地安排教学用书的借阅工作，充分利用图书馆文献资源，为大学生读者提供满意的服务。

2.教师读者需求的特点

高等学校图书馆中的教师读者是重点服务对象，这是由于他们在高校所承担的任务决定的。教师读者从年龄结构上，可以区分为老年、中年，青年教师三个层次。他们在利用图书馆的过程当中，表现出的文献需求特点也有不同。

（1）老年教师多年从事高校的教学和科研工作，他们有丰富的经验，是学校里教学科研的主导力量。他们主要负责著书立说，带研究生，培养高级人才的任务；同时，也承担了一些重要科研项目。老年教师经过多年积累，个人的专业藏书比较丰富，他们对图书馆文献资料的利用，主要是查找一些有关的最新研究动态、外文资料及历史文献等。对于这些老年教师所需的文献资料，图书馆的工作人员有义务协助查找，以便使他们将宝贵的时间用于科学研究和人才的培养上。

（2）中年教师年富力强，处于教学和科研的第一线，是高校当中教学科研的骨干力量。他们有着扎实的专业知识，有着丰富的教学经验和较高的学术水平。面对繁重的教学科研任务、频繁的学术活动，以及自身需要的知识更新与学习提高的压力，往往需要查阅大量的文献资料。他们在文献的选择上，通常是利用图书馆的目录和各种检索工具查找文献，并习惯于自己查找，但也希望图书馆工作人员帮助查找。其对文献资料的内容范围主要集中在与本学科和专业有关的书刊文献。他们还希望工作人员提供更高层次的二次文献和三次文献，以便了解国内外的学术动态。

（3）青年教师思想活跃、精力充沛，是高等学校教学和科研工作的新生力量。他们走上教学岗位不久，大多数担任教学辅导工作，同时也在不断积累和提高自己的基础知识、专业素质、教学经验的能力。他们学习勤奋，工作热情高，对利用图书馆有很高的积极性。具有来图书馆的次数频繁且时间上较多，涉及文献的内容广泛且借阅量大等特点，图书馆工作人员应针对青年教师的阅读需求特点，以多种形式的服务，满足他们的需求。

（二）公共图书馆读者需求的特点

公共图书馆是指文化系统的公共图书馆。包括国家图书馆，省、市、自治区图书馆，区（市）、县图书馆及文化馆图书室，儿童图书馆，乡镇街道图书室等。它担负着为科学研究服务和为大众服务两大任务。在促进国家的发展，提高全民族科学文化水平方面发挥着重要的作用。与其他各类型图书馆相比较，公共图书馆服务范围很广泛，接待的读者是全社会各个阶层的普通读者。这些读者大体上可以划分为欣赏型读者学习型读者和研究型读者，他们在文献需求上有各自的特点。

1.欣赏型读者

欣赏型读者是公共图书馆读者中人数最多的读者类型。由于他们的职业、年龄、文化程度等存在着差别，兴趣爱好各不相同，因而他们的阅读包罗万象。具体到每一位读者的阅读需求是什么，取决于读者个人的兴趣爱好和需要。例如，有些读者是因为对一部文学作品感兴趣，到图书馆来借阅该书或相关书籍，以便加深理解；有些读者是为了解决日常生活中的实际问题来图书馆借阅书刊，以求学以致用；还有一些读者是想在紧张的工作学习之余，放松一下，来图书馆随意翻看一些轻松愉快的书刊，以达到休息的目的等。其中，中外文学书籍的借阅量很大，占总流通量的半数以上。这是因为文艺作品本身具有的吸引力所致。文艺作品反映了广阔的社会生活画面和人们丰富的精神世界，受众面较为广泛。读者从文艺作品中能学习到广泛的社会知识，了解人生的道路历程，从中受到启发、教育、感染，获得艺术和美的享受，甚至心灵的震撼。优秀的文艺作品能使人们奋发向上，它对读者潜移默化的作用是很强烈的。图书馆应引导读者阅读健康，优秀的文艺作品。

公共图书馆的读者主要是利用业余时间和公休假日，来图书馆借阅图书、阅览报刊。由于受到利用图书馆的时间限制，许多读者以外借形式为主，在馆内阅览为辅助形式。图书馆对于这一类型的读者可以通过做好咨询辅导、目录指南、流通服务、阅读指导等活动，使欣赏型读者受到良好服务。

2.学习型读者

学习型读者在公共图书馆读者中占有一定的比例，包括接受成人教育等自学考试的学生和社会上有学习要求的青年，以及一些企事业单位的在职人员等。他们的阅读需求是以提高科学文化知识水平、业务技能、增强自己的人生本领为目的。如专业学习、文化考核、技术革新等。他们的阅读目的明确，有一定的学习计划，是有步骤、按阶段进行的。

学习型读者会根据自己的学习计划、借阅必要的教科书以及参考书籍等，因此公共图书馆是他们主要的学习场所。他们需要的书刊资料具有专业性、系统性强，并按进修自学的阶段依次递进的特点。还有许多工矿企业普遍实行科学管理，对职工进行文化、技术的培训，以提高企业的竞争能力。这使得像数理化基础参考书和一些应用技术图书的需求量会大增。

由于学习型读者正处在知识学习的阶段，在知识的扩大和深化上必然有一个循序渐进的过程，所以，图书馆在提供读者所需的图书资料时。既不能操之过急、提供一些过于专业、内容较深、超出他们学习能力的图书资料，使他们难于理解和掌握，又不能提供那些落在他们知识水平后面的图书资料，使他们的学习无所进展。图书馆要根据读者阅读能力提供最适合他们的图书资料。另外，这种类型的读者利用图书资料的目的，并不十分复杂。尤其是接受成人教育的学生以及接受技术培训的人员，所需的书刊资料都与自己所学的专业有着密切的关系。

3.研究型读者

研究型读者约占公共图书馆读者人数的1/5，虽然人数不多，但却是很重要的服务对象。他们大多是厂矿企事业单位中的研究人员和工程技术人员。这些读者往往为了十分明确、具体的目的，来到图书馆，查阅一些专业性很强的文献资料，以便完成科研生产课题的需要。对于这些研究型读者的文献需求，图书馆应及时提供系统完整的有关文献资料，以便满足读者的要求。

研究型读者通常比较注重文献的检索活动，这是因为研究型读者都具有一定的文献选择和获取能力，而且有时间亲自查找文献。选择和获取文献的过程，本身就是科学研究活动的重要组成部分。在文献利用的时间上，研究型读者具有较强的连续性，这与他们的工作性质有关，也是因为他们的工作时间和业余时间很难分开。如有文献需求，他们会到馆里查阅、检索很长时间。

研究型读者对于自己所研究的项目有着浓厚的兴趣，对探索和发现有着强烈的欲望及热情。图书馆在为他们提供基本的借阅服务的同时，还要开展定题服务、查新服务、文献调研服务、科技文献通报服务等高层次的服务，所以，图书馆应提前做好科学研究的文献资料准备工作。

（三）科研与专业图书馆的读者需求的特点

科研与专业图书馆主要指科研院所与专业机构图书馆，包括科学院及其分院图书馆、政府部门、各部所属研究机构的专业图书馆，机关团体图书馆（室）等。它们的服务对象大多是科研人员与工程技术人员。这类图书馆的读者比较固定、文化水平高，专业能力强，这些读者的文献需求首选在专业图书馆里查阅。

1.科研人员文献的选择特点

（1）文献需求具有全面性。科学研究工作既是个人的创造性劳动，同时也要继承、借鉴前人的科学研究成果。因此，科研人员一定会去了解这个领域内的发展状况以及国内外的研究趋势，这样就需要掌握大量信息、文献资料，以便充分做好科学创造的前期工作，从而可以全面正确地认识和反映客观事物，确立自己的研究方向，促进科学研究工作的顺利展开。

（2）文献需求具有系统性。科学研究项目确定以后，就文献需求的内容来讲，既需要与研究课题有密切关系的专业文献资料，也需要借鉴相关学科的文献。这是由学科专业的细化、边缘学科的不断出现，各学科之间交叉渗透。向综合化发展的趋势所决定的。就文献需求的文种来讲，中文文献、外文文献都会涉及，其中外文文献利用的文种较多的是英文、俄文、日文等。在文献类型上，利用最多的是中外文期刊，其次为中外文图书，专利文献、会议论文等也占一定比例。在文献的时限上，需要利用最新、最近的文献，同时要求内容更新时间短、使用价值高的文献。对于一些以前的具有参考价值的文献，也会系统地查阅。以求全面系统地分析问题，促进科学研究课题的顺利进行。

（3）文献需求具有阶段性。根据研究课题的进展，利用文献资料呈现明显的阶段性。一般可以分为选题阶段、调研阶段、总结或撰写论文或进行具体设计的阶段以及评审阶段等。各个阶段对文献资料的利用都有不同的要求。比如，在选题阶段，通过查阅文献，了解某一领域内已有的研究课题，并了解哪些课题有现实意义而尚待深入，哪些课题已有成果而避免重复；在调研阶段，当课题选定之后，可以通过对文献资料全面普遍的了解，从而掌握本课题的现有研究成果与动向，并筛选出可供参考的数据、资料、事例和方法，以启迪思路，扩大视野，形成新的知识；在总结或撰写论文或进行具体设计的阶段，要对已筛选出的资料去粗取精、去伪存真，对资料有一个浓缩过程；在评审阶段，需要对研究成果从资料角度进行验证，鉴定和审查研究成果，分析、对比、评价其学术价值和现实价值等。

2.工程技术人员文献需求的特点

工程技术人员对文献需求具有主要表现为需求文献资料具有新颖性、专业性、可靠性、适用性、系统性、及时性和针对性等特点，他们经常查阅许多学科和技术领域的文献资料，这是由于工程技术人员在创造具体产品时，需要全面掌握产品设计、制造、原材料、能源、环境和法律等方面的知识所决定的。他们会需要有关新产品、新技术，新工艺、新理论、新发明、新方法、新思想等方面的文献资料。例如，专利发明、产品样本、技术标准等是他们十分感兴趣的信息源。他们往往需要图书馆与之配合，提供信息服务，希望提供的文献资料快速及时、适用具体。这是因为在新产品的研制过程中，要考虑竞争的因素和市场的因素。

四、读者需求趋势及评价

（一）读者需求的变化趋势

随着我国经济的快速发展，社会生活的各个方面也在发生着巨大的变化，图书馆的读者需求也会产生相应改变。不仅读者的数量迅速增加，读者的信息意识逐渐增强，读者需求也向获取信息量的方向变化。在改革开放的大环境下，随着社会经济的不断发展，有许多潜在的读者转化成为图书馆的现实读者。使得各级图书馆读者人数增加，信息需求量增长，需求的范围更趋广泛。

读者需求由传统的二三次文献信息需求，向前沿信息与研究进程中的信息需求相结合的方向发展，以实现由低层次读者需求向高层次读者需求发展。

读者需求由以学科信息需求为主，逐步转向技术经济信息需求。由于价值观念的转变，人们普遍认识到信息是潜在生产力。读者对技术经济信息的研究、开发与应用，技术的引进、吸收与创新，市场预测与推广前景的需求量呈上升趋势。

读者需求的多学科、多样化要求日益明显。自实行对外开放政策以来，我国与世界各国的交往日益频繁，大量的信息互相交流，使得读者的眼光投向各种观点、各种题材、各种风格及各种流派的著作。读者需求的范围之大、兴趣之广泛超过以往许多倍。

读者对文献信息获取的手段由以手工为主向自动化网络化为主的方向转化。需求的全面性、系统性不断地提高。国内产学、研各个系统之间的需求迅猛加强。随着科学技术的不断发展，国际全方位的文献需求增加，表现出跨时空的信息需求。

对非文献型信息及零次信息的需求呈发展趋势，在技术引进的过程中，软件引进受到重视。

总之，读者的阅读需求是会随着社会生产的发展和生活条件的变化而不断得到满足与变化，它们不是固定的、静止的、读者最初的阅读需求得到满足后，又会产生新的更高要求的需求，这是一种客观发展的趋势。

（二）读者需求的评价

图书馆的读者需求是读者选择文献的前提与动力，但它视个体的差异而发生变化。因此，要全面并正确地认识读者需求的特点及其规律，就有必要对读者的不同阅读需求进行具体的调查和分析，以便做出较为合理的需求评价，这也是读者服务工作的基本内容之一。评价读者需求应考虑如下七个方面：

1.读者的自身特征

读者的职务、职称、学历、工作性质、信息意识及年龄、性别等多方面因素往往会产生不同的文献需求，并决定着读者需求的主要特点。在评价读者需求时应当作为优先考虑的一个条件。

2.读者需求文献的主题内容

读者所需文献是属于哪一专业或哪一学科，还是属于某一特定内容会涉及读者查找文献的方法、选择哪种检索途径，确定哪些类目或

主题词作检索的关键所在。

3.读者需求的文献信息类型

了解读者需求的是数据信息、事实信息还是文献信息。如果是文献信息，还要进一步了解是图书还是期刊，是一次文献、二次文献还是三次文献等。这样，图书馆工作人员可根据各类文献的使用方法提供优良的服务。

4.读者需求文献的数量总和以及读者浏览和阅读文献的总量

这是衡量读者消化吸收信息能力的主要依据。

5.读者要求提供信息的完整性、准确性

图书馆对读者提出的文献需求应给予满足，包括对读者所需信息的出版年代，以及对提供信息的时间期限和及时性的要求。

6.读者获取信息的方法和习惯

了解和掌握读者是通过正式渠道还是非正式渠道获取信息，读者获取信息时习惯采用哪种方法，是评价读者需求很重要的方面。

7.读者需求的阶段性

读者对文献资料的需求是有阶段性的，比如大专学生、科研人员等在学习、科研设计的不同阶段，需求文献信息的内容与程度是不同的，掌握好读者的这些需求特点，才能真正做好读者服务工作。我们对读者需求做出评价，并不是去强调读者需求的一致性，而是要找出读者需求之间的差别，以便进行充分服务和区分服务。

第三章　读者服务的沟通艺术

图书馆读者服务的过程实际上是与读者交流与沟通的过程，在这个过程中，图书馆服务工作人员一方面要了解读者的需求，为读者提供更好的服务；另一方面又要接受读者的建议和监督，更好地改进服务。为此，图书馆读者服务工作人员既是服务的提供者、承担者，又是情感的沟通者和传递者。用眼观察、用心聆听、用关切和善意去沟通，读者服务往往会更轻松，更容易。

第一节 沟通的原则和程序

沟通是人与人之间的思想和信息的交换，是将信息由一个人传达给另一个人，逐渐广泛传播的过程。完美的沟通是提高工作效率和服务质量的有效途径。因此，在图书馆读者服务工作中，既要遵循沟通的基本的原则，掌握沟通的程序，又要明确沟通的要求，才能实现图书馆与读者沟通的双赢。

一、沟通的原则

1.尊重原则。孟子曰："爱人者，人恒爱之；敬人者，人恒敬之。"在与读者沟通的过程中，图书馆服务工作人员首先必须爱护读者，尊重读者，让读者在被爱和尊重的过程中愿意接受沟通；其次，要用心体会读者的感受与需要，关注读者的状况、需求与不便，才能将自己的观点、想法主导于读者，引起读者的共鸣。

2.积极原则。积极原则即积极观察、积极倾听、积极反馈、积极表达。在与读者沟通过程中要积极观察读者的体态语言，判断读者的情绪，揣摩读者心理需求；积极倾听读者的交谈，不轻易插嘴或轻率下结论，并通过点头、微笑、视线接触表达对读者的接纳；积极反馈自己的见解，以期正确理解读者的意思；积极表达自己的观点，以期读者准确的接受沟通信息。

3.诚信原则。诚信原则即诚实、诚心、诚意的与读者沟通。诚实地告诉读者想要了解的客观事实；诚心诚意地回答每一位读者的咨询；承诺读者什么，就应言出即行，言而有信，这既是做人的一种道德规范，也是沟通的行为准则。

4.宽容原则。宽容原则即能容忍异见，宽以待人。在与读者沟通的过程中，工作人员要有高度的涵养，即使在争执的过程中自己理直气壮，也要善于控制自我情绪，使事情向圆满解决的方向发展。

二、沟通的流程

1.明确沟通的目的。只有目的明确，才知道自己究竟要做什么沟通，达到什么目标。

2.了解沟通的对象。沟通前必须对沟通对象有一个初步了解，以便寻找共同的话题，避免意外发生。

3.设计沟通的方式。沟通的方式有浅层沟通、深层沟通；有正式沟通、非正式沟通；有语言沟通、书面沟通、电话沟通、网络沟通等，如果方式设计得合理，沟通可以取得事半功倍的效果。

4.实施沟通。实施沟通的过程是整个沟通环节中最重要的一环。实施沟通不可能一成不变，要根据沟通过程的不断变化而做出适当地调整。

5.检验与反馈。沟通结束后，对所做的沟通进行实践验证，并向读者反馈信息，这是沟通良性循环的终点，也是下一次沟通的起点。

6.总结与归档。总结此次沟通的经验和教训，并将沟通结果进行存档。

三、沟通的要素

1.准确。就是图书馆服务工作人员与读者沟通时，发出的信息必须准确，使读者理解和接受。避免数据不足、资料解释错误对关键因素无知、没有意识到的偏见以及夸张等情况的产生。

2.及时。就是图书馆服务工作人员与读者沟通时，一定要及时，如果错过沟通的最佳时机，往往使沟通失去主动权。

3.礼貌。就是图书馆服务工作人员与读者沟通时，必须文明礼貌，尊重对方，从而营造一个良好的沟通环境。

第二节 面对面沟通的方法与技巧

图书馆服务工作人员与读者面对面进行沟通时，除了要掌握服务语言、行为艺术外，还应掌握沟通的时机，倾听、提问的方法与技巧。

一、沟通的时机

1.当读者的眼神与服务工作人员相遇时；

2.当读者极力搜索某一资料而没有结果时；

3.当读者看上去需要帮助时；

4.当读者向服务工作人员询问时；

5.当读者面露怀疑和不悦时；

6.当读者的行为有误时;

7.当读者的情绪不悦时,等等。

二、沟通的禁忌

1.忌抢。忌突然打断读者的话或抢读者的话头,或急于抢着去纠正读者一些不太正确的观点。

2.忌散。忌注意力分散,使读者再次重复咨询内容。

3.忌泛。忌谈话空泛,重心不明,主旨不清,让读者不知所云。

4.忌急。忌谈话太急、太快,使读者听了半天还没听清楚。

5.忌空。忌谈话只会唱高调,没有实际行动;或对读者的提问漫不经心,使读者感到不愿意为其服务。

6.忌横。忌谈话态度蛮横,随便解释某种现象,轻下断语,借以表现自己是内行。

7.忌虚。忌谈话虚情假意,缺乏真诚。

8.忌滑。忌谈话躲躲闪闪,回避矛盾;或不恰当地强调与读者咨询问题不相关的细枝末节,使读者厌倦。

三、倾听与提问的技巧

沟通是双向交流,图书馆服务工作人员既要擅长讲话,又要善于倾听。倾听虽然耗费工作人员大量的时间和精力,但它可以了解读者的需求和意见,为改进服务提供借鉴和参考。

1.良好的精神状态。倾听读者咨询或交流时,要集中精力努力去听,了解读者所需,随时提醒自己在读者陈述结束后,到底要帮读者解决什么问题。

2.保持目光接触。倾听读者咨询或交流时,应适当注视对方的眼睛,表示"我在全神贯注听你讲话"。如果直视眼睛困难,则可用弥漫性的目光注视对方的眼睛周围,如发际、嘴、前额、颈部等,目光接触是一种非语言信息,运用得当,能发挥很好的沟通效果。

3.展现恰当的面部表情。倾听读者咨询或交流时,不时地颔首微笑、赞许的点头等动作表情与积极的目光接触相配合,或身体稍向前倾,向读者表示自己对其讲话很感兴趣。

4.不要打断对方的谈话。倾听读者咨询或交流时,不要随便打断其谈话,即使自己有一些想法要及时沟通,也要等到对方停止发言时,再发表自己的意见。同时,在倾听当中不要去猜测读者的想法,等对方全部说完自然就会知道。不必介意读者谈话的语言和动作特点,应把注意力放在谈话内容上。此外,应鼓励读者多讲话,如可以说"对你刚才反映的那件事，我还想知道得更多一点"等等。要争取弄懂读者谈话的全部意思，避免不成熟的判断和想当然的分析。

5.适时适度的提问和复述。倾听读者咨询或交流时，提问要结合倾听的内容，从一般简单的问题开始，逐层深入，以便从中发现读者的需求，创造和谐的沟通氛围。有效的倾听者经常使用这样的语句你的意思……或者我听你说的是……，以求检验自己的理解是否正确。

6.转换双方的角色。倾听读者咨询或交流时，要善于换位思考，换位体察，认真帮助读者寻找解决问题的途径。

四、说服的技巧

1.把握有效说服的基本原则。有效说服的原则包括明确需要、利益为先、动之以情、实事求是、因人而异等。只有明确读者的需要，才能做好说服工作；只有有意识地联系图书馆与读者双方的利益去讲道理，才能达到双赢的说服效果；只有针对读者不同的感情反映，动之以情，晓之以理，才能让读者信任和接纳；只有先分清楚读者属于哪一类型，才能采用不同说服方法进行击破。

2.选择最恰当的说服时机。在读者还没有准备接受说服之前，最好先不要急着去说服。一般来说，在读者的情绪处于轻松、愉悦的状态下去做说服工作，效果要比在疲劳、困倦烦恼、不安状态下好得多。因此，图书馆服务工作人员要想说服读者，首先要了解读者的思想和情绪状态，要创造最佳的说服时机进行说服，才能收到事半功倍的效果。如果说读者的态度非常坚决，不想接受任何人的说服，即使图书馆服务工作人员理由再充分，也不要枉费精力去说服。

3.说服过程要循序渐进。先了解读者，针对读者的想法进行提问，引导其多说话，发表自己的想法；再站在读者的角度上接受其想法，通过"如果我是你，我也会这么做的"之类的表达，取得读者的信任；然后利用"然而"进行转折，站在图书馆的立场上将准备好的说服内容详细地说出来，让读者明了，从而达到说服的目的。

4.证据也是说服的有力武器。读者有时提出一些无理要求时，如果图书馆服务工作人员知道读者是为了加强自己的观点，不惜颠倒事实，混淆视听，那么图书馆服务工作者可以委婉地请读者拿出证据，如果他拿不出证据，那么他所坚持的一切就会站不住脚，说服工作就到此结束。如果他能够拿出证据，我们可以和读者一块来分析这个证据的可靠性，甚至还可以发动更多的读者发表自己的看法，从而大大加强说服力和透明度。

五、不同性格读者的沟通技巧

1.普通型读者。这类读者懂得礼节礼貌，比较宽容，有人情味，即使在服务过程中有一些小的不愉快，事情过后也不会计较。对这类读者要热情、尊重，主动接触、多了解他们对图书馆的感受，多引导他们更好地利用好图书馆。

2.自大型读者。这类读者总认为自己最了不起，事事皆以自己为准，不尊重图书馆服务工作人员，也看不起图书馆这个职业。对这类读者应不卑不亢，可按服务要求和规章制度进行接待，即使其过分要求不能满足，也应说明情况，不能与之斤斤计较，更不能与之争吵。

3.急躁型读者。这类读者性直善变，性格外向，言谈举止干净利落。在接受服务的过程中，他们容不得等待，只要服务人员稍不耐心或动作缓慢，他们就会极不耐烦，甚至投诉。对这类读者，图书馆服务工作人员一定要充满热情，语言简练，动作麻利，尽可能快的接待他。即使发生投诉，也要镇定，不能急于辩解，要以柔克刚，待其平息后再作解释。

4.沉着型读者。这类读者平时言语不多，一般不轻易发问，能耐心倾听工作人员的讲解，所提问题也都是一些实质性的问题。对这类读者，一定要有成熟的应答经验和足够的专业知识解答其所关心的提问，服务时尽可能地征询其意见，以表示对他们的尊重。

5.社交型读者。这类读者见多识广，平时由于与人交往多，讲话成熟，喜欢攀谈。对这类读者应尽力将服务做到周到、细致，尽可能将图书馆服务创新的知识点灌输给他们，利用他们去宣传图书馆。

6.多疑型读者。这类读者问题多，随机性大，往往因为某个细节与服务人员纠缠不休。对这类读者，不要在细节上与其辩论，应用简练的语言来引导他，注意细节处理，建立可信度，打消他的疑虑，同时，从说服其同伴入手。

7.果断型读者。这类读者行动积极，目光有力，立场坚定，观点明确，喜欢表现自己。对这类读者在原则性问题上应坚持立场，在其他问题方面当听众，只要有机会，就引导其进入视听阶段，影响其作出决定。

8.固执型读者。这类读者以中、老人居多，固执己见，即使是错的仍坚持不放。对这类读者千万不要干涉其行为或言语，也不要与其发生争论，因为争论是没有结果的，反而会影响服务

9.温和型读者。这类读者个性温和、文雅，容易相处，但对服务环境要求较高。对这类读者可按一般的服务方式接待，但要保持服务环境的清洁、美观。

10.健忘型读者。这类读者以老年人居多，对所咨询和提醒的问题很快就会忘记，必须时常告诉或提醒他，而且当他们行走或办完图书借还手续后要多提醒他们按时归还图书或拿好图书和随身物品。

第三节 书面语言沟通的方法与技巧

书面沟通是用文字符号进行沟通的一种形式。书面沟通相对于口头沟通更易于语句斟酌和档案保存。图书馆与读者进行书面沟通的形式主要有：信件、读者须知、读者指南、活动海报、图书馆规章制度、新书通报、调查问卷、读者意见和建议回复，以及利用图书馆的引导和指导标识等。

一、信件的写作技巧

信件是比较正规和庄重的一种沟通方式，特别是图书馆馆长的亲笔信，更是对读者的一种尊重。在图书馆读者服务工作中，应对每一封读者来信所提出的问题迅速调查了解，复信告知读者处理结果，并对其关心图书馆的工作表示感谢。信函的写作技巧如下：

1.注意书信的格式。信函的内容一般由抬头、启词、正文、祝词、署名、日期等组成。抬头应首行顶格书写，单独成行；启词在次行，应简短，通常使用问候语"您好"；正文应使用清晰、简洁、准确的语言撰写，避免陈词滥调、抽象的词语和不必要的废话；祝词格式较严，可附在正文末尾不另成段，若另行起头，则前空四格写动词，如"敬祝""顺祝"等，下一行顶格写表达心意的词汇如"近棋""安康"等；署名在空行后另起一行的右方；写信日期一般要具体至月日或年月日俱全，可写于署名之后或署名的正下方。

2.注意正文的开头和结尾。读者来函一般是反映问题或提建议，因此，给读者回信的时候，开头可以是"您于 x 月 x 日的来信我们收悉，非常感谢您对图书馆的关心和支持"或"您于 x 月 x 日的来信我们收悉，让您在图书馆有一次不愉快的经历表示歉意"等等。结尾可以是"顺祝工作顺利，身体健康，生活愉快"，"顺祝近棋""欢迎您常来图书馆"等等。

3.注意信函的礼貌。对读者的来信尽量当日接信，当日阅信。阅信后还应根据相关的规定报转馆领导或相关部门处理。回复应及时，不能拖得太久。尽力做到行文规范、礼貌，尽量采用书面语言，并适当运用修辞，如"尊敬的 x x x 先生""尊敬的 xx x 女士"等。

4.注意信封的书写。信封的书写有一定的格式，应准确的写明收信者姓名、地址、邮编、寄信人姓名、地址、邮编这六个基本项目。国内信封一般是左上角写收信者邮编、地址，中间写收信者姓名，右下角写寄信者地址、邮编。国际信函左上角依次分行写寄信者姓名、地址、邮编、国名，地址顺序自小而大，右下角写收信者姓名、地址、邮编、国名。托带信函则较随意，一般不写寄信者地址，只写"烦交 x x x 启""x x x 亲启"等字样。

二、读者须知群的写作技巧

读者须知群包括读者须知、读者指南、告读者书、活动海报等引导读者利用图书馆的书面信息，它不仅是图书馆与读者有效沟通的桥梁，也是加强读者服务管理的一项重要举措。撰写读者须知等书面沟通信息时，应把握以下原则：

1.用语文明，重在引导。就读者须知而言，其主要的着眼点在于指导读者正确利用图书馆资源，并遵守相应的规则，因此，用词要文明委婉，语气要温馨感人。如："欢迎您来到漫画图书馆""让衣冠整齐成为文明阅读的良好开始""请爱护我们共同的财产""图书的整洁，需要我们共同维护""爱护环境，从垃圾入桶开始""书是我们亲密的朋友，请不要让他的皮肉受苦""如果您带来了小孩，让他从这里开始做个小绅士吧""有您的配合，我们将能提供更好地服务"，等等。

2.意思明确，简单规范。图书馆面对的是形形色色的读者，其理解能力和思维方式各不相同，为了避免产生误会，给一线服务工作人员带来不必要的麻烦，制定读者须知等书面沟通信息时，应做到意思明确，简洁规范，尽量不要使用模糊或弹性的字眼，以方便按章办事。如丢失图书，写明处以 3-10 倍的赔偿还不够，应具体说明何种情况 3 倍，何种情况 4 倍…避免服务工作人员以个人标准处理，导致读者不满，引起争端。

3.体系完善，广而告之。图书馆要为读者提供规范的服务，应完善读者须知体系，对读者实行制度管人，而不是人管人，并且将各种制度广而告之，确保读者知情，这样读者进入图书馆后，即使违反规则也是明知故犯；反之，若规范不完善或读者不知道，"不知者无畏"，就给管理带来一定的难度。

三、规章制度的写作技巧

规章制度是图书馆开展各项工作和科学管理的重要依据，是图书馆服务工作人员工作和行为的标准，也是读者接受图书馆服务时必须遵守的行为规范。规章制度作为一种事务文书，它既涉及图书馆的管理体制和服务理念，又涉及体例结构和文字表述等技术性问题，为此，在图书馆业务工作、岗位责任、行政管理、读者服务等规章制度的写作中，必须努力把握其写作特点，讲究内容体例规范的同时，还应融入人本管理思想。

1.起草前做到"三明确"。一是要明确图书馆领导意图。规章制度是图书馆领导管理思想的载体、管理意图的物化。因此，规章制度的写作不仅要有图书馆领导的安排或授权，而且还应明确馆领导的意向、目的和要求，从而准确把握规章制度的要点和重点。二是要明确行文基调。写作前应深入了解规章制度所针对对象的现状，要解决哪些方面的问题，需要限制的范围及程度，需要把握的侧重点或表述尺度，从而形成一个清晰的写作思路。三是要明确制度的背景。制度管理是一个连续的、系统的过程，图书馆不可能仅有一项或一个方面的规章制度。因此，起草前应弄清楚以前是否有过这方面的规定或要求，如果有的话，应分析是否需要修订，弄清是文字提法上的修改，还是内容方面的补充、增删；是基本维持原规定的精神，还是要推翻重写；原来的规章制度有什么优点，有什么不足，等等。

2.行文中把握"五特性"。一是内容要有针对性。内容是规章制度的核心和基础，除了必须真实准确之外，还必须有明确的指向性。只有从图书馆的实际出发，写出的规章制度才会言之能行，行之有效。二是内容要有依据性。从某种意义上说，图书馆规章制度是法律法规和政策条文的延伸或细化。如果上级有关规定的内容已经比较具体，适用性也比较强，图书馆就没有必要再就同一内容作出规定和要求了。为了显示内容的严肃性，有的规章制度还应在文中写明规章制度生效的日期、解释权等。三是内容要有协调性。为确保规章制度的可行性，写作时必须注意与同类规章制度的纵向或横向联系与协调，避免标准不一产生矛盾和混乱。四是内容要体现文明性。规章制度的制定理应把人本思想融入其中，应使用标准贴切、新颖亲切、文明礼貌的语言表述制度的内容，彰显对图书馆员、读者的尊重，不用命令式、生硬、指责性容易引起歧义的语言，如"不准""严禁""否则""罚款"等词汇，多用善意的委婉的、祈请的、优雅的语气和语言。五是内容要体现逻辑性。规章制度的文字表述必须严谨、周密、规范。既要体现严肃性，又要考虑稳定性。在结构安排上，通常采用分条式叙写的方法，这就要求对条文的先后顺序、内容主次进行精心设计，并注意条与条、段与段之间的内在逻辑关系，做到层次分明，布局合理。

3.讨论中尊重"二对象"。一是尊重读者。在读者规章制度的制订和讨论过程中，可通过召开读者座谈会、吸收读者参与规章制度的制订等方式广泛征求读者意见，保障读者的知情权和话语权，从而使读者制度真正体现服务读者的宗旨。二是尊重图书馆员工。图书馆规章制度应把图书馆员工当作规章制度制订过程中的主要力量，遵循上下结合、反复讨论、多种形式征求意见、职代会通过的民主程序来体现规章制度的文明，把图书馆制度建设的过程变成图书馆员工理解、熟悉、自觉遵守制度的过程。

4.定稿时把握"二特点"。一是把握体例结构规范性特点。规章制度是一个统称，常见的种类有章程、条例、规定、办法、细则等，它们之间既有联系又有区别，写作时应把握其不同的体例特点，准确选用。一般来说，章程是图书馆某种组织的宗旨，机构和组成人员活动的规则；条例是指导某方面长期性工作和活动的比较系统的条文；规定是对某项具体工作或活动的要求和规范程序。办法是为实施某项工作而提出的具体方法和措施。细则是贯彻、执行实施"条例"或"规定"中某一项或几项条款的详细准则。起草规章制度在选用这些体例时，一定要掂量其分量的轻重和范围的大小，不可乱用。

二是把握定稿过程完整性特点。规章制度的写作通常都要经过多次反复认真的推敲、修改、酌定或试验、实证。一些重要的规章制度成型后，先要制成讨论稿，发至各部门或相关人员，经过有关会议或有关部门的认真讨论、逐条审议修改后，方能定稿。有些规章制度即使在反复讨论审定后印发下去，也还须批注"试行"或"暂行"字样，尚须经过一段时间实践的检验，并在实施中不断地完善和修订。为此，图书馆规章制度的写作者一定要进行多次调查研究，尤其是定稿后的调查研究，既是对文稿的反复推敲过程，也是认识的深化和升华过程。

第四节 电话沟通的方法与技巧

电话是图书馆与读者沟通的一种通用手段，由于目前绝大部分图书馆使用的电话还不是可视电话，与读者沟通的信息只能靠语言和声调来传递，为此，要让读者从图书馆服务工作者的声音中感受到热情友好，达到沟通的目的，还需要掌握电话沟通的方法与技巧。

一、拨打电话三要素

1.时间。给读者拨打电话，一般应在服务时间内即早上9点钟以后，晚上9点钟以前给读者打电话比较合适。但不要在吃饭、午休的时候打电话。

2.内容。给读者拨打电话前要对电话的内容简要地思索整理，拟好谈话要点和顺序。如果要谈的内容比较多，可在纸上一一列出，避免忙中出错。

3.态度。给读者拨打电话要做到声音柔和、亲切，不要装腔拿调。同时，语言要简练、清楚、明了、不拖泥带水，以免浪费读者时间，引起读者反感。

二、拨打和接听电话的流程

1.拨打电话流程。给读者打电话前首先要明确电话打给谁，打电话的目的是什么，要向读者说明什么事，应该怎样向读者表达，在电话沟通中可能会出现哪些障碍，面对这些障碍可能的解决方案是什么，从而列出提纲；然后拨打电话，询问是否某某读者，如果是，告诉读者自己是ｘｘ图书馆的什么人，今天打电话来的主要目的是什么，最后就具体事情进行沟通，沟通完后，做记录。

2.接听电话流程。接听电话→主动向读者问好，并告诉读者这里是ｘｘ图书馆，然后询问读者的姓名、能为读者做点什么→针对读者的咨询能现场答复就直接答复，不能现场答复就作详细记录→复述通话内容，以便得到确认→整理记录提出拟办意见→呈送相关部门解决问题。

三、拨打电话的技巧

1.礼貌开头。拨号以后，如只听铃响，没有人接，应耐心等待片刻，待铃响六七次后再挂断，否则，如对方不在电话机旁，匆匆赶来接听时，电话已挂断了，是很失礼的。电话接通后应先向读者问好，再自报家门。万一拨错了号码，应向接电话者表示歉意"不好意思，打错了"等，切勿不做任何解释就挂断电话。

2.热情友好。打电话的过程中，语言应流利，吐字应清晰，声调应柔和，语速应适中，声音应清朗，让读者能感觉到服务工作人员在向他微笑。

3.明确目的。打电话之前手中应备好铅笔、纸张等相关的文具或资料，不能让读者在电话中等候自己寻找纸和笔。

4.表达清楚。在通话过程中，有关同音不同义的词语、姓名、日期、电话号码等数字内容一定要表达清楚，必要时要重复或作出解释。对容易混淆、难于分辨的词语要加倍注意，放慢速度，逐字清晰地发音。

5.礼貌道别。电话结束时，礼貌地向对方结束通话。在结束通话之前，应很有礼貌地说"打扰您了""谢谢""再见"等，待对方挂断电话后再放下话筒。

四、接听电话的技巧

1.尽快接听。电话铃响后，最好在三声之内接听。拿起话筒立即问好，并自报家门。如"您好，这里是ｘｘ图书馆"或"您好，这里是xx图书馆，请问您找谁"等。

2.礼貌接听。图书馆的服务宗旨是让读者满意，虽然我们不能要求读者如何说话，但我们可以强调自己如何服务，因此，在接听读者电话的过程中要避免无礼、傲慢、有气无力、不负责等情况的发生。如果自己不是受话者，应负起传呼者的责任。万一找的人正忙着，应拿起话筒告诉对方"请稍等一下，他马上就来"。如要找的人不在，征询对方是否需要转告，并记下对方的姓名和电话号码。如遇对方拨错电话，要耐心地告诉对方"对不起，您拨错电话号码了"，千万不要失礼或责怪对方。

3.认真接听。在读者打电话来图书馆时，服务工作人员要认真倾听，尽量不要打断对方。为了表示自己在专心聆听，可以不时地说"好的""谢谢"等。有时如果电话来得不是时候，可委婉地告诉读者："真不好意思，我有件急事要处理，我一会给您挂电话，好吗？"

4.记录内容。接听电话时，一方面应将读者咨询的服务内容要点记下来，便于处理；另一方面，若对所咨询内容不甚了解或自己不能答复时，应转交相关部门答复。

5.礼貌结束。接听电话时，一般由打电话者先结束谈话，如果对方没完没了地讲个不停，图书馆服务工作人员可以采取以下表达方法："请问您还有什么吩咐吗？""请问您还有别的事情吗？""对不起，领导正在叫我，等会儿我再给您挂电话好吗？"等等。

五、电话沟通应注意的事项

1.听到电话铃响，若正在吃东西，不要立刻接听电话，应迅速吞吐完毕后再接听电话。

2.听到电话铃响，若正在与其他人争执，一定要等情绪稍微平稳后再接听电话。

3.讲电话的声音不要过大，话筒离嘴巴的距离不要过近或过远。

4.若是代听电话，一定要主动询问读者是否需要留言。

5.接听让读者久等的电话，一定要向来电者致歉。

6.工作期间如自己朋友来电，应尽快地结束电话。

7.接到投诉电话，千万不能与读者争吵。

8.接到骚扰电话，千万不要破口大骂，而是说："对不起，我听不清您说什么。再见！"然后轻轻挂断电话。

第五节 网络沟通的方法与技巧

网络沟通是指通过计算机网络与外部相关关系的沟通活动，它是一种无距离、无时空、无障碍的沟通方式。在图书馆读者服务工作中，可通过电子邮件、网络电话、网络传真、电子论坛、手机短信等网络形式与读者进行有效沟通，目前，图书馆用得最多的是电子邮件和手机短信。

一、电子邮件的沟通的方法与技巧

电子邮件是现代社会交流和沟通的一种新形式，由于不受时间限制，而且写邮件比起通电话显得更从容坦然，表达更充分，可以掩饰语言交流上的弱点，所以，很多读者愿意利用电子邮件向图书馆反映问题，提出建议。在回复读者电子邮件时，应注意以下技巧：

1.尊重读者。回复读者电子邮件时应与写信一样，开头应写敬语，如"尊敬的ｘｘｘ先生""尊敬的ｘｘｘ女士"等，结尾应顺祝读者"工作顺利""身体健康"等，体现图书馆人儒雅的风度和良好的修养。

2.主题应明确。回复读者电子邮件主题要一目了然，最好在主题中注明"xx图书馆"的字样，让读者在打开邮件前就知道这是图书馆来的邮件，便于快速地了解邮件的内容。

3.内容应简洁。回复读者电子邮件时，可以比电话沟通多一些内容，但一定不要长篇大论。要简洁紧凑，尽量写短句，不要重复。语言不要求精彩，但语句一定要通顺，尤其注意不要有错别字。

4.格式应规范。回复读者电子邮件时，一定要按照规范的信函格式来写，不可随意涂鸦，要多使用敬语，避免使用网络缩写文字。署名要真实，不可使用网名。

二、手机短信的沟通的方法与技巧

手机短信目前被许多图书馆用于活动信息预告、还书提醒、节日问候、馆情介绍等，发手机短信要注意做到：

1.选择适当的发送时机。如恰逢春节、元旦等特殊日子，图书馆可以适时向读者免费发送一条祝福的信息，让读者感受到图书馆的这种特殊的沟通方式。如恰逢"4·23"世界读书日，可以向读者发送一条关于读书日的活动或倡议读书的免费信息，从而让读者知道每年的 4 月 23 日，在世界的五大洲，在不同语言的国度里，人们不约而同地做着同样的事情-读书。如恰逢新馆开馆，也可以向读者免费发送一条新馆开馆信息，从而提醒读者前来新馆借阅学习。

2.注意发短信的频率。图书馆不要经常向读者发送短信，即使是免费的短信，频繁发送有时也会引起读者的不快。由读者付费的短信，一定要尊重读者意见，读者书面同意通过发短信的方式告知图书馆的一些活动信息、新书推介和还书提醒等服务后，才可以给读者发送，否则，随意向读者发送由读者自己付费的短信很容易引起读者的不快。

3.注意发送短信的措辞。图书馆在向读者发送短信的过程中，虽然字数不多，但一定要精，既要告诉读者更多的信息，又要内容简洁，避免拖泥带水。如果一条短信能发完的，就不要分二条短信发送，做到既经济又实惠。

4.注意署名。图书馆向读者发送短信，一定要在短信的最后签署上图书馆的名，这既是宣传图书馆，也是给读者加深图书馆印象的又一举措。

总之，图书馆与读者沟通的方式有很多，沟通的媒介也有很多，但不管是口头、书面、电话还是网络，也不管是态势语言、有声语言还是文字语言，最重要的就是要把握沟通的原则、方法和技巧，从而形成图书馆的沟通文化，实现图书馆与读者的零距离。

第四章　读者导读服务

结合图书馆自身的特点，图书馆导读工作的开展，成为其补充应试教育不足，发挥素质教育职能，参与并服务教育的主导途径。导读工作是图书馆读者服务工作的重要组成部分，直接关系到读者服务工作的质量，是图书馆与社会相互沟通文献信息的中介，它能激发读者潜在的求知欲，从而加强馆藏文献资源的开发与利用，导读工作是搞好情报服务的重要举措。在新的形势下，图书馆"重藏轻用"的旧观念正在改变，服务方式正在由"被动"变为"主动"。导读工作是实现这两个"转变"最有效的方法。

第一节　导读工作概论

一、导读的概念与性质

1.导读的涵义

导读就是"指导阅读"或"阅读辅导"，是社会倡导的，一切具有教育职能的机构根据自身的条件和自己的服务对象，按照时代发展的要求，采取各种不同的方式吸引读者，并主动影响其阅读行为，培养阅读技巧与方法，帮助读者提高阅读能力和阅读效益的一种教育活动。故又可称之为"导读教育"，是贯穿图书馆的一项重要工作。导读工作的实质，是在了解和研究文献的基础上，主动向读者揭示文献的形式与内容。它是一种有明确目的，且超越于读者阅读要求之前的一项引导、指导性工作；当读者产生了阅读要求，导读工作人员可主动地为读者宣传、选择、提供最新书刊文献。通过导读可以把读者最需要的情报资料及时而准确地展现在他们面前，吸引读者充分利用各种书刊和现代化服务设施。其目的在于提高读者的修养，增强阅读效益。作为社会阅读系统中一个重要子系统和具有极强教育职能的图书馆，导读是它的基本任务之一。

2.导读的性质

导读的性质可以从馆员和读者的行为方面来加以概述。

第一，导读是馆员与读者互动的深入。"互动"即馆员与读者之间通过"中介"的相互影响和作用，这里的"中介"是图书、文字、语言、行为等。这种"互动"按其由浅入深的顺序可以分为三个阶段：简单互动阶段。这一阶段中馆员与读者主要是借还书关系，双方没有思想上的交流，互不了解；相互渗透阶段。这一阶段中，馆员通过设置借阅登记系统对读者的借阅行为进行统计分析，研究读者的个体和群体情况及借阅倾向等规律，其"中介"主要是读者登记、图书目录、开架借阅和书目宣传等系统，读者则通过上述系统来了解图书馆的业务行为。这一阶段馆员与读者之间仍然是一种间接的行为交流；直接交流阶段。随着图书馆功能的逐步完善，馆员与读者之间通过各种咨询活动、报告会、讨论会，甚至通过科研合作等形式进行经常的语言交流。通过这种直接交流，馆员对读者的阅读心理和行为施加干涉和影响。这是一种较深层次的直接和及时的导读活动。

第二，导读是馆员有目标、有计划地参与读者阅读过程的活动。按读者阅读受外界影响程度的不同，阅读可分为自发阅读、启发阅读和指导阅读三种。自发阅读是读者根据工作、科研和生活的需要，无确切目标和意向的阅读行为；启发阅读是读者在自发阅读思想产生以后，在分类目录系统、文摘索引、宣传辅导系统等影响下，缩小范围后选择性的阅读行为；指导阅读是读者在产生了自发的或原始的阅读思想后，通过与馆员的咨询，或通过参加专题讨论会、报告会等，具有较准确的阅读目标和阅读内容的阅读行为。三种阅读活动，只有指导阅读效果最佳。所以，导读应是馆员针对不同读者的具体情况，通过语言交流和参与阅读活动而帮助读者进行阅读的活动或过程。

二、导读的产生原因

导读，是近年来先在一些高校图书馆中出现后来在一些公共馆也相继出现的一种服务方式。图书馆员在流通服务的过程中根据读者的需要给予一定的指导，帮助他们选择正确的阅读范围和书籍。

图书馆所收藏的图书资料只有为读者借阅才能体现其价值，才可能转换为推动社会进步的生产力，图书馆与藏书楼的区别也集中体现于读者工作及其相应的教育职能。读者借阅率越高，新图书、新资料、新知识、新信息越能及时地传播给读者，图书馆自身存在的价值就越大。因此，读者工作被公认为是图书馆一切工作的核心，也是图书馆工作的出发点和归宿。信息量的增大、科研活动的深化，以及文献获取与加工手段的现代化，使图书馆主动向用户提供咨询服务成为必要和可能。而导读又是直接面向读者的一项工作。因此，导读成了图书馆服务中的基础。

就社会发展的需要来讲，高科技革命、信息产业的发展等社会发展因素，造成了职业的更替、人才的流动；而人才流动和职业的转换需要人不断学习和培养自身才得以完成，要达到学习与自身培养的目的就得摄取知识，摄取知识要常阅读，阅读就必须懂得阅读方法和技巧。导读就是以教读者阅读方法和技巧为目的的服务。

另外，"终身教育"思想要求读者具有良好的阅读方法。所谓终身教育就是"人们在一生中所受到的各种培养的总和"。其理想是：对社会来说，建立一个学习化社会，对个人而言，是造就能够在现代社会中应付各种变化并发挥个人独特才能的创造者，终身教育的思想是"活到老、学到老。"要求人不断提高自身素质，学会学习，而要学会学习就要先学会阅读。图书馆是读者业余自修的主要场所，因此给读者介绍正确的阅读方法则显得尤为必要，学会阅读既可以节省读者学习的时间，又可以不浪费读者的精力，使读者在阅读过程中取得事半功倍的效果。

在知识爆炸、科学飞速发展的当今时代，新知识、新信息及其载体-图书、资料、胶片、光盘等，从形式到数量，都在以惊人的速度发展。信息爆炸取代了早期的信息贫乏。尤其在图书馆浩如烟海的馆藏文献中，由读者自己选取学习、工作、生产或科学研究所需的文献就像大海捞针一般困难。同时，社会读者往往都有自己的本职工作，或学习或生产，或对某一专题进行深入研究，他们必须把主要精力放在各自工作中去，没有足够的时间去研究图书资料的流通、收藏、管理理论。因此，在借阅图书、查资料时常有一定的盲目性。作为图书馆，如果能够及时对一次文献进行归纳、整理，以最简洁的形式提供最新的研究成果及其领域的发展动态，必将大大节省读者的时间和精力，开阔大多数读者的眼界和引导部分读者的选择研究方向，同时，也提高了自身存在的价值。

三、导读的原则

导读是图书馆读者工作的核心和灵魂。其任务在于提高读者掌握与运用文献的能力，从而提高阅读效益，导读必须遵循如下原则。

1.科学性原则

导读作为一种对读者的教育活动，必须以当代科学的最新成就为基础，主要体现在三个方面：在阅读内容上，要宣传和推荐反映当代科学与技术水平的优秀文献，掌握相应学科或特定范围内的主要著作与最新文献，从而使读者以最少的时间和精力获得最系统、最先进的知识。同时，还要帮助读者提高对文献质量的识别能力；在阅读方法上，要根据各类型读者群的阅读动机、兴趣、目的与相应的心理特点，根据认识过程不断向深广发展的规律，循序渐进地使读者掌握科学的阅读方法。要使读者通过实践学会科学地运用各种阅读方式，以及知识信息的加工整理方法；在阅读指导思想上，应以辩证唯物主义和历史唯物主义的观点来指导阅读。

2.主动性原则

导读的主动性日益凸显，已经成为当代图书馆读者工作的一个显著特点。导读的主动性要求馆员主动了解读者的需求，并予以相应的指导。导读并不是一个单纯的传授与灌输的过程，而必须注意启发与引导，对读者的主观愿望也不能无选择地全部满足，而必须根据图书馆的任务和社会进步的客观要求，使不恰当的愿望有所转化。凡此种种都要求导读必须贯彻主动性原则。

3.针对性原则

由于读者数量庞大，类型结构复杂，千篇一律的导读难以取得切实的效果，因而必须在研究和区分读者的基础上，针对不同读者的特点来进行导读，以加强针对性，克服盲目性。图书馆员要根据所学不同专业以及不同的心理状态，即知识结构和思维规律等特征进行特定内容和方法的导读，这就是针对性原则的要求。

4.激励性原则

相对于学校课堂教学工作，导读工作不是单纯传授和灌输的过程，主要是引导读者自学，它没有教学大纲，没有教学进度，其特点是非强制性的。因此，要想取得理想的效果，就得坚持正面激励的原则。

四、导读的研究内容

导读是以阅读为前提而产生并存在于人类社会的始终。其中涉及导读者、文献、读者。导读者是导读活动的主体，读者是客体，文献是载体，导读活动取决于主体的精神。导读是以读者研究为基础的，即以读者的阅读心理、阅读规律、阅读动机、阅读倾向、个体阅读差异、读者社会背景对需求的影响等为研究对象，以目录学、版本学、校勘学等知识为前提，以熟悉文献、研究文献为条件的。其具体内容包括：导读的作用和意义；导读史；导读活动过程；导读的形式；导读的技巧和方法；导读效果的研究和评价；导读者的素质和能力；导读研究的相关学科及其应用。总之，通过对导读行为的研究，可使导读工作不断发展，逐步形成自己的理论和方法。

五、导读工作的目的和任务

导读工作的目的是发挥教育职能，拓宽读者知识面，培养兴趣、爱好和特长。具体来说，导读工作的任务主要有如下几个方面。

1.解决怎样找书的问题

图书馆的藏书不但数量庞大、类型多样，而且内容十分广泛，对许多读者来说，图书馆是一座迷宫，其馆藏资源及特点如何、藏书布局如何、藏书如何分类、图书如何排架、目录如何利用、工具书怎样利用、信息如何获取、借阅书刊有何规则等，都是读者必须了解掌握的基本知识。如果读者缺乏这方面的知识，则很难找到所需的资料，就会满怀希望而来，失望而归。因此。解决怎样找书的问题，也是导读工作重要的一环。通过导读，使读者在获取知识的过程中摆脱"书海捞针"的困扰，为读者获取所需文献提供捷径，减少读者为收集查找资料耗费的时间和精力。图书馆工作人员借助自己的图书馆专业知识和经验，对读者进行积极的指导，就能使读者从浩繁的书刊资料中有效获取所需资料线索，达到"广、快、准、精"地选取有价值、最适合自己的读物，以便更好地从事学习和研究。

2.解决读什么书的问题

在图书馆工作中，我们经常碰到读者要我们介绍或推荐好书的问题。很多读者对书籍管理制度的演变及我国传统的分类学、目录学、版本学等读书治学的基础知识缺乏了解。从读者反映的情况来看，许多读者选书时随意性、盲目性很大，读书效果很差。为了指导读者选择图书，我们应该投入大量的时间和精力，与学校各专业教师或专家学者通力合作，编制各学科专业的《导读书目》《现代人才必读》或《人生必读》之类的推荐书目，把读者的素质教育从课堂教学延伸到课外实践中去，引导读者读好书，读有益的书，从而实现导读工作以优秀图书教育读者的目的。知识只有在一定的结构中才能转换成能力，过去那种直线式、平面性的知识结构已与现代化人才的培养需要极不相适应。立体型结构的知识才是当代人应具备的合理知识结构，即不仅要有本学科的专业知识，还要有相关学科的知识以及其他一般学科的知识等。因此，导读工作中要引导读者博览群书、扩大视野，使其具有多方面的能力。

3.解决怎样读书，怎样用书的问题

读者获取知识能力的强弱，直接影响着自学的水平及独立研究的效果。很多读者读书漫无目的，没有长远打算，读书时粗枝大叶，不求甚解；或迷信书本，生搬硬套，不能活学活用书本知识。因此，我们既要用正确的读书方法帮助读者，又要培养他们学以致用的创新能力，即不仅要授读者以鱼，更要授之以渔，培养他们自主学习、独立思考研究的能力。图书馆应有目的、有计划地对读者开展文献知识的教育，指导学生学会并掌握检索文献的方法和技能，提高查阅文献知识的能力；使读者学会在文献知识的宝库中更快、更好地获取所需，为今后有效地获取和更新知识打下基础。

4.要引导读者护书爱书

书籍是人类知识的载体，根据这几年的反应看，一部分读者不爱惜书，馆藏刊物的污损、撕毁、偷窃现象屡禁不止。对此，我们的导读工作应积极引导读者自觉养成知书、懂书、护书、爱书的良好习惯和品质。

六、图书馆开展导读工作的意义

图书馆需要开展导读工作吗？我们的回答是肯定的。

从大的方面讲，图书馆要真正发挥两个职能，使有价值的文献资源得以充分利用，不引导读者去正确而有效的阅读是不可能实现的，图书馆要成为未来社会知识产品的分配中心，不开展导读工作也是不可能的。从图书馆内部工作来看，导读工作是图书馆读者工作中最积极、最富创造力，而且是前景最广阔的一项工作，导读工作与情报服务工作像两驾齐驱的马车，合力将图书馆读者工作拉向一个更高的层次；图书馆要开展主动服务，除了协助和辅导之外，我们更应重视导向工作，这反映了一个馆人员的素质和业务水平。时代发展到今天，人们对新知识、新信息的需求越来越多，任何一个人都不可能单纯从课本上学到自己一生所需的全部知识，信息时代要求每个人不仅仅满足于学校的学习，而是要求每个人都应不断地更新知识，即接受终身教育。因此，获取信息的能力，尤其是自我学习的能力，是跨世纪人才应当具备的基本能力。引导和培养读者的自学能力历来是图书馆义不容辞的责任。图书馆不仅是要把书刊提供给读者阅读，更重要的是要把如何利用图书馆的金钥匙交给读者，使读者学会有目的地检索、搜集、分析文献信息的方法。具体来说，图书馆开展导读工作的意义可归纳为如下几个方面。

首先，导读工作是图书馆有特色的深层次服务。未来图书馆强调文献的传递，而不是贮存，人们将根据图书馆所提供的服务而不是其所拥有的财产来评价它们。因此，注重读者、注重服务、追求服务效益将是做好导读工作的目标，也是图书馆在 21 世纪的立身之本和竞争之道。

处在网络环境和知识经济时代用户的生活和工作节奏都很快，时间非常宝贵。读者进入图书馆的任何一个部门都希望能快、准、全地查找到所需信息。如果每个图书馆都拥有一批业务水平高、经验丰富的导读馆员，他们对馆藏文献了如指掌，掌握网上信息的搜索技术，能对读者阅读进行及时、必要的指导，并且能为读者提供他们所关心问题的进展情况，就会帮助读者在借阅活动中少走弯路。这样，就会形成其他机构如网吧、书店等场所都无法具备的优势。因此，导读工作是图书馆有特色的深层次服务。

其次，从图书馆教育职能的特点出发，我们认为坚持以"书"育人，发挥馆员主动性，有目的、有计划、有步骤深入而系统地开展导读工作，是图书馆补充应试教育的不足、发挥素质教育职能、参与并服务教育的主导途径。可以说，开展导读工作是图书馆由被动服务向主动服务转变的标志，是图书馆读者工作的重要内容。导读工作的好与坏已经成为衡量图书馆办馆水平的重要标尺。图书馆教育职能的特点决定了图书馆导读工作必须根据自身的优势，紧紧围绕丰富的馆藏信息资源做文章。

历史上导读与家塾教育思想及学校教育观念相联系，并随时代的政治思想环境而变化发展。如今，我们已经进入了文献信息数字化、传输网络化和经济全球化的知识经济时代。素质教育、继续教育和终身教育等思想的提出，尤其是社会信息化与网络化的发展，加上受教育的对象从学校学生扩展到社会的全体成员，导读与教育学、目录学、社会学、读者学、文献学等连成一体，共同担负社会教育职能，联系全社会的精神文化生活。

衡量一个图书馆工作水平的基本标志是其服务质量的高低，归根到底是图书馆投入与产出效率的高低。导读工作是根据社会发展的要求，采取各种有力的措施主动吸引和诱导读者产生阅读行为并积极地干预和影响其阅读行为，从而提高读者的阅读意识、阅读能力和阅读效益为目的的一种教育活动。导读工作是图书馆履行其职能、提高其服务质量的有效手段。

读者是图书馆永恒的主人，图书馆的所有工作都是围绕读者需求而运作、进行的，所以探讨图书馆导读工作，对于充分发挥图书馆的功能、提高图书馆利用率都具有十分重要的意义。

第二节 导读工作方法

图书馆系统地搜集、科学地整理和保存各种文献资料，其最终目的是让读者利用，使图书发挥其社会效益。而读者要很好地利用这些图书，在很大程度上要依靠图书馆工作人员的导读工作。导读作为指导或引导读者正确利用文献资料一种行为，其目的是提高馆藏利用率，真正做到"为人找书、为书找人"，在读者与书刊文献中发挥纽带与桥梁作用。导读工作开展得如何，将直接影响着读者利用图书馆，并制约着图书馆整体效益的发挥。

导读工作可采用多种形式，内容也较广泛，以期达到宣传优秀书刊，激发广大读者的阅读兴趣，提高图书文献的社会效益或经济效益的目的。

导读的方式很多。它不仅有语言性导读、文字性导读、实物性导读，而且还包括声像性导读和综合性导读等。其种类主要可归纳为书目参考咨询服务、各种形式的借阅指导、图书宣传工作、指导检索目录等。对不同的读者对象应采取不同的导读方式。

一、辅导读者合理利用图书馆

导读工作是通过引导读者合理、科学、正确地利用图书馆及图书情报，来达到预期的社会教育目的。第一次进图书馆的读者没有接触过浩瀚的藏书，不了解图书馆在教学科研方面的地位、作用，这时图书馆工作人员可向新来读者介绍图书馆的性质、职能、任务和发展概况，讲解图书馆藏书结构及使用方法；介绍本馆的服务设施及分布、服务手段、借阅规则、目录体系及检索方法等，使读者初步树立起图书情报意识，吸引他们步入图书馆，受益于图书馆。介绍方法可采用集体讲座形式，或把学生请进来边参观、边现场讲解，或者印发"图书馆读者指南"，或者放录音、录像等。

二、辅导读者阅读方法，提高阅读能力

很多读者读书缺乏明确的目的，读书方法不当，效率不高，或者死读书，读死书。

导读工作是一种教育性质的工作，这种性质决定了图书馆要利用自己的资源优势，开展读者教育。古人曰：授人以鱼，只供一饭之需；教人以渔，则能终身受益。导读工作就是教人以"渔"，从而使读者在书的海洋中能自由地畅游。

传授阅读方法，提高阅读能力，开发读者潜能是图书馆导读工作中借阅指导的重要内容，也是终身教育的必备条件。首先是阅读观念的教育。因此，在导读工作中，首先就要教育读者树立正确的阅读观，端正阅读态度。把阅读观当作人生观的一部分来对待，倡导终生阅读、系统阅读、联系实际的阅读。其次要传授阅读方法，提高阅读能力。基本的阅读方法主要有略读、导读、精读等。阅读能力主要有记忆能力、理解能力、评价能力、快读能力、文献检索能力等。这些方法和能力的培养应该贯彻到导读工作的每个环节之中，同时要通过各种方式，组织一些活动和竞赛使这些能力引起读者的重视，让读者认识到这是在 21 世纪自我发展和自我完善的必备素质。最后，还要开发读者的阅读潜能，激发读者的阅读兴趣，培养他们的良好阅读习惯，克服一些读者多变、不稳定的阅读兴趣，强化阅读意识，把读者潜在的阅读需求激发出来。

三、各种形式的借阅指导

阅读指导的内容：有目的地向读者推荐适用的、优秀的书籍；开展读者培训工作，使读者掌握不同文献的特点以及查阅文献的方法和途径；对青少年读者还要引导他们有系统地阅读书刊，不断提高阅读能力和效率。总之，导读工作要以提高读者查阅和利用文献的能力以及他们的阅读修养及阅读效果为主要目标。

了解阅读需求：要搞好导读工作，必须要了解读者的阅读需求，做到心中有数。将此项工作建立在读者阅读需求的基础之上，这就要求图书馆把调查读者的阅读倾向当作一项经常性的工作来抓。比如高校图书馆，至少每学期应搞一次这样的调查，以便在此基础上制定可行的导读工作计划，使这项工作开展的确有成效。在开展导读工作中，虽然有图书馆"干预"和"扭转"读者阅读兴趣的一面，但同时也存在"顺应"读者阅读潮流的一面，这两个方面的工作都很重要。不可能只强调一方面。

指导阅读目的：作家老舍说过："一个拥书多而不教育人民怎样用书的图书馆，还不见得就是好图书馆"。教育读者树立正确的阅读目的及指导他们"怎样用书"，是导读工作的重要内容。读者走进书刊辅助书库后，可以进行广泛的阅读和涉猎，起到消化、充实、扩展课堂学习内容的作用，还能扩大视野，增加信息量，尤其是第一次进图书馆的读者，什么书都想看，或者面对书海，不知要看什么书，而对自己真正想看的书缺乏针对性，图书馆有责任帮助他们克服借阅中的盲目性和随意性，做好借阅的向导。

激发阅读兴趣：导读是对读者进行读者教育的基本方法之一。教育效果如何，取决于激发读者阅读兴趣的效果，取决于图书馆文献资源开发利用的深度和广度，图书馆既要提高现有读者群的借阅兴趣和求知欲望，还要激发潜在读者群的阅读兴趣。图书馆要千方百计地创造条件，向潜在读者提供合适书刊；通过建设良好的读书风气，启迪潜在读者的借阅兴趣；研究、了解潜在读者在知识积累中的空白，有的放矢地为他们提供所需导读书目和书刊文献；在提供专业知识书刊的同时，还要提供有开拓意识和竞争意识的图书文献，把他们吸引到图书的海洋里来。

四、指导读者利用检索目录及工具书

1.指导读者正确使用检索目录

在德国柏林图书馆的大门上，刻着这样一句话："这里是人类知识的宝库，如果你掌握它的钥匙的话，那么，全部知识都是你的。"钥匙在哪里呢？就在图书馆的目录体系中。这些目录体系，对图书馆的工作人员来说是比较熟悉和易于理解的，但对于读者来说，无论是新读者，还是老读者，都很陌生，在使用过程中难免会遇到各种困难和解决不了的问题，难以准确快速地检索到自己所需的图书资料。因此，作为图书馆的工作人员，就应该发挥自己的专长，去指导读者，帮助他们解决检索中的问题，提高他们的检索效率。

但应该如何帮助他们呢？

（1）指导读者全面正确地了解目录体系

所谓检索目录，就是揭示图书馆藏书、帮助读者挑选和查找资料的工作。目录一般分为书名目录、著者目录、分类目录、主题目录四种。

书名目录：是依据图书的书名排列组织而成的。当你需要某本已知书名的图书时，就可以照此目录检索。它的排检方法有笔画和笔形法、四角号码法和汉字拼音音序法三种形式。以汉语拼音音序法为例，比如你要借阅巴金的《雾雨电》时，书名的第一字是"雾"，查字母音"w"便可查到所需图书。

著者目录：是按著者的名字组织起来的排列顺序排检方法同书名目录。比如，要查找鲁迅的或托尔斯泰的著作，可先查作者的姓，再找到名，便可找到你所需要作者的有关方面的论著了。

分类目录：是按照科学分类的体系，依据图书的内容，分门别类排列组织而成排列顺序的。比如你要借有机化学方面的书，就可以通过分类目录先在自然科学部类找到化学这一类目，然后便能很快查出有机化学方面的书籍。在查找过程中，往往还会发现与之内容相同或相关的许多书，扩大了眼界，获得更多的有用书籍。

主题目录：是采用规范化的词或词组来分编组织的一种目录，是供专题研究特指性的检索工具，多为专业人员查找文献资料所用。

（2）指导读者如何正确地查找目录

在读者查找目录时，会随时随地进行咨询，图书馆工作人员应及时为读者解答有关问题，给读者示范查找文献时应介绍目录检索方法，帮助读者学会利用图书馆的目录，使他们更好更快地检索到他们所要借阅的图书。

2.指导读者正确利用工具书

所谓工具书，就是把各类或某一门类的知识域资料按一定的编排方法汇集在一起供人们检查用的书籍。它是前人科学知识的荟萃结晶，主要是帮助我们解答疑问，找到所需专业的阅读内容和线索，提供研究资料和研究成果。读者在读书或写作过程中往往需要查找一些资料，尤其是社会科学读者，工具书更显得必不可少。随着科学技术知识的不断发展，工具书的内容和种类也在不断地丰富和增多，但有的读者对工具书不甚了解，不能顺利应用工具书来解决学习中的种种疑难问题。作为图书管理人员则必须指导读者正确利用工具书，只有正确使用，才能发挥工具书更大的社会效益。总之，图书管理人员要引导读者熟悉工具书的种类，了解工具书的查阅方法，帮助他们解决在查阅工具书时所遇到的困难。

五、书目参考咨询服务

1.书目与提要

书目是对图书和其他单独成册出版的文献特征的记载和描述。导读书目包括推荐书目、专题书目、必读书目、科学通报书目、馆藏书目和评选书目等。导读书目是经过选择图书、叙录提要、品评得失等，对古今学术文化进行系统的整理与阐释，尤其是对经过时间检验的经典性著作的推荐，节省了读者的宝贵时间，充分发挥了引导阅读的作用。

导读的实质，就是对文献内容的揭示。它是茫茫书海中的二把金钥匙，能够让读者更迅捷、更有效地吸纳所需信息。从导读书目的角度来看，首先要依类划分，有针对性地编制综合书目、专题书目、个人著述书目和书目指南；其次编好重中之重的专题书目，使它具有明显的选择性、权威性、引导性、评价性；就导读方式而言，必须正确处理好揭示文献外形特征与内容之间的关系，应该以揭示内容为主。同时，要处理好揭示文献内容广度和深度的关系，还应该有效地揭示文献的变化情况及其社会影响。

提要最初被称为叙录或解题，是我国目录学的优良传统之一。它的主要任务是向读者提示图书的中心思想、内容梗概、作者生平事迹、文献的社会价值等，能帮助读者鉴别和选择文献。提要可以是推荐性提要：揭示图书内容，向特定的读者推荐，带有评价性；也可是叙述性提要，揭示图书主题、思想和主要特点。推荐提要是较好的导读方式。

2.著录与注释

著录把每一种文献的基本特征，如书名、著者、出版社、出版年、版本和附记等，按一定的著录规则，通过著录事项来进行揭示和报道。文献的著录通常以卡片目录和机读目录的形式出现，是最基本的导读方式之一。注释是基本著录的补充，是对文献内容、语汇、引文出处等所作的说明，也是揭示文献最灵活的方式之一。

3.文摘与索引

文摘是把各种文献以简明扼要的文字摘述其主要内容做成的一种摘要。它一般是按学科或专门研究课题将有关的最重要的最新出版的论著，以简要的文字叙述其主要内容，然后以文摘杂志的形式出现。文摘分指示性文摘和报道性文摘。文摘由于浓缩了文献的主要内容，对于迅速查找与研究课题密切相关并有参考价值的文献，能以最快的速度直到最佳的效果，节省读者的时间和精力。

索引是将书籍、期刊等文献所刊载的题目、作者，所讨论的或涉及的学科主题、名词、术语，所引用的参考文献等，根据一定的需要，经过分析分别摘录出来，注明其所在书刊的页码，并按一定的原则和方法排列起来的一种检索工具。索引主要分为篇名索引和内容索引。借助索引，读者可以找到各种文献资料的出处，是一种较为常用而有效的导读方式之一。

4.书评与指南

书评是从思想观点、科学价值、现实意义等方面对图书进行分析、评论和介绍，是深层次的文献揭示方式。它分专书评价和专题图书述评两种。书评可以点评优劣、交流思路、推荐好书并指导阅读。这种方式能激发读者的阅读兴趣，并为读者所接受。它是从思想、科学价值、实际意义诸多方面对图书进行的分析、评论和介绍。是在更为深刻的程度上揭示图书的基本方法之一。

指南是一种导向材料，其基本内容符合图书馆导向目标的要求，但应该把读者放在首位。图书馆为读者提供适时的指南，如专门科目文献的指南或当前公众关注的课题文献的指南等。

5.标识系统与咨询服务台

标识系统是为使用图书馆提供导向的最基本的途径之一，包括路标、馆内导标、特殊标识等。图息和各式标识须简单明了，适用于不同类型的读者，帮助读者找到方向，尽快利用某种已给出的工具或某一类型的文献资源。

读者进入图书馆，可以向咨询服务台的工作人员提出各种问题，工作人员针对读者的个别借阅问题和需求加以耐心解答指导。咨询服务台的个别指导不仅能为读者借阅提供目录查找上的急救帮助，而且可以在阅读的深度和广度上进行细致的指导服务。咨询服务可帮助读者释疑解难，扫除读者在借阅书刊中的障碍，是导读的重要内容。在高校，咨询工作的基本方式是遵照国家教委规定由图书馆开设"文献检索与利用"课。开设本课可培养学生的情报意识，使学生掌握检索和利用工具书查找资料的能力，从而极大地提高学生的阅读效率。其他类型的图书馆可效仿高校，开展类似的培训。图书馆咨询服务有多种形式，有预约咨询，定题、专题、选题咨询，阅读指导咨询等，解答读者提出的各种问题，有选择地为其提供文献，也可以给读者指明思路，让读者自己会找寻，从而提高其独立思考的能力，提高其对检索工具的认识水平。

6.导读报刊资料

专门为宣传图书，推荐好书和指导阅读而编辑出版的导读性报纸、期刊、简报、手册，是图书馆导读工作中采取的重要方式。例如大众性的报刊，像《读书》《博览群书》《中华读书报》《书屋》等都起着很好的导读作用。

关于专业参考书的导读，图书馆可定期与研究所、高校等科研单位进行联系，获得最新的专业参考书单。各专业阅览室按照参考书单，结合书库实际情况，增补阅览室教学参考书刊，以保证读者的基本需求。学生在大学学习期间，应该系统、全面地掌握本学科教学参考书单，并认真阅读。图书馆可编制"专业参考书目录"、编制"各学科核心报刊推荐目录"以及"高校毕业生撰写论文参考书目"等，供学生参考借阅。目录形式可采用书本式或卡片式，起到导读书目作用。还可以有选择地编制必读专业参考书的文摘、题录、索引等二次文献，使读者在较短的时间内，系统地了解大量专业参考书的缩影，为读者提供浓缩的专业用书综述，以方便读者检索和利用。

实际工作中，我们应针对不同的读者群，采取编制书面资料和举办阅读辅导报告双管齐下的办法，充分借助现代技术手段，有效地提高文献利用效能。尤显重要的是，图书馆与读者之间更需要一些互动式交流，在思辨和切磋之中，实现导读的引导功能。唯其如此，不仅读者的信息获取能力和文献利用率会大大提高，而且图书馆员也才能真正起到知识导航的作用。

六、其他形式的导读方法

导读，本是为解决读者的借阅选择比较困难而产生的一个办法。实践证明，导读的作用、好处很多。为指导读者而组织的一些活动，不仅能增加读者的知识面，也可以从另外一个角度拓宽他们的视野，使他们有较强的认识能力和分析能力，导读已经成了图书馆流通工作不可缺少的部分。为了使导读工作更加完善，还需要从如下几个方面进行补充。

1.高校图书馆邀请部分教师做图书馆导读顾问

如前所述，图书馆面对读者量大面广，加之科学技术飞速发展，新知识日新月异，仅靠图书馆有限工作人员的努力很难做好导读工作。高校图书馆在解决这个问题上有其独特优势，就是高校有很多优秀的教师，尤其是德高望重的学术权威。各门学科的带头人对自己从事的专业领域有较为全面的了解、深刻的见解，同时也有丰富的文献利用的经验。如果请他们作为导读的顾问，定期或不定期为导读栏目撰写文章，介绍相应的发展动向，进行形势分析，分析潜在热点，以此来引导阅读趋向，或对导读工作提出宝贵意见，建议新的导读方式等，必然会大大提高导读水平。

2.向读者提供同类书籍

我们查找书籍，如果单纯依据索书条，则往往造成拒借，因为书的复本量实在太少。但是，如果我们为他们提供一些相似、相近的同类书籍供他们选择，则可适当缓解这一矛盾。譬如公共关系学，图书馆收藏有很多种，它们的分类号是一样的，内容也大致接近。其中的一种可能已被借完，但还有另外几种可供选择。如果读者并不是指定非要某一种版本的书，推荐另外相似、相近的书籍给读者，那么大多数读者的需要也是可以满足的。另一种情况是，在某些供不应求的时候，有的书在架上长期闲置，其中有些还有相当学术价值。交叉学科的不断涌现，也使目录较难体现这些变化。目录不能完全反映文献内容的现象，是一种客观事实。体现在流通中，就是读者所选书与所需书有一定出入。我们必须弄清读者意图，才能向他提供真正需要的书，也使一些不为读者了解的书发挥作用，做到"为人找书，为书找人"，物尽其用。

3.做好高次文献的整理、编撰工作

一次文献虽详细记载了著作者的观点、论据、事实、方法、过程和结论等，具有直接的参考、借鉴和使用价值，但往往过于分散，内容单一。如期刊论文、会议论文、专利文献等随机分存于各期之间。从众多的刊物文集中去检索有关文献是一项相当繁琐而效率很低的工作。即使检索到部分文献也往往是见树不见林。尤其是对于阅历不深的学生，很难通过支离散碎的文献资料来看清该专题的理论体系、发展过程。因此，就需要将分散的、无组织的一次文献进行归纳、整理、编制成有系统的、便于读者全面查找有关科技文献的索引。或进行压缩提炼，撰写成综合性较强的动态综述、专题评述、进展报告等，以帮助读者从更高层次上分析文献的作用与价值。这就是二次或三次文献，这里简称高次文献。各校图书馆应在调查研究的基础，上，确定当前重点，结合教学科研的需要，请有关专业人员协助整理，定期印发各类专业新书目、专业论文索引、学术动态介绍，以引导读者更好地利用图书馆。

4.创办参考书目举办专栏

高校图书馆的读者，尤其是学生读者群，其阅读规律具有明显的阶段性。如新学期伊始，多数学生借阅与本学期课程有关的参考书；而在放假前夕，则借一些课外书籍。毕业设计的学生则以课题为中心、借阅的文献范围较广，包括图书手册、期刊以及产品样本、会议文集等。为了做到有的放矢地为读者服务，导读工作必须深入到读者中去，了解读者的需求。同时，应与授课和指导教师取得联系，请他们提出各自课程的参考书目，图书馆再根据馆藏的具体情况，确定各专业的推荐参考书，并以专栏形式公布于众。同时，与采编部门取得联系，争取及时增补需求面大的图书资料。学生课外书籍的阅读具有较大的可导性，他们一般无既定的阅读目标，易随形势与宣传的影响而变。出国潮、下海潮、股市潮，真可谓潮起潮落。而图书馆是学生了解社会潮流的重要窗口，图书馆及时推出的社会透视、形势综述，并配之以有关专著介绍等专栏，会对学生的阅读倾向有较大的影响，对于学生正视社会、树立正确的人生观也会起到积极的引导作用。

5.建立重点科研课题档案，做好跟踪服务

针对高校图书馆具有的特殊性，即兼有教学和科研服务的双重任务。为了做好读者的服务工作，图书馆可主动与科研处、系、部，甚至教研室取得联系，了解他们研究方向或即将开展课题的情况，分析他们对图书资料的需求情况。然后对重点课题建立专门档案，编制专题目录索引，以帮助他们迅速、准确、全面地检索所需的资料。同时，可将所了解到的课题急需而无馆藏的图书资料，反映给采编部门以便及时增补。总之，导读工作的开展，需要有图书馆运行机制的保证，也需要有关人员积极的工作热情和为读者奉献的思想境界。

第三节 导读工作发展趋势

一、导读中的问题

1.图书馆导读工作深度不够

目前，图书馆的导读工作，停留在较低水平上，如定期出新书目录，对新书进行评价、推荐，设立读者工作咨询服务部等，但忽视了一项最重要的工作，即阅读方法的指导。读者来图书馆不一定全是为某个科研项目查询资料，更主要的是求知，高校图书馆、中小学图书馆及专业图书馆的读者更趋向于此，而求知必须有一定的求知方法。因此，加强阅读方法的指导和研究便成了图书馆导读工作的重中之重。

2.网络环境下的导读工作能力亟待加强

21世纪是信息技术时代，知识与信息的生产、储存、传播和使用都发生了很大变化。这既给图书馆带来了乘势发展的机遇，同时也带来了新的挑战。导读工作的内容也发生了巨大的变化。众多的媒体为导读工作提供了丰富的信息资源，其中绝大部分信息内容具有科学价值，但也不乏拜金主义、低级趣味、暴力甚至色情内容，正因此，导读工作才显得尤其重要。

仅仅以指导读者应该读什么书和不应该读什么书，以及如何读好书为内容的导读工作，从本质上说是传统意义的图书馆导读模式。如何适应新形势，在网络环境下做好导读工作，是我们目前亟待加强的工作。做好这项工作的前提是要求我们导读工作者具有敏锐的政治洞察力，同时具备网络知识和计算机应用操作能力。这样才能在良莠不齐的信息资源中筛选精华，剔除糟粕，紧密结合本馆读者的实际情况，突出知识性和科学前沿性，精心制作网页，或编制网络导航目录，满足读者的要求。目前各个图书馆的导读工作者虽然谙熟传统的印刷文献导读技能，但不少人对网络环境下的导读工作方法和技巧却知之甚少，给导读工作的开展带来了极大的困难。

3.图书馆导读工作人员的业务能力有待加强

随着导读工作的兴起，各类、各级图书馆都十分重视读者导读工作的开展，并成立了专门的导读工作队伍，但服务内容往往只能解决一般性的问题，如告知读者到某大类去寻找所需要的书籍与期刊，而不能有的放矢地为读者指点迷津。读者面对丰富的馆藏，也只能是望书兴叹，大海捞针。导读是引导与阅读的科学结合，是以文献信息资源为中心，引导读者与读物之间相互交流的活动，深入持久地开展导读工作，关键在于图书馆工作人员素质的提高。

（1）思想素质

导读工作者必须在思想上认识到加强导读工作的重要意义，树立起"为人找书，为书找人""读者第一，服务第一"的思想观念与工作态度，转变"重藏轻用"的传统思想，在工作中积极主动地观察和研究读者的需求，尤其是新开专业读者的需求，逐步探索、分析高校读者的阅读规律，及时把握各学科的发展动态，了解学校承担国家等重大课题的情况，充分利用馆藏，主动为教学、科研服务。

（2）文化、业务素质

随着网络技术、多媒体技术、通信技术的迅猛发展，以及各高校馆实行计算机网络化管理，图书馆员在掌握图书情报学专业技术理论知识和技术的同时必须是某一学科的专业人才，对某一学科具有一定的学术研究水平，虽不要求他对这一学科进行深入研究，但是必须对这一学科的研究前沿有所认识，这样才能做专业的导读员。

4.对外缺乏主动性、直接性

长期以来图书馆确实有一种"惰性"，主动为广大读者提供服务的意识不强，读者不了解图书馆，图书馆对自身的宣传力度不够，以往图书馆为改变现状而开展的导读工作，诸如推荐书目、图书介绍、书评文章等仅在馆内以板报或橱窗的形式展示，难以形成强大的声势，不足以引起读者的重视。如果激发读者广泛参与的热情和主动性，进行推荐书刊、揭示馆藏、书目导读、书评竞赛等导读活动，就容易顺利进行下去。

以书面形式为主的导读活动，缺少互动性，读者的实际问题不能得到及时解决，久而久之势必影响读者利用图书馆的积极性。阅读辅导是对读者的阅读目的、内容、方法等方面给予直接的指导和帮助。然而已经开展的导读工作，缺少与读者面对面的直接交流，不了解读者的阅读目的、内容、方法和效果，从而导致不能为读者直接解决阅读当中存在的问题。

5.对内缺乏协调性、积极性

导读工作在图书馆内部的重视程度不够，缺少一个统一、协调的权威组织。一方面，在具体操作中，缺乏系统的规划与组织，少有协作；另一方面，导读缺乏积极性，一是工作人员素质问题一图书馆的整体素质还不是很高。"安置家属"现象十分普遍，员工的知识结构存在着差异，有一部分馆员没有导读意识，满足于借还行为，不能胜任导读工作，无法满足读者多层次、高水平的导读需求。二是图书馆领导层对导读工作的重视问题一领导不重视，势必影响馆员开展导读工作。

二、现代技术对导读工作的影响

导读是一种以传播文献信息知识为手段，以有人为目的的读者教育活动，导读是为了保证文献信息的充分和有效交流，帮助读者提高阅读技巧和阅读效益。图书馆事业不可阻挡的数字化进程对导读工作的影响是巨大而深刻的，其明显的变化是：文献信息的大量增加和信息载体的多样化，必将打破以纸张印刷品为主要收藏对象的传统图书馆的格局；各种信息技术，包括计算机、数据库、多媒体、网络等技术的普及与应用，必将动摇作为文献资源中心的图书馆的地位。图书馆的读者需求不再是以拥有数百万藏书并以手工操作为主要运作手段的传统图书馆模式能够满足，而是以共享程度更高、能快速地控制和传输信息、有效地组合各种有用信息的服务模式为选择标准。这些变化使图书馆导读工作必然要选择共享程度高、能迅速地传输和控制信息、有效地组合各种有用信息的模式。与之相适应的导读手段、导读方式、导读主体、导读成果等也发生了相应的变化。

1.网络信息资源导读成为重要领域

随着现代信息技术的发展和应用、图书馆藏书中电子出版物数量的不断增长、因特网上的信息资源的开发和利用，需要把导读工作引向指导读者了解数字图书馆、电子出版物和因特网等网络组织，指导读者熟悉和掌握网络信息资源检索工具。例如，利用搜索引擎获取网上信息，选用远程登录功能进行国际联机检索，利用电子邮件接收各种有价值的信息等。同时，还可以向读者介绍各种综合性、专题性数据库的收录范围及检索方式，检索途径和检索策略，以便让读者提高获取知识的能力。

在现在和将来网络导读需要考虑对网址进行控制与网罗，对特定主题的专业文献进行整理与引导。图书馆根据读者的需求，有目的、有步骤地对网络信息资源加以合理的组织，并形成一个引导读者获取所需信息的引导系统，使他们在最短的时间，得到最经济最满意的结果。

2.导读对现代信息技术的依赖性更强

现代信息技术具有的电子邮件（E-mail）、远程登录（Telenet）、文件传输（FTP）、电子公告（BBS）、网络新闻（Netnews）、全球浏览（WWw）等功能，可以实现全文本、超文本和多媒体的信息传输与检索的国际互联网，需要在计算机、通信、数字化、数据库、多媒体、人工智能和虚拟现实等技术手段的支持之下来实现。信息技术在图书馆中的运用，使得文献信息资源呈现多元化，面网络信息资源拓宽了读者的阅读范围与选择空间。当然导读工作离不开现代信息技术的支持，也就是说，导读对现代信息技术的依赖性更强。

互联网在全球的开通和迅速扩张，使得互联网成为世界用户最多、影响最为广泛的网络互联系统。网络信息资源类型多，涉及面广，文献信息的搜集、筛选和揭示应走在导读之前。网络导读不能只是对网站加以搜集和链接，或只提供很简单的说明文字，而是要反映出站点的类型、内容和特色，对资源进行深层次揭示，并加以适当的评论和推荐，引导读者充分利用。而这一切都必须依靠现代信息技术才能进行和完成。

3.导读的方式将是多样化的统一

传统导读侧重于人文学科的阐发，现代科学与信息技术的应用将使导读逐步走向科学化，并充分体现科学与人文精神的整合。过去的导读以推荐文献、引导读者阅读、提高阅读能力为目的。现在导读正转向正确查找和使用各种不同类型的出版物的引导，尤其是进行电子出版物、网络查询等导读，使读者"得其门而入"。导读内容逐步从单一的文献服务向综合性文献信息服务拓展，尤其是计算机、数据库和互联网等技术的应用，使导读呈现出专业化与综合化、精约化与大众化、科学客观化与个体主观化并存；针对不同载体的文献信息的不同导读方式将长期并存，共同构成社会导读大系统。

4.导读工作的内容发生巨大变化

导读工作需要对大量的信息资源、众多的媒体进行专业性判断，选择真正有价值的文献，筛选精华，进行网络导航。根据本馆的性质、任务和读者需求，在网上选择相应的电子期刊、电子图书和电子报纸；选择有价值的专业机构网站、专业网站的相应栏目；选择优秀作者和科研人员的个人网页；选择内容准确、更新及时、检索方便的权威数据库，分别描述其内容特色、检索利用方法、记录其网址，建立本馆的网上信息资源目录。

记录其检索路径，提供网络浏览导航下载转录、脱机浏览。如同收集印刷型文献一样，将网上最有价值的使用频率高的信息转录拷贝，移植到本馆的服务器上，建立镜像信息站点，在本单位或地区的局域网上运行，使本馆用户可以"脱机浏览"，进行信息重组和信息再造工作，拓展信息功能，充分挖掘信息的潜在价值，把分散在各文献中的信息联系起来，进行信息重组，使用户更有效地利用信息。这一切工作都要在前期和幕后完成，完成后不断地提供给读者。所以导读工作由即时性服务转向前期服务，导读的角色由台前变为幕后。

5.导读主体大大扩展

导读工作并不限于本馆的人力和资源，不同图书馆之间的合作咨询服务比较常见，不同的图书馆可以通过互联网共同探讨交流导读经验。例如大学图书馆可以充分依靠本校的人才优势，邀请学校中的专家、学者参与并承担一部分导读工作，尤其是组织他们为读者开设专题讲座和问题讲座等。

三、导读工作发展趋势

由现代技术带来的影响意味着仅仅以一馆之藏为活动范围和以指导阅读为主要方式的传统导读工作，既不适应网络化时代的发展趋势，也无法满足以开发和利用丰富的网络信息资源为主要目标的读者需求。导读在继承优良传统的同时，要根据社会发展的需要，利用现代手段，通过各种行之有效的方式和活动去"干预"和"影响"读者的阅读行为。因此，在网络环境下，图书馆导读工作的内容和方式已成为需要我们认真思考的一个新课题。

1.图书馆导读工作的新领域网络导引

（1）网络导引的概念

此处引入了"网络导引"这个词，是相对"图书馆导读"而言。二者不但有字面上的区别，而且还有概念上的不同，但它们之间又有内在的联系。图书馆导读以图书馆的藏书为基础，以指导读者读好某些书为活动内容。而网络导引则以网络环境为活动空间，以引导读者开发与利用网络信息资源为基础目的。图书馆藏书是实有的、拈手可得的。对读者而言、图书馆收藏的数十万、数百万，甚至数千万图书中，哪些书可读或适合读、应该读，哪些不适合读，甚至不可读，他们往往不容易把握。因此，图书馆就应根据不同情况，给予读者必要的指导或辅导，使其收到最满意的阅读效果，这就是传统图书馆导读工作的基本涵义。

而网络信息资源，在物理结构上是一种虚拟的而且又是无序的资源，对读者而言，是一种陌生的，不能很容易就信手拈来的信息；图书馆根据读者的需求，有目的、有步骤地对网络信息资源加以合理的组织，并形成一个引导读者获取所需信息的导引系统。使读者可以在最短的时间，以最小的资金，得到最满意的结果，这就是开展网络导引服务的意义所在。

如此丰富的网络信息资源令人垂涎欲滴，但它的分散性和无序性又使人束手无策。对此，建立一个网络导引系统，以指引读者了解与获取世界范围的有用信息，是一件十分有意义的工作。

从上述可以看出，传统的图书馆导读工作与现代的网络导引服务，显然有不同的内容和方式。然而，正是这些不同的内容和方式，反映了社会信息化时代对图书馆提出的新要求。应当说，开展网络导引服务是传统图书馆导读工作的扩展，是导读服务的延伸。建立网络导引系统，就是用虚拟网络的概念，有选择、有重点地将分布在世界各地的有关信息源组织起来，形成一个开放、公开的有关信息源的有序集合。在网络环境支持下，用户不但可通过网络导引系统得知自己所需信息的分布情况，而且可以在导引系统的引导下，通过网络获取所需的信息。

（2）网络导引系统的目标

形成一套既方便信息组织，又具有良好操作界面的用户查询支持系统。读者到图书馆来，不仅是想使用图书馆的馆藏，更主要的是想通过图书馆这个渠道，了解与掌握世界范围的有用信息。因此，建立一个具有良好操作界面的导引系统尤为重要。导引系统应当具有两大查询功能：一是对网上信息资源建立索引，为用户提供检索功能；二是对不同的 www 服务器建立链接，为用户提供信息资源的分布情况。

为方便统一管理和用户利用，网络导引系统可从本地服务器的 URL 进入，以本地的服务器主页中的一项引导菜单形式出现。其信息资源采用学科主题树浏览方式进行组织，以指引用户浏览有关数据库的数据，或指引用户到特定的 URL 上获取需要的信息。

收集一批有关的国内外信息源服务器 URL，以形成该导引系统的导引页。它又像全球定位系统，为"漫游" Internet 的人定位使其不迷失方向，Internet 也正是通过 URL 将世界上的联机信息资源组织成有序结构。每一个信息源服务器都存储着大量的信息。每一个信息源服务器都有自己的 URL，并提供"超文本"或"超链接"的页面（Homepage），通过 URL 访问 Internet.不但可检索到存储在该信息源服务器上的信息，而且可利用其"超链接"功能将访问者引导到其他信息源服务器的 URL。因此，系统地收集并按专业属性分门别类地将有关的 URL 组织集成起来，其作用就等于在网络的信息海洋里，为读者架起了通往彼岸的航船。

收集 URL，可以充分利用 Internet 上提供的一些检索工具。Internet 上的检索工具大致上有三种类型：如提供交互式信息服务的（如 www）提供名录服务的 WHOIS、

NET-FIND 和提供索引服务的 Archie、WAIS 等。这些检索工具汇集了许多信息源站点，我们可以从中选择一些作为继续查找成互相指引的线索。然后在全面收集、分类的基础上，形成相关的 URL 导引页。

对信息源进行持续深入的跟踪，不断积聚有关的原始信息资源。Internet 上的信息资源，不外乎如下几种类型：文摘和目录型信息、电子报纸全文信息、全文期刊信息、数据和事实型信息、动态型信息。但是，其中相关的信息究竟有多少？分布在哪里？如何查找？这些问题对大多数读者来说是陌生的。为了节省读者的时间，我们应当有选择地对相关的 URL 进行持续深入的跟踪，并将存储在各个服务器上的重要信息及时下载。经过我们的日积月累，一个针对性很强的信息资源库便可应运而生，其利用价值必定会远远超出人们的意料。

由于 Internet 上信息资源十分庞大，且处在随时变化更新之中，任何人想通过人工的方法在上面查找所有的信息几乎是不可能的。为了解决此类问题，国外的基本做法是利用网络机器人（Network Robot）技术来完成信息的自动跟踪与更新工作。我们可以不断地对这些站点进行跟踪，并对其更新的内存进行必要的整理与组织，以便充实自己的导引系统，这无疑是积累信息资源的一条捷径。

为馆藏文献资源建立导引服务。在社会步入信息化的时代，由于人们的工作节奏加快，越来越多的用户选择了通过网络访问图书馆。所以，图书馆应当努力改变坐等读者上门的被动服务方式，充分开发现有的馆藏资源；加速文献的数字化步伐，并通过本馆的网络导引系统，及时地将馆藏文献信息提供给用户。

总之，开展网络导引服务，是顺应信息服务工作发展潮流、继续发挥图书馆情报职能和教育职能的一个新的工作领域。

2.图书馆人文服务的亮点-学科馆

从导读工作来看，无论是书目的编制，还是各种导读方式的完成；无论是编制资料，还是举办辅导、开展互动式的交流，图书馆都迫切需要一支懂专业、懂外语、掌握现代信息技术、擅长文献加工、会经营的馆员队伍。这也是导读工作正常开展对基本人才的要求。20 世纪 90 年代初出现的学科馆员制度顺应了这一要求，不仅给图书馆带来了新的服务增长点，使图书馆的服务体系更加完整，而且细化了图书馆的分工，使图书馆员从大一统的服务中解放出来，职责更加明确，服务更加到位。

（1）学科馆员的引出

随着信息载体技术、信息处理技术和信息传输技术的飞速发展，图书馆正在步入全新的读者服务新时代。如果说传统图书馆是以文献为服务单元，注重读者群体概念的话，那么现代图书馆则是以信息为服务单元，强调以人为本的个性化信息服务。应该说，现代图书馆在网络信息环境下，为了满足读者个性化和多样化的信息需求，必须提供差别信息服务。这种差别信息服务，便对馆员提出了具备专业背景的要求。这就引出了学科馆员。

由于高校图书馆读者群不同于公共图书馆的特殊性，即读者主要是高校内的教学、科研人员和学生，对文献信息需求的专业性强。随着研究越深入、专业性就越强，要求也就更高。对于学科部门来说，没有图书馆优质文献信息服务的支持，规划和实施宏伟的教学科研项目将是无米之炊。这就要求图书馆要加强与教学部门的联系，紧密配合学校教学和科研的发展方向，尤其是重点学科的发展建设，按照具体专业或学科领域来组织、实施服务。从图书馆来说，建立了某学科领域的丰高的馆藏资源，开发这些资源是昂贵的，却没有相应的服务方式让教师、学生去使用，将是极大的浪费。在现代信息环境下，图书馆的服务重心已从一般服务向信息咨询服务转移，这也要求高校图书馆深入教学科研的实践中，提供针对性强的信息服务。要发挥图书馆在学校科研学者中的地位作用，就应在图书馆和学科部门之间发展一个动态、交互的信息服务模式。就要设立专门的馆员，各负责一个学科领域，与用户建立直接联系，深入了解他们的需求，从而有的放矢，提供对口服务。因此，既具备学科专业知识，同时又具备图书情报专业知识，能够有针对性地为教学和科研提供直接、便利、深层次的学术服务的学科馆员便在高校首先应运而生。

学科馆员制度是以学科为对象而建立的高级专业人员对口服务模式。作为一种以大学学科为对象而建立的高级专业人员的对口服务模式，其目的是加强图书馆与各院系的联系，为两者搭起了桥梁，建立起通畅的"需求"与"保障"渠道，进一步拓宽图书馆的服务范围，深化服务层次，加快科学交流和信息传播的速度；帮助教师、学生充分利用图书馆的资源，提高文献信息资源的利用率；使图书馆的服务更直接、更有针对性，使广大教师和研究人员及时准确地获得最新文献信息，最大限度地满足其信息需求；同时改变传统的服务方式，为教学科研提供主动的、深层次的信息服务，以适应信息时代飞速发展的需要。学科馆员就是拥有某一学科（专业）领域的扎实知识的图书馆馆员，负责在其特定学科（专业）领域开展一个或多个方面的图书馆业务工作或参考服务。综合起来有院系联系、学科咨询、馆藏发展、用户教育、书目编撰与指导、分类与编目等。尽管不同机构、不同学科的学科馆员会有不同，但他们的本质都是以特定的学生和教职员工的信息需求为中心，提供对口服务。

（2）学科馆员的任职资格及职责

这里的任职资格主要指学科馆员的知识结构和业务水平。境外一些国家和地区的高校图书馆规定学科馆员由具有一定专业水平的资深馆员担任；国内几所已实施"学科馆员"制度的高校图书馆，对学科馆员的任职资格也有明确的规定，如南开大学图书馆，要求由有相应工作能力和专业知识背景的资深馆员担任学科馆员；而清华大学图书馆则要求学科馆员一般都具备大学程度的学科背景和硕士程度的图书情报专业背景，非常熟悉对口学科的各种文献资源，能够有针对性地为教学和科研提供帮助。可见，学科馆员首先应该具有较高的图书情报专业知识，是信息情报员，否则就谈不上情报服务；其次，应突出"学科"的特点，必须是某一学科的专业人才，对某一学科具有一定的学术研究水平，虽不要求他对这一学科进行深入研究，但是必须对这一学科的研究前沿有所认识，否则难以成为该学科专业研究人员的信息导航员；第三，必须精通和掌握计算机技术、网络技术、多媒体技术等信息技术；第四，至少掌握一门外语。

学科馆员的职责是与实施"学科馆员"制度的目的相对应的。综观已经实施"学科馆员"制度的图书馆，对学科馆员的职责都有明确的规定，虽然图书馆的学科馆员的职责应根据各馆的具体情况而确定，但作为一个学科馆员其基本职责应包括：重点熟悉某个学科的图书文献资源并编写读者使用指南；负责某个学科的网络资源收集、整理并建立这些资源的网络主页；负责与对口院系保持联系，为对口院系的师生提供图书馆利用培训，协助对口院系订购必需的图书文献资料，帮助对口院系师生进行相关课题的文献检索。清华大学图书馆和南开大学图书馆确定的学科馆员职责比较系统、全面值得大家参考和学习。

（3）实施"学科馆员"制度的建议

高校图书馆建立"学科馆员"制度是时代的要求。但是，根据目前我国高校图书馆的现实，要实施"学科馆员"制度还存在相当的困难，其中最主要的是人才问题。因为我国高校图书馆无论是人员素质还是研究水平，都普遍较低。各图书馆应因地制宜，在此提出；如下几点建议。

根据本馆的人才的实际，选择有条件的学科优先操作。借鉴西安交通大学图书馆、南开大学图书馆的做法，选择有人才条件的学科优先实施"学科馆员"制度。高校图书馆中或多或少地在某些学科拥有相对优势的人才条件，因此，可以针对这些学科挑选一些业务素质好、工作能力强、有专业背景、比较熟悉参考咨询工作的同志担任学科馆员。由于学科馆员是一项具有挑战性的工作，随着新技术及专业学科的迅速发展，他们需要不断地学习才能适应对口学科的新发展。因此，学科馆员在工作中要承担一定的压力，这就促使其在工作中自觉地吸取新的知识，在工作中不断提高自身素质和工作能力，因此，"学科馆员"制度的建立既提高了对口服务质量，学科馆员自身又得到了锻炼，为图书馆培养了技术骨干，为将来的扩大服务面打下基础。

第五章　图书馆信息服务

信息技术的飞速发展，公共图书馆网络化、数字化、电子化的信息环境正在形成。一个不受国别、时间、空间限制的共享全球信息资源的网络信息时代已经到来。公共图书馆如何在网络环境下为公众提供多元化服务，成为公共图书馆工作研究的重要课题。因此，本章将对图书馆信息服务的相关内容进行介绍。

第一节　信息服务概述

一、关于信息社会

"信息社会"这个词早已为人们所熟悉，但要给"信息社会"下一个准确的定义，至少目前还有一定的困难，因为信息革命还在不断发展，未来的变化难以预测。但这并不影响人们真切地感受信息革命为社会带来的巨大变化和深刻变革。

在信息社会里，社会信息化问题是每一个公民必须面对的。社会信息化是一个从工业经济向信息经济、从工业社会向信息社会演进的动态过程。从工业社会进入信息社会的过渡时期被人们称为信息化社会。它的社会特征与信息社会是不同的，它是反映信息及其技术渗入社会生活的各个领域、各个层次的一个社会过渡进程。

就世界范围而言，工业社会只有几百年的历史，自从世界上第一台计算机问世以来，我们便开始向信息社会迈进。工业社会和信息社会有着各自鲜明的社会特征：在工业社会里，首先，社会的实践对象主要是人以外的物质世界。工业社会要解决的主要问题由人类生存和发展的基本需求所决定。必须创造出可供我们生存和发展的生活条件和生产资料，这是工业社会要解决的根本问题。其次，模具制造、批量生产是社会劳动的主要表现形式。

在信息社会里，首先会有大量信息产生，而且是有价值的信息。其次，社会实践的对象，从改造物质世界变成了提升人的素质世界；信息社会的实践重心，从开发大自然转向开发人类自己。最后，互联网以及即时通信的方式，改变了人类活动的时间模式，也改变了人类文化的时间模式，让世界变成了"地球村"。

二、关于信息服务

1.信息服务的含义

信息服务从广义的范畴讲，涉及社会生活的诸多领域。狭义的信息服务指对信息收集、加工、存储、传递和提供社会化经营的活动。由于科学的进步，以及各种文献载体和其他大众传媒的日益增多，互联网在日益普及，人们无时无刻不被信息包围着，面对大量无序的信息资源，如何去粗取精、迅速准确地找到所需要的信息是信息服务的本质所在。

现代社会信息服务具有十分丰富的内涵，它可以理解为以用户的信息需求为依据，围绕用户、面向用户开展的一切服务性活动。当前的信息服务，无论从内容上、形式上，还是从服务的广度和深度上看，都发生了翻天覆地的变化。随着社会的不断进步，信息服务的规模和效益对社会发展的影响将越来越明显。我国的信息服务经过长期的发展，已经形成了一个多层次的，包括科技、经济、文化、新闻、管理等各类信息在内的，面向各类用户，以满足专业人员多方面信息需求为目标的社会服务网络。在整体服务网络中，各类信息服务部门既分工又协调地开展着各具特色的服务工作。

2.信息服务的特征

从综合的角度看，信息服务的特征主要有：社会性。信息服务的社会性不仅体现在信息社会的产生、传递与利用方面，而且体现在信息服务的社会价值和效益上，并决定了信息服务的社会规范；知识性。信息服务是一种知识密集型服务，不仅要求服务人员具有综合素质，而且要求用户具备相应的知识储备，只有在用户知识与信息相匹配时才能有效地利用信息服务；关联性。信息、信息用户与信息服务之间存在着必然的联系，三者之间的内在联系是组织信息服务的基本依据，也是信息服务组织模式的决定性因素；时效性。信息服务具有显著的时效性。这是因为，对于某一事件的信息只有在及时使用的情况下才具有价值，过时的信息将失去使用价值，甚至会产生负面影响。因此，信息服务中存在信息"生命期"的问题；指向性。任何信息服务都会指向一定的用户和用户活动，正因为如此才产生了信息服务的定向组织模式；伴随性。信息的产生、传递与利用总是伴随着用户的主体活动而发生，所以信息服务必须要按照用户主体活动的内容、目标和任务进行组织，以便对用户的主体活动有所帮助；公用性。除了某些专门服务于单一用户的信息服务机构外，面向大众的公共信息服务可以同时为多个用户服务，这也是信息服务区别于其他社会化服务的因素之一；控制性。信息服务是一种置于社会控制之下的社会化服务，因此信息服务的开展关系着社会的运行、管理和服务对象的利益，它受国家政策导向和法律的严格约束。

3.信息服务的体系结构

信息服务的领域十分广泛，不同类型的信息服务构成了信息服务的体系。按照不同的分类标准可以对信息服务进行不同的分类。一般来说，基于国内目前的情况，大致可以按照以下几个方面进行分类：

按信息服务所提供的类型分为实物信息服务（向用户提供产品样本、试验材料等实物，供用户分析、参考、借鉴）、交往信息服务（通过信息发布会等活动向用户提供他们所需要的有关信息）、文献信息服务（根据用户需求为其提供文献，包括传统的印刷型文献和电子文献）、数据服务（向用户提供所需要的各种数据供其使用）。

按信息服务所提供的文献信息加工深度分为一次文献服务（向用户提供原始文献或其他信息）、二次文献服务（指将原始文献信息搜集、整理、加工成反映其线索的目录、题录、文摘、索引等中间产物，从而向用户提供查找文献信息线索的一种服务）、三次文献服务（对原始文献信息进行研究，向用户提供文献信息研究结果的一种服务，包括综述文献服务、文献评价服务等）。按信息服务的内容分为科技信息服务、经济信息服务、法规信息服务、技术经济信息服务、军事信息服务、流通信息服务等。这些信息服务一般按用户的要求开展，具有专业领域明确、形式固定的特点。

按信息服务的方式分为宣传报道服务、文献借阅服务、文献复制服务、文献代译服务、专项委托服务、信息检索服务、咨询服务、研究预测服务等。

按信息服务手段分为传统信息服务（指通过信息人员的智力劳动所进行的信息服务，如利用检索工具书提供检索服务）、电子信息服务（指借助于计算机和网络系统开展的信息服务）。

按服务对象（用户）结构分为单向信息服务（面向单一用户所进行的针对性很强的服务）、多向信息服务（面向众多用户在一定范围内进行的信息服务）。按信息服务时间长短分为长期信息服务、即时信息服务。按信息服务的范围分为内部服务与外部服务。按信息服务的能动性分为被动信息服务与主动信息服务。按信息服务收费与否分为无偿信息服务与有偿信息服务。

三、信息服务的内容

信息服务应该包含如下四个方面的内容：

1.信息资源开发服务

这是信息服务的基本工作，也是开展信息搜集、加工、标引等各项工作的目的之所在。人类要进步，社会要发展，都必须重视信息资源的开发工作。许多看似没什么价值的原始材料，一经收集、整理和加工，往往会身价倍增，这就是信息资源开发的意义所在。

2.信息传递与交流服务

交流与传递是信息的重要特征，正因为信息的这一一特征，才使得世界各国能够同时分享科学技术发展带来的胜利果实。信息如果不进行传递与交流也就失去了自身存在的价值，更不能起到其应有的作用。

3.信息加工与发布服务

对于用户来说，不是所有的信息都是可以直接利用的，要做好信息服务，其中一项重要的工作就是对信息进行加工整理，并将加工后的信息予以及时发布，如此才能发挥信息的作用。

4.信息提供与利用服务

公共图书馆经过前期的信息搜集与信息加工、整理，其目的是提供给用户使用，通过用户对信息的利用，解决用户生产、生活、学习中遇到的问题，进而推动社会的发展和进步。

四、信息服务的要求

信息资源开发的广泛性。信息服务须在充分开发信息资源的基础上进行，只有这样，才能保证给用户提供的信息没有重大遗漏。为此，在信息服务工作中要注重用户需求调研，尽可能多地吸收用户参与工作。

信息服务的充分性。充分性是指充分利用各种条件和一切可能的设备，组织用户服务工作。同时充分掌握用户需求、工作情况及基本的信息条件，以确保所提供的信息范围适当、内容完整和对需求的充分满足。信息服务的及时性。及时性的含义包括两个方面：一是接待用户和接受用户的服务课题要及时；二是所提供的信息要及时，尽可能使用户以最快的速度得到他们所需要的最新信息。为了实现这一目标，必须保证有畅通的信息获取渠道和用户联系渠道。

信息服务的精炼性。信息服务中的一个至关重要的问题就是向用户提供的信息要精，要能解决问题，即向用户提供关键性信息。要达到这个要求，就必须提高信息服务人员的业务素质，必须在信息服务工作中加强信息分析与研究工作，开辟专项服务工作，努力提高专业性信息服务的质量。

信息提供的准确性。准确性是信息服务的最基本要求，不准确的信息对于用户来说不仅无益而且有害，它将导致用户决策的失误，造成损失。信息服务的准确性要求：不仅搜集信息要准确，而且要避免信息传递中的失真；对信息的判断要准确，作出的结论要正确、可靠。

信息服务收费的合理性。随着市场经济的发展，许多无偿服务已经向有偿服务或部分有偿服务发展，信息服务也不例外。目前，许多信息服务都是有偿的。从用户的角度看，支付服务费用应当确保有一定的投入产出效益。这就要求在服务管理上要有科学性，并在国家政策指导下制定合理的收费标准。

五、公共图书馆的信息服务

美国图书馆学家谢拉曾经说过："服务，是图书馆的基本宗旨。"服务是贯穿公共图书馆发展的主线，是公共图书馆的核心价值观。公共图书馆现代化发展的最终目的就是提供更好的服务。公共图书馆是人类文献信息资源的集散地。可以说，公共图书馆提供的服务就是信息服务。

（一）公共图书馆信息服务的原则

与社会中的其他服务相比，公共图书馆的信息服务有着特定的原则，主要包括四个方面：平等原则、开放原则、人生化原则和满意原则。

1.平等原则

平等原则既是公共图书馆信息服务的首要原则，又是其他原则的基础。平等原则主要体现在以下两个方面：

（1）平等享有权利

平等，是自启蒙运动以来，在人类现代文明中得到普遍认同的理念，是人类社会发展的必然结果。这种伟大的理念在公共图书馆事业中最重要的体现就是对用户的平等服务。

从传统的藏书楼到近现代公共图书馆，公共图书馆的运行机制发生了深刻变化。旧式藏书楼的主要特点是封闭性和使用的局限性，而现代公共图书馆的主要特征则是开放性和使用的平等性。目前，公共图书馆为公众提供文献信息服务已不再被视为一项特权，而是人人享有的权利。根据我国的有关法律和公共图书馆的实际情况，公共图书馆用户应享有的权利至少有以下几个方面：平等享有取得用户资格的权利；平等享有阅读的权利；平等享有个人人格和隐私不受侵犯的权利；平等享有提出咨询问题的权利；平等享有参与和监督图书馆管理的权利；平等享有遵守公共图书馆规章制度的权利和义务；平等享有提出合理化建议的权利；平等享有接受安全、卫生等辅助性服务的权利；平等享有对公共图书馆工作进行评价的权利；平等享有当自己的合法权益受到侵害时提出理赔或诉讼的权利。世界近现代图书馆的历史，也是公共图书馆逐步走向公共、公开、共享的发展史。公共图书馆实现公共、公开、共享的发展过程，实质上是公共图书馆用户平等利用图书馆的权利并逐步完善的过程。只有在公共图书馆用户能够充分享有平等利用公共图书馆权利的前提条件下，公共图书馆的信息服务才真正具有意义。

（2）平等享有机会

平等原则不仅是国际组织在各种宣言、声明中大力倡导的原则，也是各国立法工作力求保障的原则。它作为公共图书馆信息服务的基本原则，是一种形式平等与实质平等相结合的内涵丰富的平等：一方面，公共图书馆应该保障用户拥有平等利用公共图书馆的权利；另一方面，公共图书馆应该为所有用户提供平等利用的机会，不应有任何歧视。

2.开放原则

随着人类社会文明程度的提高以及人们对公共图书馆的需求和科学技术的发展，公共图书馆从封闭到局部开放再到全面开放，经历了漫长的转变过程。开放服务已成为现代公共图书馆的重要特征。开放原则是公共图书馆的关键性原则，是其他几项原则的基础平台。它体现的是现代公共图书馆服务的基本方向，主要包括以下内容：

（1）资源及设施的开放

公共图书馆开放原则的实质是：其一，公共图书馆应该向用户开放所有的馆藏资源（包括实体馆藏和虚拟馆藏），用户可以自由地选择、利用公共图书馆的资源；公共图书馆不应人为地划分用户等级，限制使用内容。其二，公共图书馆应该向用户开放所有的馆内设施，用户可以根据需要自由地选择、利用公共图书馆的设施和场地；公共图书馆不应人为地划分区域，限制出入。其三，为了切实实现公共图书馆的开放原则，应积极做好有关馆藏布局、设施利用、路径标引、新书报道等宣传工作，并建立健全检索查询系统，为用户自由地选择、利用公共图书馆创造条件。

（2）时间的开放

公共图书馆应该最大限度地延长开馆时间，为用户利用公共图书馆的各项信息服务提供时间上的保证，努力做到节假日和公休日不闭馆以及馆内开展任何公务活动不影响正常开馆，保证开馆时间的完整性或连续性。尤其在先进的计算机技术、网络通信技术的支持下，网上图书馆应该保证 24 小时全开放，使用户在任何时间都可以利用公共图书馆的信息资源。

（3）人员的开放

公共图书馆应该不分用户的国籍、种族、年龄、地位，向所有人开放。专门类别的图书馆应该在保证履行其特定职能的前提下，向社会用户开放。这是因为图书馆不仅仅是一个阅读场所，也是人们提高文化修养、提高欣赏水平和增长见识的场所，是具有综合功能的社会文化中心。

（4）馆务公开

公共图书馆应该把涉及用户利用公共图书馆信息服务的有关制度、规定、决策等向用户公开。这是公共图书馆决策民主化的需要，也是公共图书馆信息服务取信于用户的需要。实行馆务公开要做好几方面工作：制定馆务公开制度。对需要公开的事项、时间、方式等作出明确规定，并使其制度化；建立用户参与管理和决策机制。凡是与用户利益相关的重大决策都应事先征求用户的意见，并尽可能地让用户直接参与决策过程。

（5）合理利用公共图书馆

公共图书馆开放性原则必须在确保国家利益和用户利益的原则下实施。向用户开放、自由地利用公共图书馆必须以合法利用和合理利用为基本前提。第一，公共图书馆在向用户提供信息服务的过程中必须遵守国家的法律制度，自觉维护国家利益，抵制各种违法犯罪行为；用户在开放的条件下利用公共图书馆的过程中也必须遵守国家的法律法规，不损害国家利益，不危害信息安全，不发生违规行为。第二，公共图书馆应自觉保护用户利用信息服务的隐私权，如不泄露用户身份、不利用信息资源的信息等；用户也应该尊重其他用户的隐私权。第三，公共图书馆在提供信息服务的过程中应充分尊重和保护知识产权，自觉抵制盗版资源和盗用信息资源的行为；用户在利用信息资源的过程中也应充分尊重和保护知识产权，不违规复制、恶意下载和滥用信息资源。

3.人性化原则

"以人为本"一直是公共图书馆信息服务的基点，是现代公共图书馆信息服务的内在品质。人性化原则就是要以满足人的需要、实现人的价值、追求人的发展、充满人文关怀、体现美与和谐的形式来开展公共图书馆的各项活动。公共图书馆信息服务的人性化原则主要体现为环境的人性化、资源组织的人性化、技术及设施的人性化、服务的人性化等方面，一切以方便用户利用公共图书馆为目的。

（1）环境的人性化

营造一个人性化的阅读环境是提高公共图书馆信息服务质量的基础条件。公共图书馆环境包括图书馆的外部环境和内部环境。公共图书馆的外部环境主要指图书馆的馆舍位置、图书馆建筑设计和周围的自然环境布局。在网络条件下，公共图书馆馆舍位置与用户之间的距离问题已不那么重要，但是网络环境再发达也不可能取代物理场所的公共图书馆。亲身到公共图书馆里享受恬静、舒适、典雅的惬意，是网络环境所不能提供的。因此，公共图书馆馆舍位置的选择应在客观条件允许的情况下，尽可能靠近其主流用户群，即以方便主流用户群为前提。

美国学者 M.E.索普通过调查研究得出结论：一个信息源在物理距离上越易接近，其被利用的可能性就越大。可见，公共图书馆的地理位置是否方便用户到达，是影响其利用率的重要因素。此外，在建筑设计上也应体现人性化原则的因素，如建筑结构合理、方便用户使用以及充满人文特色的外观等，都会营造一种浓郁的文化氛围，吸引用户前往。当然，公共图书馆周围和谐、自然而优美的环境布局也很重要，宁静、幽雅的环境能够让用户流连忘返。公共图书馆的内部环境需要具有亲和力的装修，如清洁的功能设施，清新、和谐的色彩搭配等，为用户营造一个明快、幽雅、整洁的阅读环境，以达到用文化知识陶冶用户情操、净化用户心灵、感染用户情绪的目的。公共图书馆的使用设备也应体现人性化，如符合人体力学的阅览桌椅、方便用户取放书刊的书架及报架、配备小范围的研究室、设置方便的上网插口，以及为特殊用户设置的无障碍通道等。总之，营造一个舒适便利、赏心悦目、充满关怀的人文环境，是公共图书馆提供信息服务的必备条件。

（2）资源组织的人性化

公共图书馆是专事收集、组织文献信息资源，并提供给社会成员使用的社会组织。公共图书馆的资源组织应从人性化的角度出发，一切以方便用户使用为原则来进行。一般要遵循两个原则：一是文献保障原则。要根据公共图书馆的性质和任务及文献资源建设原则，全面收集文献信息资源。二是用户保障原则。要按照用户需求组织信息资源，即按照方便用户检索和利用的原则组织信息资源。如在馆藏资源的空间布局上最大限度地拉近用户与资源之间的时空距离，现在建设的新型公共图书馆在书库和阅览室的设计上多采用大开间格局，藏书和阅览同在一室，改变了封闭式的书库管理模式，改用藏、借、阅、咨一体化管理，以此来缩短用户与藏书之间的空间距离；设立新书展示区域，新书到馆分编、加工后及时展现在用户面前，以此来缩短用户与文献信息资源之间的时间距离；建立健全馆藏信息资源的检索查询系统，力争达到"一检即得"的效果。

（3）技术及设施的人性化

现代信息技术在改善服务条件、提高服务水平等方面发挥了巨大作用，但是技术不能决定一切，更不能代替一切。技术是受人控制并为人所用的，技术因素只有与人文因素有机地结合在一起，才能真正发挥作用。公共图书馆应该利用先进的技术为用户提供方便快捷的服务，如设计友好的网络用户界面、为用户提供个性化的信息推送服务、开展网络参考咨询服务等。服务设施的人性化体现在多个方面，如在公共图书馆的建筑格局和硬件摆设上充分考虑用户利用的方便性，采用大开间、灵活隔断的开放式格局，各阅览分区用适当高度的家具进行隔断，各主题分区一目了然，体现书中有人、人置书海的意境。还应专门为弱势群体提供方便，如在儿童阅览室配备低矮的阅览桌椅，以方便儿童；本着无障碍的设计理念，对残疾人专门设置设施，提供特别服务，如轮椅通道、伤残用户接待室、专用电梯、阅览专座、专用厕所等，甚至在楼梯扶手上标示特殊的触摸符号，提示盲人用户何处该转弯等。总之，让用户感觉到方便无处不在。

（4）服务的人性化

公共图书馆信息服务的人性化，包括服务理念的人性化、服务制度的人性化、服务行为的人性化和服务方式的人性化。在服务理念上应处处体现公共图书馆"为人找书，为书找人"的职业精神，以此构建公共图书馆的形象识别和概念识别体系；在服务制度的制定上应充分相信用户，尊重用户的人格，以激发用户心灵的真善美；在服务行为上应注重行为举止的文明礼貌、态度的亲切友善，避免使用生硬的惩戒性语言；在服务方式上应灵活多样，以方便用户为目的，从细微处入手，千方百计地减少对用户的限制，关注并满足用户的需求，甚至可以采取深入校区或街区设立分馆，或采取流动图书馆的做法，尽可能地让公共图书馆贴近用户。

4.满意原则

满意原则是公共图书馆信息服务的核心原则及最高原则。用户满意是公共图书馆开展各项工作所要达到的最好效果，是衡量公共图书馆信息服务质量的重要标准，也是现代图书馆信息服务的终极目标。目前，测定公共图书馆用户满意程度尚无统一的标准，有的公共图书馆根据本馆设计的标准，采取向用户发放调查问卷的方式进行用户满意度调查；也有根据美国宾夕法尼亚州立大学的安达利和西蒙兹提出的测量用户满意度的五个命题作为标准的，即对公共图书馆资源质量的评价、对公共图书馆工作人员反应敏捷度的评价、对公共图书馆工作人员能力的评价、对公共图书馆工作人员道德行为的评价和对公共图书馆设施的评价。

近年来，在公共图书馆界备受青睐的用户满意（CS）理论，可以说是对公共图书馆信息服务之用户满意原则较好诠释。公共图书馆 CS 管理是以用户为导向建立的，以追求用户满意为基本精神，以社会和用户期待为理想目标的管理模式。它包括以下三个方面的内容：

（1）公共图书馆理念满意（MS）

公共图书馆理念满意是公共图书馆的办馆宗旨，是管理策略等带给用户的心理满足感。它的核心在于拥有正确的用户观，"一切为了用户满意"是它的精神实质。

（2）公共图书馆行为满意（BS）

公共图书馆行为满意，是指公共图书馆的行为状况带给用户的心理满足状态，是公共图书馆理念满意思想的外部表现形式。它包括行为方式满意、行为规范满意和行为效果满意。公共图书馆工作人员的服务态度是公共图书馆行为是否让用户满意的关键。

（3）公共图书馆视觉满意（VS）

公共图书馆视觉满意，是公共图书馆所具有的各种可视性的显在形象带给用户的心理满意状态。它包括对公共图书馆一切设施设备的性能及色彩的满意，对工作人员职业形象、业务形象的满意。它传递着公共图书馆的理念，是公共图书馆理念的视觉化形式。

此外，公共图书馆信息服务的满意原则还应该增加创新性内容。公共图书馆的创新性体现的是现代图书馆信息服务的可持续发展及动力，只有不断地创新才能适应时代的发展和社会的进步。一成不变的服务理念、服务内容和服务方式不可能让用户满意。创新可以从很多方面入手，例如可以增强品牌意识。公共图书馆的信息服务也可以创出品牌。如果一个公共图书馆能够通过自己的某种独特性，或一定的规模和馆藏，或某一信息产品，或某一特色服务，在行业中形成差别优势，那么，这就是品牌。品牌化服务突出的是服务的特性与特色。特色馆藏、特色服务、特色活动、特色环境等都可形成公共图书馆特有的品牌。公共图书馆信息服务也是一种文化。公共图书馆信息服务具有其独特的规范和价值观，这些规范和价值观的总和就是一种文化一公共图书馆文化。公共图书馆特有的知识底蕴、特有的人文环境、特有的行业规范和特有的价值追求，都衬托着公共图书馆信息服务的文化品格。这种文化品格象征着公共图书馆信息服务的高尚与高雅、神圣与光荣。公共图书馆信息服务还是一种获得。公共图书馆开展信息服务是为了获得知识在传递中的增值，是为了获得公众素质在提高时的欣喜，是为了获得用户需求被满足后的感动，是为了获得人生价值实现的喜悦。

公共图书馆的创新性还包括服务内容的创新和服务方法的创新。从公共图书馆的发展史不难看出，公共图书馆的发展史就是图书馆信息服务内容和方法等方面的创新史。现代公共图书馆的信息服务内容急需拓宽。如努力从文献信息服务向知识信息服务转化，以提高公共图书馆信息服务的知识含量；加大网上的信息资源导航力度和参考咨询服务的力度；加大便民服务的内容。

公共图书馆信息服务方式方法的创新可以在提供馆藏文献信息资源外借与内阅服务的同时，增加具有较强智能性、实时性、交互性特征的个性化服务；利用现代网络平台，提供各种数据库服务、知识库服务以及多种在线或离线信息服务，如信息推送、知识发现、网络呼叫、智能代理等。这些新型的服务方式能够使公共图书馆在提供实体馆藏服务的同时提供虚拟馆藏服务，极大地丰富了公共图书馆信息服务的内容，强化了公共图书馆信息服务的能力。

（二）公共图书馆信息服务的类型

1.文献借阅服务

文献借阅服务是公共图书馆信息服务中最传统、最基本、最直接，也是最经常的服务类型。虽然网络时代的公共图书馆在不断地扩展服务范围、深化服务层面，但文献借阅服务作为公共图书馆的一种传统服务类型依旧具有强大的生命力，其主要包括外借服务、阅览服务、文献复制服务和展览服务。

（1）外借服务

公共图书馆的外借服务是为了满足用户将部分藏书借出馆外自由阅读的服务方式。用户可以根据需要选择图书，并按规定办理有关手续后将其借出。用户在规定的时限内享有所借图书的使用权，并承担保管义务。用户可以对借出的图书进行自由阅读，不受图书馆开馆时间和空间的限制。这种方式在很大程度上满足了用户的基本阅读需要，受到用户的普遍欢迎。

第一，外借服务的种类。个人外借，是指公共图书馆用户凭借规定的证件，以个人用户身份在馆内外借处办理相关手续后借出所需图书文献。个人外借的意义在于，公共图书馆将馆藏文献按不同的类别、文种和用户身份，把大量馆藏文献流通到用户手中，使其充分发挥作用。个人用户外借文献的数量在整个外借服务中所占比重最大。集体外借，是指以小组或团体为单位，由专人负责向公共图书馆外借处提出集体外借申请，办理相关手续，将所需部分馆藏文献借出供该小组或团体阅读使用。集体外借能一次外借多种文献，与个人外借相比，集体外借图书的数量大、周期长，并且可以在一定时限内交换阅读，减少了个人用户频繁往返公共图书馆借还图书的周期，公共图书馆也减少了接待用户的频次，便于合理分配有限的图书，在一定程度上缓解了馆藏文献供需紧张的矛盾。预约外借，是指用户对所需借阅但又暂被借出或未到馆的某种文献预先向公共图书馆约定借阅，待该书还回或到馆后，公共图书馆馆员按预约顺序通知用户办理借阅手续实施外借的服务形式。预约外借可以极大地提高馆藏文献的利用率，节约用户办理借阅的时间，在一定程度上缓和了用户需求与馆藏文献品种、数量有限之间的矛盾。预约外借大致分为：借出预约，即对被借出的图书进行预约，待其他用户还回后再行借阅；新书预约，即对已购但尚未进入流通环节的图书进行预约，待该书到库后再行借阅；待查预约，即对未借出但又因排架等原因暂时找不到的图书进行预约，待该书找到后再行借阅。预约外借可以在公共图书馆内进行，也可以通过网络在馆外进行。馆际互借，是指在本馆馆藏不能满足用户特定信息需求的情况下，由公共图书馆或用户（凭借有关协议证件）向本系统、本地区、本国甚至更大范围内的图书部门提出外借申请并实施借阅的服务。这种外借形式需要事先在一定范围内的图书部门之间进行协议约定，并制定实施规则。馆际互借能够突破单个图书馆的界限，实现跨部门、跨系统、跨地区，甚至跨国界的馆藏资源共享，是外借服务形式中备受欢迎的一种服务形式。邮寄外借，这是一种借助邮政系统，为急需图书文献而又远离公共图书馆的单位或个人用户寄送外借书刊的服务。这种服务可以解决网络条件较差地区，特别是接受远程教育的用户对文献信息的需求。目前，许多公共图书馆还拓展了邮寄外借的服务内容，如编制推荐书目、专题书目、新书通报等，解决了很多边远地区用户的文献需求困难。馆外流动借阅，是指公共图书馆采用流动书车的形式，主动将部分馆藏文献定期送到用户身边（如居民社区、企事业单位、重点服务单位等）开展专项服务和外借服务。近年来，公共图书馆为了充分发挥其文化教育职能，提高馆藏文献的利用率，激发潜在用户的现实文献需求，经常采用馆外流动借阅的方式向广大用户提供服务。如一些公共图书馆设立连锁图书馆、汽车图书馆、图书流动站，与企业和社区联办图书馆等，满足了公共图书馆正式用户和潜在用户的文献信息需求。电子图书借阅。随着计算机技术和网络技术的进步与发展，新的信息载体和表现形式-电子图书应运而生。电子图书是与传统纸质图书相对应的一种新型信息载体和文献形式，它是以磁性或者光学材料为载体，采用数字代码的方式，将图、文、声、像等信息存储在磁、光、电等介质上，通过计算机或类似设备进行使用的大众传媒。简言之，电子图书就是指以数字化形式出版，用户通过电子阅读设备使用的图书，即一种数字化信息。公共图书馆引入电子图书后，使图书馆的服务内容和方式发生了变革，在提供传统服务的同时，提供电子图书借阅已经成为公共图书馆的重要服务内容和服务方式。电子图书的阅读形式分为：在线阅读，即通过网络浏览器阅读；下载离线阅读，即利用特定的阅读软件，下载电子图书副本，在个人电脑或个人数据处理器等电子阅读设备上进行离线阅读；利用光盘阅读，即在个人电脑或其他电子阅读设备上对存储在光盘上的电子图书进行阅读；打印后阅读，即通过复制或打印等手段，将所需要的电子图书内容转换为人们所习惯的纸质书后进行阅读。因此，公共图书馆电子图书的外借是根据不同的用户个人阅读习惯或条件分别进行的。借阅公共图书馆的电子图书，国内通常采取本地镜像访问，即在公共图书馆的 IP 地址控制范围内进行；国外公共图书馆通常采用用户名+密码认证的形式，不限定 IP 地址的管理方式，通过因特网为注册用户提供异地在线阅读服务，这种在线阅读不受地域的限制。

第二，外借服务的特点。公共图书馆外借服务的特点主要有：用户可以不受公共图书馆的时空限制，方便自主地利用馆藏文献资源；可以减少公共图书馆阅览室座位有限的情况；能将用户的潜在阅读需求向现实阅读需求转化，促进现实阅读行为的产生；公共图书馆为加强借阅管理，设有外借期限、范围、品种和权限的限制，因而无法满足用户的全部借阅需求；利用率越高的文献，破损率越高，减短了文献的使用寿命。对于外借服务的不足之处，只有用其他借阅方式加以弥补。

（2）阅览服务

阅览服务是公共图书馆提供给用户利用馆舍（阅览室）、文献和设施等条件进行阅读等学习活动的服务。它是公共图书馆信息服务的主要形式，基本采取全开架陈列文献的方式。公共图书馆对现期期刊报纸、古籍特藏文献大多采用阅览服务。

第一，阅览室种类。按文献载体类型组织文献的阅览室。如图书阅览室、期刊阅览室、报纸阅览室、古籍特藏阅览室、缩微阅览室、光盘文献阅览室、视听资料阅览室、电子阅览室等。按文献载体类型组织的阅览室能够满足用户对某种专门类型文献进行查阅利用的需要，也便于公共图书馆对不同载体文献的组织与管理，使其充分发挥应有的作用。按文献所属学科类别组织文献的阅览室。如社会科学阅览室、自然科学阅览室、文学艺术阅览室、生物医学阅览室等。按文献所属学科范围组织文献、提供阅览，便于用户按学科专业和研究课题系统地利用文献，在一定程度上可节约用户查找专业文献的时间。按用户类型组织文献的阅览室。如高校图书馆的教师阅览室、学生阅览室，公共图书馆的少儿阅览室、盲人阅览室等。按用户群的职业、年龄、特殊需要设置阅览室，有利于根据用户的阅读倾向、阅读需要、阅读特点等因素开展信息服务工作，提供人性化信息服务。

第二，阅览服务的发展趋势。公共图书馆开展的阅览服务应随着社会的发展增加更多的内容。其一，应逐渐改变以往用户主动、馆员被动的服务方式；应主动加强对用户的阅读导向服务，并根据不同用户的阅读心理和阅读动机提供有效的导向服务。其二，加强参考咨询服务。阅览室服务应该增加参考咨询服务，针对用户在查阅文献中发现的问题进行解答、利用检索工具帮助查询和提供文献线索等。阅览室开展参考咨询服务是阅览室服务需要突破的重点，也是难点，如果开展出特色，就是亮点。其三，开展动态服务。如对到馆用户提供就馆服务，对未到馆用户提供书目、新书通报等流动服务；对一般用户提供宣传报道服务，对高层次用户提供定题跟踪和情报服务，充分发挥公共图书馆的信息职能。其四，灵活开展阅借结合服务。对特定用户可适当准许其将某种特殊需要的书刊短期（一两天）外借，以保持文献利用的连续性和完整性，深化和完善公共图书馆的阅览服务。

（3）文献复制服务

文献复制服务是利用文献复制技术和信息技术，向用户提供原始文献复制品的服务。文献复制服务是公共图书馆外借和阅览服务的延伸，是用户获取文献资料方式的补充和扩展，在公共图书馆服务实践中应用广泛。但要注意，文献复制服务必须严格遵照《著作权法》的有关规定，只限于对复制少量的已发表作品用于教学和科学研究，或因个人学习、欣赏需要的用途提供服务，绝不能为非个人使用或以营利为目的的需要提供服务，否则将变成公共图书馆与用户对著作权人的共同侵权行为。

（4）展览服务

公共图书馆的展览服务就是利用图书馆的场地，以固定或巡回的方式，公开展出文学艺术作品、教学科研成果、工农业产品、手工业制品、图书、图片及各类实物、标本、模型等，供广大用户参观和欣赏，从而宣传精神文明，传播文化艺术信息，营造高雅的文化氛围。

2.参考咨询服务

公共图书馆的参考咨询服务始于19世纪晚期的美国。当时美国工业高速发展，经济实力得到增强，广泛的社会和经济活动促使教育向更大众化的方向发展。同时，科学研究和大学教育的发展也迫切需要公共图书馆为用户提供帮助，因此，社会的发展呼唤公共图书馆开展参考咨询服务。

"参考咨询服务"在这里具有双重含义：其一，是指一种多样性的行为，该行为与馆员对公共图书馆用户的帮助有关，包括资源选择、联络行为、目录指导和电子资源的使用；其二，是指馆员与用户之间的直接交流，这些交流发生在一些固定的服务场所，主要是进行参考咨询。近年来，网络应用得到极大的普及，为信息的传播和利用创造了巨大的空间。同时，信息环境的改变为公共图书馆的参考咨询服务提供了更为广阔的天地，并在传统参考咨询服务的基础上，促使其向数字化、虚拟化方向发展，具有更加丰富的内涵。具体而言，主要有以下几种方式：

（1）咨询服务

咨询服务包括一般性知识问答咨询和研究型咨询（或称为课题咨询）。一般性知识问答咨询可以凭借公共图书馆馆员的知识积累或通过查阅工具书、数据库和其他资源解答用户提出的问题。研究型咨询（或称为课题咨询）是一种较深层次的咨询服务。用户的问题通常具有明显的专业性，没有现成的固定答案，需要公共图书馆馆员凭借自己的信息利用能力，对多种参考工具和信息资源进行系统的调研和筛选，并将检索结果排序、储存，经过综合分析之后，再向用户提供较为系统的相关文献信息。

（2）宣传报道与用户培训

公共图书馆参考咨询服务还应具有宣传报道功能和用户培训功能。宣传报道，如编制最新信息的宣传资料、公共图书馆服务项目介绍和资源使用手册、各类书目和导航系统、电子资源使用说明等提供给用户使用，以及向其他部门传达公共图书馆各项工作的意见和建议等。同时还负有为用户举办各类与利用公共图书馆有关的讲座、培训的责任。公共图书馆还应为用户开设文献检索课程，以帮助用户掌握获取文献信息的基本技能。

（3）信息检索服务

信息检索服务是公共图书馆参考馆员根据用户的某项实际信息需求，利用检索工具，采取有关的技术手段，对相关信息进行搜索查找，对知识有序化进行识别并获取，最终提供给用户的服务。信息检索的对象包括所有公共图书馆能利用的各种载体类型的资源。按检索对象不同可分为文摘、题录、全文和数据或事实；按检索性质不同又可分为提供相关文献供用户参考的相关性检索，以及直接提供确切数据或事实的确切性检索。信息检索手段主要分为手工检索和计算机检索。

第二节 公共图书馆信息服务模式

网络技术的快速发展和普及，已经成为现代社会、经济、科技、文化发展的重要组成部分，并深入人们的日常生活中。一个数字化、网络化的信息环境正在逐步形成，这必将推动社会文明的发展进程。公共图书馆信息服务是公共图书馆根据用户的需求，收集各种相关信息，并对信息中包含的知识内容进行整理、分析、综合处理后，以一定的手段和方式提供给用户，以满足用户信息需求的一种活动信息服务水平，是现代公共图书馆工作质量的重要标志。因特网的普及给公共图书馆信息服务带来了新的竞争压力，也必然带来公共图书馆信息服务模式的变革和创新。

1.建立书目利用协作体

书目信息是公共图书馆信息工作的重要组成部分，是信息服务的重要手段和途径。建立书目利用协作体并提供一个统一的平台，是改变目前公共图书馆的馆藏目录数据库分散和外部利用困难状况的有效途径之一。联机书目检索系统不但能实现信息资源的共建共享，而且可以大大节省读者的机会成本、时间成本。

对于书目信息服务的组织，一要规范服务内容，为本地或远程服务建立一个统一的服务模式。传统公共图书馆的服务模式以藏、借、阅、咨的分离为特征。一般公共图书馆对多种文献类型载体（图书、期刊、电子出版物）采取分别管理的体制，这种管理体制势必造成公共图书馆服务与用户需求之间在某种程度上的脱节，使对同一用户的服务被人为地分割开来，用户无法得到系统提供的完整服务。二要在全国加大电子信息的开发与宣传力度。三要实现知识信息服务基础建设与书目信息网络服务的同步发展，从而有效地实现书目信息服务的社会化共享。通过建立我国的集中型书目利用协作体，可以形成一个书目信息的"超级市场"。目前，互联网、局域网、联机检索、光盘检索和各种基于数字信息的系统早已被纳入公共图书馆书目服务工作中，用户理所应当享受到这些新手段所提供的集成化的服务。

通过联机公共目录检索系统可将网络版的书目数据库与电子全文数据库连接起来，发展成具有集成性的电子服务系统，用户通过同一界面可同时使用书目数据库和电子期刊全文。

另外，公共图书馆要充分利用自身的有利条件，为用户提供高质量的服务，如通过网页介绍自己馆的资源特点、机构设置、馆藏文献书目数据库、联机信息检索服务、国内外数据库检索、网络导航、光盘检索、特色信息检索服务、网络教室、链接其他虚拟图书馆等，借助各公共图书馆网站的远程咨询服务功能，通过上网实现公共图书馆的整体协作，实现资源共享、发挥最大效益的目的。

2.建立健全文献传送系统

文献传送系统是利用文献传递服务弥补各信息服务机构与公共图书馆馆藏文献不足，实现真正意义上的资源共享的有力保障。目前，国内不少公共图书馆已经开展了为校内外用户提供本馆以外的原文文献复制和文献传递业务。部分公共图书馆馆际互借和文献传递服务已经全面实现系统化管理。可以建立健全文献传递系统，实现互联互通、资源共享是公共图书馆信息服务的模式之一。

3.网络信息服务

在数字化、网络化的21世纪，公共图书馆大力发展网络信息服务将是大势所趋，也是公共图书馆信息服务的主要模式。从20世纪90年代初开始，Internet进入了全盛的发展时期，时至今日，Internet已不仅仅应用于军事、科教领域，它已变成一个巨大的商业贸易网、文化娱乐网、出版发行网、广告网和新闻网等。随着世界经济和科学技术水平的提高，网络信息传输日益朝着方便、安全、快捷和廉价的方向发展，而这正是信息用户所希望和要求的。因此，网络信息服务是现代公共图书馆信息服务的主要模式。

4.深层次开发信息资源，做好信息服务的核心工作

从用户需求出发，采取多种形式，通过多种渠道，积极主动地开展深层次的信息服务是现代公共图书馆生存和发展的基础，也是提高公共图书馆社会效益和经济效益的重要手段。在信息社会中，各类信息网络和信息服务机构不断增多，公共图书馆以其丰富的资源、先进的技术设备和人才优势以及长期的服务经验优于其他的网络公司和信息机构。与此同时，公共图书馆首先应注意对系统化知识信息进行整合、加工，如资源通报、查询检索服务、情报研究、咨询报告、二次文献开发、建立专题数据库等；其次应利用公共图书馆丰富的信息资源优势和专业技术特色，开发具有预测性的信息产品，及时了解各个学科领域的最新研究成果与研究动态，从而预测学科的发展方向，帮助用户掌握科学发展的总体趋势和动态变化；最后应主动与专业领域相关的政府机构、社会团体、企事业单位、科研单位建立联系，通过有偿服务，实现优势互补，在积极开展信息服务的同时，不断提高自身知识生产的能力，使公共图书馆信息服务由低层次向高层次发展。

第三节 公共图书馆信息资源的共建共享

随着社会的发展，人们对信息资源的需求越来越迫切，仅凭一馆之力已不能满足大众的需求。面对挑战，唯一可选择的道路就是要逐步由微观的馆藏资源建设转向宏观的文献资源建设，在统筹安排、分工合作下，形成信息资源分布合理、利用率高的协作网络，以实现信息资源的社会共享。

就公共图书情报工作的现状来看，在全国范围内建立一个统一的、大的文献资源共

享体系是不现实的，而在一定的领域内建立地区性文献资源共享是可行的。公共图书馆的馆藏、目录、人员、馆舍、设备等都是资源，只有多个公共图书馆通过各种合作手段使用这些资源，即馆际联合与资源共享，效益才能增大。

要想迅速建立高速运转的协作网络，首先要求各馆的主要领导者要解放思想，破除陈旧的观念，树立大网络、大协作的新观念，只有敢于做出局部的牺牲，才能求得全面的发展。在此基础上，要再做一些技术细节上的要求和建立统一管理系统，以处理馆际协作过程中遇到的各种问题。

在建立协作网络的问题上，市级馆应承担全市藏书协作中心的任务，即作为地区性公共图书馆网络的核心馆；而专业馆可由实力雄厚、专业性强的公共图书馆承担；专业分馆由特色藏书突出的科研机构公共图书馆承担，即形成核心馆-专业馆-专业分馆的发展模式。地区公共图书馆协作网络建立起来以后，因其藏书丰富，就近就地服务方便，收效也更为直接，因而是可以首先考虑的。然后在此基础上再逐渐向外扩展，同别的省、市、区协作网并网，谋求更大发展。其次，必须建立起协调作用的，有权威、跨系统的领导机构，例如学会的理事会，在这种权威机构的领导下，通过充分协商，确定地区性公共图书馆网络化建设的基本方针和远景规划，制定协作条例和工作细则，用有约束力的协议和法规，在大家共同遵守的基础上，统筹地区公共图书馆资源的布局、分配和使用，保证共享的实现。

目前，根据现有条件可在这一思路的构建下，做好以下几项工作：

第一，在成员馆中，有一些不属于本馆收藏范围或不对口的图书资料及复本，以及在本馆一般无使用价值或使用价值不多，但对某些成员馆却大有价值的，可以通过调拨或转让的方式，把这些图书资料提供给需要的图书馆，使其重新获得读者。这也是实现资源共享的一条有效途径。

第二，在协调机构的具体分工协调下，开展协作采购，这样既解决了经费不足、文献品种少、藏书数量下降的问题，又避免了过去由于条块分割、贪大求全而造成的文献采集的重复，使藏非所用或不多用的问题得到较好解决。

第三，在订购协调的基础上，进一步的工作便是编制联合目录。在各协作馆之间，根据具体情况，发放适量的通用借书证，开展公共读者服务工作，使各成员馆在经费有限的情况下为更多的读者提供服务。

在市场经济条件下，还应本着互惠互利的原则建立无偿与有偿兼有的双层共享模式，支持借出馆对借出文献的附加处理收取一定的费用，如邮费、复制费等。这样一方面可调动借出馆的工作积极性，另一方面可减少借入馆不负责任地随便借阅。第四，"百闻不如一见"。在不影响工作的情况下，公共图书馆之间的互访活动也是交流协作的重要内容。互访活动包括学术研究访问和工作访问，即可以通过参观、报告、座谈、讨论等，增长见识，结识外馆同行，了解社会，从而增强图书馆工作者为公共图书馆事业做贡献的信心。但仅仅停留在走马观花式的听、传、记上，还达不到预期的学习目的，应用互换的方式深入了解对方的一些好经验、好做法，做到知己知彼，并同自身的实际情况有效地结合起来，使其取得好的效果。互换的方式可以在两馆间进行、多馆进行合作，也可以同岗互换，但不一定是对等互换，且时间可长可短。总之，互换的目的是加强合作、建立友谊、促进工作，不是做买卖。

综上所述，加速扩大公共图书馆间的合作交流，把有限的人力、物力、财力用在刀刃上，避免馆际之间无谓的重复劳动，使所有协作馆成为开放的大学，让其社会功能得到充分发挥，是大势所趋。

第六章　图书馆不同群体的读者服务

图书馆对待不同群体的读者服务方式有所不同，因此，本章将对不同群体的读者服务进行研究。

第一节 图书馆儿童读者服务

少年儿童是祖国的未来、民族的希望。"少年智则国智，少年强则国强"。作为未成年人思想道德建设基地的图书馆，应充分发挥社会教育职能，重视青少年社会教育建设工作，针对青少年读者身心成长特点，积极探索未成年人读者活动规律，利用图书馆资源，为未成年读者创造一个健康阅读、快乐生活的"绿色空间"

一、图书馆为青少年读者服务的必要性

1.图书馆为少年儿童服务关系国运

一个孩子的健康成长关系到一个家庭甚至几个家庭的和谐。也影响整个社会的和谐。特别是在社会经济高速发展的今天，大量"留守儿童"以及"流动儿童"的出现，图书馆作为文化传承、素质教育基地、阅读活动的组织者和服务者，肩负应有的责任。因此，为少年儿童提供服务的图书馆，是关系国家、民族命运的希望工程，是关系到亿万家庭切身利益的最大民心工程。

2.图书馆为少年儿童提供服务是社会进步的重要标志

少年儿童作为无劳动能力和依赖性群体，成为弱势群体中重要的组成部分之一。正确对待弱势群体问题，是衡量社会精神文明进步程度的衡量标准之一。图书馆作为社会文化服务公益性的重要窗口，关注少年儿童群体，尤其是关注城市社区、农村、贫困地区的少年儿童，建立健全服务网络，使广大少年儿童都能享受到图书馆服务，保障享有在图书馆平等获取信息知识的权利，成为图书馆责无旁贷的社会责任。

3.图书馆的教育性决定了为少年儿童服务的"不替代作用"

图书馆作为社会教育基地，在少年儿童成长中有着学校难以替代的作用，它是专门为少年儿童提供书刊资料服务的社会公益性教育机构，教育的目的并不限于文化知识和专业进的传授，而是注重人的整体素质、促进人的全面发展，在学习范围上更具广泛性，在学习方式上更具灵活性，在学习内容上更具个性化，少年儿童通过在图书馆学习潜移默化地影响着思想观念、道德情操，对他们心灵的塑造、价值观的形成有着不可替代的

作用。

4.图书馆引领少年儿童读书的重要媒介作用

一个不读书的民族是没有希望的民族，少年时代是人生读书的黄金时期。这一时期儿童经验甚少，判断能力差、致使周围的一切事物都会对他们产生影响，因此读好书对孩子十分重要。尤其在全球化、东西方文化相互交融相互影响、信息传播多元的时代，网络快餐文化的兴起，各种外来文化的冲击，电子游戏、"动漫书"的盛行。使得当代少年儿童接受中华民族文化传统文化教育计划越来越少。图书馆要为少年儿童创造一个良好的读书环境，倡导读书，指导读书，成为丰富少年儿童精神生活，弘扬中华民族优秀文化的重要载体。

二、图书馆为儿童读者服务举措

（一）为儿童读者创建"第三空间"

少年儿童是特殊的群体，他们有自己的需要，因此不管图书馆的空间有多大或资金是否有限，为他们设立一个独一无二、友好的空间都是可能和必要的，这一空间要使他们感到舒适。少年儿童服务空间不仅对孩子们有益，也会令其他读者感到开心，特别是少年儿童家长，他们希望除了家庭和学校之外，能够为自己的孩子找到一处安全的"第三空间"。

1.建立少年儿童服务区的目的和功能

图书馆工作人员要仔细研究少年儿童读者需求，确定服务区如何使用。少年儿童服务区应具有以下功能：社会教育中心与少年儿童户外活动点；研究与作业中心；技术实验/体验中心；信息共享空间；游戏廊（电脑游戏和桌面游戏）；提供收发电子邮件和聊天服务的区域；视听区；自由阅读区；报刊浏览和阅读区；少年儿童俱乐部聚会区；辅导区；计算机培训；在线学习中心（远程教育服务）；艺术和工艺品区；图书讨论区；少年儿童社团集会区；家庭聚会区等。

2.少年儿童服务区地点的选择

从地理位置考虑，服务区应选择少年儿童一进入图书馆就能看到，并能方便到达的地方。可以从外部为少年儿童服务区提供一个单独的入口，但要确保人口得到有效的监管，并且是安全的或者在图书馆主入口放置清晰的指示标志，指引少年儿童读者快速找到专用服务区。从安全因素考虑，少年儿童服务区应高度可见，但也要有私密性。少年儿童需要有私密感，但出于安全考虑，无论他们在服务区的任何位置，都必须让图书馆工作人员可以随时看到他们。在选择区域时还要考虑其他因素，如光线、电源插座、无线信息点，与休息区和饮水区的距离等。

3.少年儿童服务区的环境

少年儿童服务区的环境应对少年儿童友好和让他们感到舒适，但这一区域也应与传统图书馆设计有所区别，这意味着可能要放弃标准的图书馆家具，采用一些与少年儿童喜爱的活动场所类似的家具。例如，在自由阅览区，家具应该是比较舒适的、耐用和易于挪动的沙发和椅子；应配备良好但没有干扰的照明；各种资料应易于获取，资料的封面应向外；设置有吸引力的展示；馆藏管理要方便使用，技术应遍布服务区内等，这样少年儿童读者就可以不花费太多努力而从一个任务快速转到另一个任务。总之，少年儿童服务区应传达出一种私密与舒适的气氛，同时鼓励个人使用和团体互动。

要将少年儿童服务区当作一个行程而不是一个目标，因为要不断地改变以满足青少年用户的需要和期待，使少年儿童读者每次进入图书馆时，都无法预料会遇到什么，因此会对接下来发生的什么保持好奇，这种多样化和惊奇会使少年儿童服务区充满活力。

（二）建立针对少年儿童读者服务的特色馆藏

少年儿童的人生观、价值观和世界观的树立，直接影响其行动、行为。图书馆必须深入研究少年儿童读者群需求，建立和发展特色资源库，为少年儿童读者的健康成长提供科学系统的文献资源体系保障。

1.传统文献资源建设

利用图书馆藏书资源，可以使少年儿童开阔视野，增长知识，培养良好的自学能力和阅读能力，在阅读的过程中，能够潜移默化提高少年儿童修养，形成稳定的人生观、价值观，对于正在认知世界的少年儿童来说，显得尤为重要。图书馆应关注少年儿童读者群阅读需要，收集、整理与他们当前在校学习相关的课外读物，能扩展其视野的优秀图书等文献资料，建立特藏检索目录系统和使用制度，有目的地引导少年儿童读者阅读取向，培养阅读习惯，促进少年儿童独立、自然地成长。

2.数字文献资源建设

随着网络技术的迅速发展和计算机的日益普及，人们的阅读习惯和阅读方式发生了翻天覆地的变化，特别是少年儿童群体，利用图书馆免费的数字资源进行网络阅读，已经成为一种潮流和必然趋势。数字图书馆应针对少年儿童信息需求的多样化、个性化，对多元化的网络信息资源进行合理的选择、科学的整合和深层次的加工，建立专门为少年儿童服务的特色数字资源库。在提供大量数字化资源的同时，还要注重孩子们上网安全，倡导绿色上网。

（三）少年儿童服务区工作人员的素质要求

1.工作人员要具备良好的思想政治素养和职业道德素质

少年儿童读者服务工作人员，必须加强政治理论学习、思想道德建设、树立科学的人生观、价值观和世界观、热爱祖国、热爱图书馆事业，热心公益事业，有爱心、特别是对待少年儿童要有耐心，具备敬业精神，具有开拓创新的工作作风。

2.工作人员要有广博的知识面

除了掌握图书馆专业知识外，还应结合本职工作，对于未成年读者教育相关的专业知识及其发展规律有一定的了解，如儿童心理学教育学、管理学等，还要掌握一定的计算机和网络技术。

3.工作人员要具备良好的沟通能力

少年儿童时期是一个特殊的时期，孩子的情绪波动会非常大，这个时期，他们有非常突出的心理变化，就是自我意识高涨，具有强烈的独立意识。做好少年儿童读者服务工作，首先要了解少年儿童读者的心理，知道他们的阅读需要，在与其沟通、交流的过程中，要掌握技巧，要与孩子们做朋友，使孩子们充分信任自己。

4.工作人员要具备策划、组织少年儿童读者活动的能力

图书馆应以"读者第一，服务至上"的理念，以关心爱护少年儿童健康成长为目标，活泼孩子们的课余生活为目的，策划和组织未成年人读者活动。活动内容要健康向上，活动形式丰富多彩，针对未成年人特点，寓教于乐，指导少年儿童正确认识图书馆，合理利用图书馆文献资源，充分发挥图书馆在社会教育中的积极作用。

（四）提供适合少年儿童的图书馆服务与活动

图书馆的活动应有助于少年儿童发展图书馆利用技巧，成为独立和有能力的图书馆用户，使他们更好地利用图书馆的传统信息和文化娱乐项目：提供满足少年儿童及其家庭成员需要和兴趣的活动，为他们提供图书馆建言献策的机会以增强他们的主人感，提供他们可以分享自己的知识与感受的机会。创设各种活动来促进少年儿童成长，如社区服务、志愿机会和有助于责任感形成的项目。通过组织各种活动引起少年儿童兴趣，引导少年儿童成为能自我满足的图书馆用户。积极邀请少年儿童参加服务和活动的设计与实施，参加方式可以是建立顾问团、特别任务组或通过一些非正式的渠道，如调查、面对面访谈焦点小组等。以技术和延伸服务等方式组织活动和服务满足不能访问图书馆的少年儿童群体的需要。

（五）与其他少年儿童服务机构或团体合作

图书馆的活动与服务不能复制其他机构的活动与服务，但能与其形成互补效应。了解少年儿童社区组织和团体；与学校的合作领域包括课堂作业、阅读推荐与书目指导等，以更有效地服务于少年儿童学习上的需要；与其他少年儿童服务组织合作；与学校和本

地组织在图书馆活动和服务方面形成伙伴关系。

综上所述，图书馆为少年儿童提供全方面、高质量的服务，充分利用丰富的馆藏文献资源，吸引了越来越多的少年儿童走进图书馆、利用图书馆。同程，同类高校图书馆之间还可以取长补短，共同打造凸显自身学科专业特色的图书馆馆藏资源。

第二节 图书馆老年读者服务

一、图书馆对老年读者服务概述

1.老年读者的定义

查阅大量文献和资料，在国内外尚未对老年读者的这一细分概念加以定义，即是老年读者就代表着这一群体是老年人组成，根据国内外对老年人的定义，对老年读者的定义加以说明。国际上公认的是在年龄上超过 65 周岁的人为老年人。而在我国，根据我国特殊国情，在生理年龄和年代年龄，超过 60 周岁的人为老年人。

2.图书馆对老年读者的服务

在我国，公共图书馆服务作为社会公共文化服务体系中的重要有机组成部分，它奠定了公共文化服务体系的基础。公共服务是在公共财政所提供的基础上，运用公共权力为广大人民生活和社会运行提供便利。

公共图书馆在我国由于它的公益属性，其服务是面对广大的读者，其社会公益价值的体现直接反映在其服务的质量和水平上。同时，广大读者对图书馆的认知很大一部分程度上要归于公共图书馆服务在图书馆和读者之间建立起来的交流和互动的关系，公共图书馆为读者开展的服务是读者对于图书馆认知很重要的一方面。而老年读者作为读者比重中越来越大的一个群体，其服务水平的服务质量的好坏很大程度上影响着整个图书馆的认知。同时老年读者由于身体和心理的双重复杂性，这就要求公共图书馆在对老年读者服务的时间上更加注重细节、人性化和特殊性。

3.老年读者的特点分析

（1）时间长而稳定

老年读者往往有较为闲余的时间来规划，因此老年读者常常日复一日、年复一年地到图书馆阅读咨询，形成了较为稳定的时间规律，而且老年读者由于自身的原因，对书刊资料往往细细品读，同时很大部分的读者有携带记事本的习惯，常常摘录自己感兴趣的内容以便回味和咀嚼。这样一来，老年读者会花费很长的时间在图书馆"滞留"。

（2）渴望被尊重被关爱

老年读者群体主要是退休后离开原来的工作岗位或者待业在家的老年人，他们失去了原来的工作岗位和社会交际的圈子，尽管在生活上无忧，但是参与社会事务和融入一个新的圈子的热情较高，希望同其他志同道合者结成新的社会群体来抚慰心中的孤寂感。同时，这部分老年读者由于之前在工作和生活中一直处于被尊重被关心的状态，到图书馆后同样希望能找到当年的感觉，渴望被其他人尊重和关爱，甚至有些老年读者之前一直处于上位者的态势，退休后更是没有改变这种状态，这就更需要图书馆工作人员在细节和服务上加以考量。

4.老年读者的类型及需求分析

（1）老有所学型

之所以称为老有所学，是因为这类老年读者很大一部分是退休的工作人员，在科技、文化行业体现得尤为明显，还有一部分是退休的领导干部，此类读者的读书的目标很明确，就是为了获取更多的知识，使自己的生活更加充实，使自己的学习状态继续保持下去，有一颗活到老，学到老的精神。他们阅读的主要内容包括自然科学、社会科学的相关期刊和文献，始终对最新的文化成果保持着极大的兴趣，还有一部分老年读者因为在还没有退休的时候，没有大量的时间去图书馆学习，现在有了大量的空闲时间来学习自己未完成的心愿，学习自己感兴趣的领域，或者学习一门新的技能来适应不断变化的社会。比如计算机和网络方面的知识。

（2）老有所乐型

顾名思义，此类老年读者去公共图书馆的目的就是为了寻找快乐和陶冶情操。由于大多数图书馆室内环境较好，又有大量的图书资料可供阅读，特别适合老年读者放松娱乐休闲，感觉这里是他们人生的下一个精神寄托点。因此，会有大量的老年读者来图书馆寻找属于自己的那份乐趣，已经成为他们人生的一个重要部分，这样既可以了解国内外大事和天下趣闻，又可以放松心情，陶冶情操。

（3）老有所为型

这类老年读者往往把图书馆当作一种工具，来解决工作中和生活中出现的一些问题和困难，有针对性地获取和利用现有的知识和技术。例如对花卉盆景感兴趣的老年读者会来图书馆查阅花卉盆景方面的资料；对家电感兴趣的老年读者，在遇到问题时，就专门跑到图书馆查询关于安全家电方面的书籍，来有针对性地解决生活中和工作中的问题。还有很多老年读者为了了解子女教育和培训的问题又或者是在婚姻、财产分配问题上对法律方面的问题进行咨询和查阅也是经常所见。

二、图书馆老年读者服务的建议及对策

图书馆在老年读者服务的过程中表现出来了很多不足的地方，有根本的原因如：服务意识不足，没有重视老年读者群体；也有其他方面的原因，比如没有了解老年读者这一特殊群体的需求和自身的特殊性，造成没有具体问题具体分析，但是不管如何作为一名图书馆专业的工作者就必须始终意识到为读者，为老年读者服务的重要性和必要性，要更加贴心地把握到老年读者这一弱势群体的心理特征和特殊需求，加强提高业务水平和理念。

1.加强老年读者服务的环境和设施建设

老年的读者尽管目前人数不是很庞大，但随着社会的进步，会有越来越多的老年读者走进图书馆，省图和市图书馆必须做好这方面的准备，尤其是对老年读者服务的阅读环境和设施建设提出了要求，省图书馆和市图书馆应该开辟专门的老年读者活动阅览室，在老年读者活动阅览室里面可以摆放一些老年读者用上的工具，如放大镜，不同度数的老花镜急救箱、雨伞等工具，尽管有些老年读者不会用到，但是可以体现为老年读者体贴服务的真情关怀，必要时也可以解决有些老年读者的燃眉之急。除此之外安徽省图书馆和合肥市图书馆可以借鉴国内外优秀的老年读者服务经验，在图书馆阅览室里面为老年读者提供一些急救箱、雨伞等工具来解决老年读者不时之需。

2.为老年读者提供合适的期刊和报纸杂志

只有投其所好才能做到真正的图书馆老年读者服务人性化，而不是以报纸、期刊的多寡来以量取胜，有些图书馆的期刊、报纸多达几千种，但是真正满足老年读者需要的却少之又少。在这里并不是想说要满足所有老年读者的阅读需求，只是希望省图和市图书馆能真正关心这部分老年读者的阅读需要，比如在图书采集和期刊、报纸订阅的时候可以以调查问卷的形式多提供读者想要的文献。希望我国的公共图书馆能多增加和老年读者的沟通渠道，有的放矢，满足老年读者的需求，形成一种长效的沟通机制，这样才能时刻地关注到老年读者，照顾好老年读者。

3.从细节做起，重视对老年读者的人文关怀

公共图书馆，特别是省级和市级的公共图书馆要想在老年读者服务方面起到先锋模范带头的作用，必须在思想上重视老年读者的服务工作，把公共图书馆打造成为老年读者的文化精神港湾。首先，公共图书馆的工作人员必须转变思想观念，强化老年读者服务意识，把服务好老年读者作为图书馆服务工作的重点；其次，从细微入手，从小事做起，老年读者是个需要被社会认可，被社会尊重的群体，公共图书馆的工作人员要主动嘘寒问暖。比如早上的"您好""需要我为您做点什么"简单的一句话，朴实真诚的一个微笑，都可以让老年读者有种宾至如归的感觉，拉近老年读者与工作人员的心理距离，让人心生感动。对来图书馆休闲娱乐的老年读者，要时刻为他们提供方便。对来图书馆专业研究学习的老年读者，要热情主动地帮助查找资料文献，当他们在阅读的过程中遇到困难，我们要热情主动地为他们找到解决问题的答案。最后，如果一时还找不到解决

问题的方法，我们一定要有所记录，等老年读者下次再来时再告知对方。总而言之，图书馆工作人员要尽量地去让每一位来过图书馆的老年读者再想来，让没有来过图书馆的老年读者充满兴趣地主动走进来。

4.开创老年读者服务新方式，打造老年读者特色服务

（1）积极开展老年读者喜欢的读书活动、讲座和培训班

省图和市图书馆之前都有过针对老年读者开展的活动，但是都比较单一且持续性不久，合肥市图书馆仅仅举办了一个电脑培训班，这让很多老年读者觉得远远不够。公共图书馆作为社会的一个大学校，应该定期地为老年读者举办一些读书知识竞赛活动。国内的像山东省图书馆的之前在这方面就积累了很多经验，经常举办像电脑知识讲座，书法绘画展览、灯谜竞猜活动、诗词朗诵会等等。只有通过经常地举办各种老年读者活动，才能更好地调动老年读者的学习和休闲娱乐的兴趣，才能更好地促进老年读者相互之间的交流，使老年读者的精神生活得到满足。可以考虑是否增加一些老年读者感兴趣的健康养身讲座，或者书法、绘画展览。同时也可以适量增加一些针对老年读者的培训班，学习班，一方面可以增加老年读者对生活的情趣，另一方面让老年读者可以学习到更多的实际操作知识。

（2）逐步提供全面的馆外服务

我们知道，在很多地区还有的老年读者没有走进图书馆，我们可以换个思路，我们公共图书馆是否可以"走出去"像合肥市图书馆附近就有很多老年公寓，老年读者比较集中，公共图书馆完全可以根据老年读者的需求，有针对性地定期进行馆外服务。不如在国外就很流行送书上门服务和电话咨询服务，这部分读者群体主要是行动不是很便利的读者，特别是残疾人读者，可以起到很大的关心和关怀作用，公共图书馆应该在老年人相对集中的区域开展老年读者服务上门，也可以在图书馆内专设老年读者电话咨询的服务，耐心和细心地帮助老年读者解决生活中和工作中的难题。

第三节 图书馆盲人读者服务

一、图书馆为盲人读者服务的必要性

1.有利于更好地发挥其社会职能

图书馆是一所没有围墙的大学，是知识的宝库，是为社会读者服务的公益性科学文化教育机构。读者是图书馆的上帝，全心全意为读者服务是每个图书馆和图书馆工作者的职责。弱势群体要克服工作和生活中遇到的种种困难，适应快速发展的信息时代，需要补充精神食粮、丰富文化生活，提高知识水平和认知能力。搞好弱势群体服务工作，特别是盲人读者的服务工作，使其充分发挥公共图书馆社会教育职能。

2.为弱势群体服务是公共图书馆的神圣使命

盲人读者是残疾人中的特殊群体《中华人民共和国残疾人保障法》指出，残疾人在政治、经济、文化、社会和家庭等方面享有与其他公民平等的权利。为大众提供学习场所和各种文化资源是图书馆的重要使命，但盲人读者由于特殊原因在享受公共图书馆服务中存在许多困难，作为特殊群体，他们需要图书馆提供特殊的关怀和服务使盲人读者能够在图书馆里享受阅读带来的快乐。

二、对我国图书馆改进盲人服务的合理化建议

1.取得国家政策支持

根据对比国内外盲人服务现状及实地调研，得到我国图书馆面向盲人服务应首先取得国家的政策支持。我国在《公共图书馆法》中对于盲人的诉求有所涵盖，《残疾人保障法》更是对盲人文化生活予以了法制保障。对于盲人来说，能够吸取知识是他们能够立足社会的基础，因此在政策法规中应该保障他们的基本文化权利，就像对于正常人的义务教育的权利一样，缩小不同人群的差距是相关政策制定的主要目标。

我国的公共图书馆法规定政府设立的公共图书馆应向盲人服务，但是缺少统一的服务章程，法律也没有对国家应对图书馆的盲人文献资源建设拨付的经费来源与比例予以明确规定，也没有对经费的管理与使用监督进行规范。这些问题需要图书馆界的一致努力，赢得社会的关注和重视，以使得民间的呼声推动立法的执行，加强顶层的制度设计，形成自上而下法律与规章制度。

2.加强文献资源建设

加强对文献资源的建设力度。根据不同盲人群体的需求采购盲人文献，尽量对盲人读者的需求进行调查研究，了解他们的阅读倾向，针对不同阶段，不同年龄的服务群体，采取不同的采购策略。在积极采购资源的同时，对已有馆藏资源的借阅量进行分析，以了解文献资源的利用情况，适时调整文献资源建设的整体方向。

文献资源的来源可以是多样的。由于盲文出版社在我国仅有一家，图书馆也可自制盲人文献。可以将印刷品制作成盲文图书，也可以制作有声读物。地方图书馆制作有关本地区的盲人文献，可以将身边的杰出盲人事迹传播开来。也可以增加有关身体健康方面的文献，进行积极的引导与教育。录制有声读物，并制作出适合盲人读者阅读的有声格式读物，也能补充纸质馆藏文献的不足。

补充文献资源的一个前提是有对于盲人读者适用的版权法的支持。我国应向先进国家制定的法律规范学习，结合国情制定出我国适用的法律制度，明确读者应当具备的权利和版权所有者权利的界限。

3.提升服务水平

（1）宣传阅读理念与文化

对于盲人来说，养成良好的阅读习惯是十分重要的。无论是有目的的获取信息，还是随意地浏览书籍，均应形成有规律地阅读习惯。图书馆是连接书籍与读者的桥梁，阅读资源丰富，因此宣传阅读理念与文化是图书馆义不容辞的责任。阅读推广方式多样而灵活，比如提供送书上门，邀请盲人进馆参与活动，或者到盲人所在单位开展活动。在图书馆各类活动的耳濡目染之下，可以达到宣传阅读理念与文化的目的。同时，图书馆的阅读活动应充分利用图书馆工作人员，甚至通过吸纳志愿者来更好地为盲人服务。阅读文化在我国的历史虽然源远流长，但在当今快速发展的社会，仍应得到大众化的普及与发展。

（2）建设专业的服务团队、提升服务人员素质

应建设有专门对盲人服务能力的服务团队。增加馆员接受服务能力培训的机会，使他们具备专业服务与盲人用户的水平和能力。促进服务形式的多样化，建立盲人读者档案，以便提供跟踪服务，根据需求特点提供服务内容。应以馆员的服务能力为基础开发服务模式，促使馆员的作用得到充分发挥。服务内容由以图书馆为核心转向用户为核心，开展深入社区、家庭的服务，以人为本各司其职。同时，图书馆可以招募志愿者为视障人士服务，补充馆员数量的不足，建设面向盲人服务的团队。服务人员素质一定程度上影响了盲人读者是否到馆阅读。服务人员的素质包括良好的服务态度、服务针对需求、服务专业性及服务主动性。要从根本上提升服务水平，首先应端正服务态度。应增加盲人读者对服务效果的反馈渠道，使服务质量的优劣得到有效的测量评估，这同时促进激发了馆员的服务意识和主动性。

（3）增进盲人自身的认识与接纳知识的能力

由于盲人视力上的问题，他们的认识能力也变得有限，需要让他们认识与接纳新的信息。对于盲人来说，语言是他们获取信息的主要方式，因此应注意运用语言的方式与盲人沟通。盲人往往易于表现出独立性差、果断性差、坚定性差和自制力较弱的特点。在了解盲人的心理特点的基础上，促进盲人与盲人、盲人与普通，人的交流，使盲人自身的认识提升，并提高对于知识与信息的接纳能力，更好更深地理解他人以及社会中的现象。这些对于是否能够普及图书馆服务具有重大的意义。

（4）增强图书馆人员的平等服务意识

应加强对图书馆服务人员的专业培训，让图书馆员具备服务盲人的专业素养，能够开展无差别的平等服务。平等服务体现在很多细节，图书馆服务人员的平等服务意识不应流于表面。态度、声音和举止均应恰到好处。大部分盲人愿意在公开场合求助于人，

因此对于他们的求助及时地反馈会使得残疾人更愿意表达他们的需求，形成良性的求助、服务的循环。同时在服务的过程中，应注意时刻保持良好的态度，因为可能需要反复地确认育人读者所提出的问题。另外服务要针对需求，不能随意打发，对于不能直接回答的问题，应指引他们到其他合适的部门询问。还有服务的专业性是服务人员是否准确规范地进行服务，图书馆人员的服务专业与否影响了图书馆的形象。最后服务应该主动，因为很多时候盲人是否需要帮助可以被图书馆工作人员及时发现，此时主动对其服务是图书馆工作人员的良好素质的体现。

（5）创新阅读模式，丰富阅读内涵

对于盲人阅读模式较单一的阅读现状，图书馆应开发新的模式，如中国盲人图书馆开展口述电影活动的积极尝试，类似的活动使阅读方式多样化，弥补了盲人阅读条件差，方法单一的不足，并且使阅读活动成为多方共同参与的文化盛宴。为了扩大盲人读者的阅读范围，丰富他们的精神世界，并且使图书馆真正做到每一位读者有其书。

图书馆还可以通过开展新书推介，书评活动以及阅读交流活动，增加读者之间的交流沟通机会，同时将优质的图书推荐给潜在的盲人读者，使阅读从被动接受转向主动参与。并且，阅读活动的开展可以形式多样，可以在图书馆开展，也可以走向社区和家庭，通过在盲人与正常人之间建立交流，让社会更加包容和接纳盲人群体。

图书馆应开创不同的阅读模式，使得盲人能从不同的角度感知书籍，感知阅读、感知文化。通过建立阅读社区，使他们沟通机会与渠道增加；拓展阅读领域，拓宽他们的兴趣面；形成集学习、生活于一体的资源平台，使图书馆真正成为盲人生活中举足轻重的一部分。

4.完善技术手段

图书馆网站技术建设对盲人是否能够无障碍获取信息具有重要意义。在对技术进行改进时，我们应注意并重视下述内容。

第一，应加强对网站开发人员开发便于视障人群利用的网站的意识，使信息无障碍建设原则落到实处。网站开发人员是图书馆网站建设的施行者，开发人员良好的无障碍服务意识是建设图书馆网站无障碍服务的前提。提升无障碍服务意识，应明确无障碍设计的基本原则，即可感知性、可操作性、可理解性与鲁棒性，还应将对原则的应用贯穿于整个设计过程中。应当使无障碍规范的应用普及到各大网站，使互联网的整体建设离不开无障碍设计。或者可以制定具有普遍强制性的网络建设规范标准，使网络信息开发建设处处体现无障碍设计的精神。

第二，应加强网站开发的总体意识，系统地设计网页的结构、交互和内容呈现。应页面呈现的结构、前后顺序以及跳转方式能够被使用者理解和感知。网页结构应尽可能简洁，但网页的标签及属性应尽可能完整定义，以便使用者在视觉上不能完整接收信息时知道网页内容，或者知道网站将跳转到什么页面。交互应便于理解和操作，不应采用可能造成使用者疑惑的操作方式。向前或向后翻页时，翻页按钮应在页面上方与下方分别设置，使操作更方便快捷。

第三，采用盲人接受的替代方式进行浏览和操作。比如盲人无法使用鼠标进行操作，需要网站在操作过程中能够完全由键盘替代。验证码的输入也是盲人使用者不希望的，可以在设计中采用声音验证码代替图形验证码。在浏览页面过程中，图片需要用文本替代，超链接需要用字段来描述指向的目标页面。盲人使用替代方式访问图书馆网站，并不会大幅增加设计难度，但益处十分显著。

5.建设无障碍建筑环境

无障碍的建筑环境的建设离不开资金的投入。国家和地方政府应加大投入，这种投入一次性见效，且社会效益不容小觑。在建设中，应促使图书馆、建筑师和盲人使用者三方参与，吸收盲人使用者对建设所提出的意见建议，并使设计人员走出思维定式，设计出对用户友好的图书馆建筑。

建筑的设计应注意细节，注意各个空间环境的对接。不但符合相关规范的规定，更体现以人为本的设计目的。同时应注重设计的安全性，桌椅采用无棱角设计，并在卫生间增加求助按钮。应在各个部门中使用标识牌，以明确各房屋建筑的使用功能，使用户能够区分和识记不同区域。

设计合理完整的建筑会使用户形成良好的印象。盲人读者乐于进入熟悉的区域，因此优良的第一印象会使盲人读者乐于第二次访问和使用图书馆建筑。图书馆建筑如果设计合理，则已有设计被闲置的情况很难发生，图书馆设施的利用率会提高。

6.加强图书馆界与盲人群体的合作

图书馆应与残联等机构展开合作，合作是改善图书馆服务的契机，合作不仅仅对于图书馆的发展有利，更对社会和个人的发展意义非凡。应组织盲人、盲人机构的工作人员到图书馆参与讲座、实地参观。使盲人了解图书馆能给他们生活带来提高和改变。

新的公共图书馆的建筑设计构建应在盲人人士的参与和监督下进行；图书馆应在充分调查盲人需求的基础上建立文献资源保障体制；图书馆应在与盲人读者充分沟通的情形下制定服务章程，并且所制定的章程应与一个总体章程一致；图书馆应在网站建设上体现无障碍.建设的初期应听取视障人士的建议和反馈，以便于改善设计的不完整性。在进行盲人文献资源建设时，应注重福利、康复及就业方面亟需资源的建设，增加文献的种类、数量和载体形式。应在调查研究盲人需求的基础上进行资源建设。

在图书馆的各个方面的建设中，盲人群体可以起到监督、建议和完善的作用，让他们参与到建设之中，实现了图书馆功能利用的最大化。

7.建设具有功能性与服务性的无障碍图书馆

图书馆建筑是其功能的物质化。建设具备功能性的图书馆应做到以下四点：建筑功能结构合理；建筑功能分区合理；提供适于盲人使用的设施设备；完备的设备管理与使用制度。

第一，图书馆建筑功能结构的构成应该合理，应完整地具备藏、借，阅的功能，并且兼顾各功能分区的需求程度来进行功能结构的设计和建设。根据盲人读者浏览的方式及特点，设置对应的功能区，如配备盲人软件的电子阅览室，书架高矮合适的开架阅览区，设有盲道的走廊等。建筑功能结构设计是否合理影响了图书馆功能的是否完整。

第二，应注重功能分区的合理性，应在图书馆内设有入口，信息服务区，阅览区，藏书区，公共活动区、技术设备区等，入口处应尽量少台阶，服务区和盲人阅览区应设置在位于一楼的位置，活动区应尽量设有电梯并且可以直达。合理的分区体现了图书馆布局的条理性。

第三，应该在馆内设有盲人使用的设备设施，如盲文点显器，盲杖等辅助设备。这些设备方便了盲人自主使用图书馆资源，能够使用这些设备是图书馆功能不可或缺的一部分。

第四，应提供完备的设备管理与使用制度。制度应包括图书馆设施设备的责任人规定，盲人借还和使用图书馆设备的规章，有关设备如何安全使用的说明等事项。管理与使用制度使图书馆提供的功能有章可循。图书馆具备功能性的同时，应注重相关服务的开展。图书馆服务的原则是"读者第一""用户至上"，能够为不同人士提供平等而又有区别的服务。这也是盲人图书馆的服务宗旨。对于盲人与普通人利用图书馆特点的一致与不同，图书馆应以盲人读者需求为基础，建立以盲人用户为中心而非图书馆为中心的服务体系。提高图书馆对盲人读者的服务水平，第一要做到的是端正服务态度，第二是服务要针对需求，准确把握盲人读者需求是图书馆员的基本素养。图书馆功能的完备性以及服务的针对性均影响图书馆服务于盲人读者的效能。以功能为基础、以服务为依托，我们能够建设更加以人为本的图书馆阅读环境，提供更好的资源给一切需要的人。

三、关于建立我国盲人图书馆的设想

1.建立盲人图书馆的必要性

视力是人类共有的财富，是人的心灵之窗。人是通过所见到的事物产生直觉的爱和恨，产生联想和思维的。对于人类来讲，拥有视觉的喜悦是一种与生俱来的本能喜悦，是生存所不可缺少的喜悦。如果丧失了视觉，无疑是对人生致命的摧残。人一旦失明，不仅丧失了观察周边的能力，还因没有视觉而难以接受文化教育和提高自身生存的能力。但盲人的心灵、人格和生活经验以及内在能力与正常人是无差别的，他们多么希望社会向他们伸出援助之手帮助他们排除视觉障碍，为社会、为自己创造光明的人生之路。

图书馆是人类获取知识的宝库，它的服务对象是全人类，当然应该包括盲人。图书馆虽然无法让盲人重见光明，但却有责任和义务想方设法帮助盲人吸取知识，提高盲人的文化水平。如何提高盲人的文化素质，使其成为社会的有用之才，已成为全社会普遍关注和研究的课题。希望青年盲人能够受到更多更好的教育，以便更多的盲人能够适应社会，并能与明眼人一样参与社会的公平竞争、取得成功。同时呼吁全社会都应创造条件，让盲人青年有机会接受较高层次的教育，拥有和健全人一样求学深造的机会。

2.建成盲人图书馆的构想

（1）改造、充实盲人学校图书馆

办成任何一件大事，人、财、物是不可缺少的物质基础，创建盲人图书馆当然也不例外。这里所说的人、财、物的人是指盲人图书馆的馆员；财是指创办盲人图书馆所需经费；物是指为盲人服务的图书馆设备。具备了这三个基本条件，我们才有可能实现创建盲人图书馆的设想。

（2）设立盲人图书服务部

在国家图书馆（北京图书馆）和全国各省、市、区有条件的图书馆设立盲人图书服务部。国家图书馆盲人图书服务部除负责对全国各盲人图书服务部的业务指导外，应尽快完善自身的服务功能、在设备、盲人图书、人员的配置上，国家应给予充分的资金保证。因为国家馆的做法起着导向的作用，它是建设我国盲人图书馆的基础力量。它的成功与否，将影响全国各地盲人图书馆的建设的成败。

（3）建立盲人图书录音中心

盲人接受教育、增长知识是靠手和耳朵。过去由于受科学技术不发达所限，只能主要靠用手触摸文字来阅读盲人图书。但盲人图书制造麻烦，不仅造价高而且速度慢，这样就极大地限制了盲文图书发行的品种和数量。随着科学技术的发展和高科技进入图书馆领域，盲人吸收知识的能力得到了质的改善。具体地说就是盲人吸取文化知识已从手转移到了耳朵，即耳朵已成为盲人阅读文化知识的主要工具。国外盲人录音图书的大量发行和电话咨询服务；我国研制出的把拼音转为汉字，并能发出声音的具有特殊功能的计算机，都是盲人利用耳朵阅读文化知识的产物。可以说发展录音读物是加速对盲人教育，提高盲人文化素质的捷径。但在浩如烟海的图书世界里，应该录制哪些图书呢？在当前我国盲人录音图书数量不多的情况下，应以科教图书为主，兼录一些其他类的图书。为了实现这一目的，必须建立国家盲人图书录制中心和若干个录制分中心，该机构应隶属国家出版局，业务上归国家图书馆盲人图书服务部指导。

（4）建立盲人图书资金集资会

实践告诉我们，没有雄厚的资金，是无法完成建设我国盲人图书馆这一宏愿的。目前我国还是发展中国家，财力还是有限的，不可能拿出太多的钱投入盲人图书馆的建设。

（5）建设高素质的盲人服务队伍

为盲人服务和为正常人服务是有很大区别的。因为盲人丧失了视力，个人的活动能力受到了限制，很多正常人自己能办的事情，对于盲人来说都需要别人的帮助。这就决定了为盲人服务的馆员必须具备更大的热情。更高的责任心、更强的同情心。

第七章 新形势下公共图书馆读者服务工作的开展

图书馆是时代的产物，不同时代造就不同的图书馆，图书馆所扮演的角色及承担的任务也会发生微妙变化。信息化时代图书馆读者服务工作也应该随着信息技术的大流，其服务手段、服务形式、服务领域等都应该发生改变。因此，本章将对新形势下的公共图书馆读者服务工作开展进行分析。

第一节 图书馆读者服务工作影响因素及对策

图书馆作为社会主要信息服务的中心，随着计算机技术、通信技术、网络技术、数字信息技术以及相关技术的发展，图书馆事业正向着电子化、数字化、虚拟化的方向迈进。作为以读者服务工作为核心的图书馆，在竞争激烈和挑战的环境下，改变和更新传统的服务方式、方法及手段，不断提高读者服务工作的质量和水平，已成为当前图书馆迫切需要解决的问题。

一、读者服务工作是社会发展的必然趋势

读者服务工作是图书馆的日常工作，是图书馆的基本职能，也是图书馆赖以生存的基础，图书馆的一切工作，归根结底就是为读者用户提供信息服务，除了利用先进的技术和馆藏资源的常用工具，通过完备的网络通信设施，为读者用户提供有用的信息资源外，更主要的是必须树立新的服务观念，主动地了解读者的需要，及时满足读者的需求，在激烈的信息竞争中，图书馆只有把全心全意为读者服务作为最高宗旨，把工作的立脚点从藏书转向读者，把"吸引读者，争取读者"作为重要策略，不断及时地研究读者需求，才能在信息市场中立于不败之地。所以说提高读者服务工作是图书馆生存与发展的客观要求，也是社会发展的需要，同时也是图书馆一切工作的出发点和归宿。

二、图书馆为读者服务所面临的具体问题

一个图书馆办得好不好，其办馆效益，社会价值如何，主要看读者对利用图书馆的希望程度，读者对服务项目和服务标准的信誉程度，读者对服务人员素质的服务水平的认可程度。图书馆的服务对象、内容手段如何变化，服务形式是外借、阅读、参考咨询，其服务工作都是以满足读者需求为最终目的，以读者满意为宗旨，以讲求实效为准绳。

随着文献信息的大量增加，读者对图书馆的服务工作提出了更高的要求，也就是能够在最短的时间内，高质量地为他们提供更直接更专指的文献信息。也是当前影响图书馆工作开展所面临的具体问题。

1.图书馆管理制度不完善，馆员专业知识不足

新时期图书馆服务工作要求图书馆必须拥有一批经验丰富，有较强的组织信息，应用信息技术能力的专业人才，不仅要有丰富的收集和组织文献的实践经验，而且还能够开发各种层次信息产品，开展不同项目的服务。可现行的图书馆体制只有管理权，而没有人事任免权，这就成了某人家属，某人亲戚，某些部门领导的"收容站"造成了图书馆专业人才缺乏。比如：计算机专业、情报专业、信息专业等。再由于图书馆的规章制度不够完善，馆长和部室主任的任免制度不完善，工作人员的工作职责不完善，人才发展和继续教育不完善，实际工作效率的奖惩制度不完善，同时工作人员对自身的形势认识不够，没有树立新观念，满足于现状，从而使大量的信息资源在手中流过。加上馆员年龄、职称、性格、性别、学历等结构不合理配置，使得每个人的工作心理和个人需求又有所差异，因而对某一项工作不能达成共识，不能齐心协力、通力协作。而那些有精深的专业知识的馆员在实际工作中难以施展才华，仅仅局限在借借还还的手工操作上，没有时间和精力去做深层次的文献开发和情报服务，严重地挫伤了大多数人的积极性，使他们丧失了主动进步的精神。对于不属于自己的工作范围的问题常常抱着一种"多一事不如少一事"的态度，以"不知道、不清楚"或"去问办公室"等应付读者，大家互相推诿和扯皮，使服务质量低劣。

2.经费不足现代管理、设备落后购书量减少

随着大量联机数据库的出现、电子刊物出版和传统的数字化转换，电子信息资源将成为信息时代图书馆文献信息资源的主体。由于现代化文献信息的数量急剧增长，内容重复交叉，类型复杂多样。仅用传统的手工检索方式已远远不能满足广、快、精、准地搜集、整理、加工、存贮和检索文献信息。用计算机检索、光盘检索和网络检索等先进的检索方式，尤其是因特网络信息，对读者至关重要。所以图书馆读者服务的内容也将逐渐从提高传统印刷型馆藏向提供多元化、电子化的信息领域及深层次的信息服务发展。由于经费不足，无法购置现代办公设备和网络建设，造成图书馆联机公共目录根本不能提供文献资源共享，读者也不能得到所需的信息。其次，近年来由于书刊价格的增长，图书馆的书刊订购品种与数量也减少，严重地限制了读者对文献资源的需求。

3.文献信息开发及服务工作薄弱，文献信息资源利用率较低

较少开展馆际互借服务，由于传统的图书馆工作以藏书为中心，图书馆馆藏的布局和规模制约着读者服务的范围和水平，而图书馆管理受传统思想观念的束缚，重"藏"

轻"用"，现代意识淡薄，缺乏创新思想，开放观念滞后，没有把信息服务工作面向社会开放，寻找市场，更好地满足读者的需求，使图书馆获得新的活力，增强社会效益和经济效益。图书馆是一个文化和教育的阵地，也是一个信息的集成地，图书馆应向读者提供"多元化信息服务"。目前许多公共图书馆主要是开展以半开架式的书刊借阅为主，电子阅览室的计算机书目检索，电子出版物阅览及上网服务，较少开展馆际互借服务，各自为政，处于封闭服务状态。从而造成文献信息资源利用率较低，使大量有特色的文献闲置与文献资源缺乏并存的局面。由于专业人才缺乏，无法开展对文献的进一步开发。

4.宣传力度不够，难以被读者利用

图书馆是搜集、收藏、整理及流畅图书资料、担负着引导人、教育人、塑造人的重任。树立图书馆品牌形象，可以增强图书馆服务和主动性和自觉性，强化读者对图书馆功能的认识。但由于图书馆只停在借借还还的工作层次上，没有以独特鲜明的形象吸引公众注意，很少对社会宣传、包装和推荐自己，对用户教育的力度不够，信息咨询服务功能不齐全，与读者之间沟通反馈渠道不健全和通畅，在社会上没有影响力、号召力、影响了图书馆在公众的形象和信誉。

三、强化优质服务树立新形象的思路

针对上述存在的问题，目前图书馆的读者服务工作应采取几个方面的对策。

1.开展调查咨询活动

图书馆一方面竭诚为读者服务，一方面又能充分开发利用读者的智力资源，以读者的优势激活自身，这不仅能得到公众的咨询、建议及各种良好的社会效益，提高服务能力也可以与社会各个机构、公众形成良性互动机制，树立图书馆的品牌。所以要通过深入读者群，深入基层，直接架设图书馆与广大读者沟通的桥梁，密切图书馆与读者的交流，把读者反映的各种矛盾、问题、通过收集整理调研、综合分析、归纳形成改革方案，反馈给各部门，以此作为纠正以后服务行为的基础，从而达到服务质量控制的目的，推动各个环节工作的深入开展。比如通过实地调查、问卷调查、馆内调查、网上调查等。只有通过形式多样的调查征询、采集信息、把握民意，广泛了解读者对图书馆的认识，收集读者对图书馆的反映信息，为图书馆提供决策，切实优化服务行为，为建立良好的形象提供根据，从而有效地协调图书馆与读者的供需关系，并且也能塑造和传播图书馆的形象。

2.开展特色服务项目

图书馆已不再是旧式的"藏书馆"，而是一座极具有魅力的正在被开发利用的文献信息中心。特色服务就是服务创新，既要实现服务读者诸方面的优化组合，在服务项目或服务产品上创立名优品牌，以质量取信于读者。围绕图书馆信息服务内容，举办各种独具特色的展览和演示会，是图书馆扩大影响并提升形象的良好时机。通过主动参与媒体的宣传力度和深度，让更多的人认识图书馆，了解图书馆，走进图书馆，向社会展示图书馆的魅力。针对某一特定课题的需要开展定题服务，进行跟踪服务，主动、持续、系统地向相关课题的人员提供最新的相关信息。充分利用馆藏文献信息资源和专业队伍的优势，面向特定用户制定专题开展专题服务，大力开发蕴含在馆藏信息资源的有效信息，向读者提供浓缩的直接可利用的数据、事实、结论。为增强读者的阅读意识，阅读能力和阅读效益，通过各种有效措施开展读者辅导服务。

3.建立各种专门阅览室

随着计算机为中心的现代信息技术及相关技术的迅速发展，图书馆必须建立专门阅览室，如视听资料室、多媒体光盘阅览室、电子阅览室、网络检索室等。为读者更便捷地获得文献创造了良好的条件。读者在网络检索室利用网上的计算机就可以方便地查阅、下载、组织和重新编辑文献信息。在这些专门阅览室里，读者不仅可以查阅文字、数值、图形、图像等静态文档，而且可以获得多媒体信息的动态文档。

4.加强专业人员的知识更新

图书馆员的素质高低直接影响信息开发的服务质量。所以要求馆员必须具备丰富的学科知识，熟悉各种信息资源，善于把握新动态，能依据一定的科学原则，对知识进行创造性组合，来挖掘信息资源的各种价值。所以必须建立一支适应新一代数字图书馆的建设和需要的高素质的人才队伍。要更新图书馆工作者的思想观念，改革以"藏"为主和封闭式服务，树立开放意识、竞争意识、创新意识，把被动服务变成主动服务，把滞后服务变成超前服务。图书馆工作者要及时接受新观念，不断学习，接受新知识、新信息、提高专业知识水平，做到想读者之所想，急读者之所急，全心全意为读者提供高层次优质信息服务。重视对计算机与图书馆学、信息管理以及其他学科专业人才的引进和培养，以保证高质量数字信息资源建设及高水平，深层次信息服务的持续开展。强化图书馆在职人员的培训和技术教育，使他们爱岗敬业，具有奉献团结协作精神，选修相关专业课程，参加业务培训班培训。

5.要加大对公共图书馆事业经费的投入

公共图书馆是公益性文化单位，为全社会成员服务是公共图书馆的主要任务。它所具有的公益性和公共特质，规定了它并非营利单位，因此，必须依靠国家的全额拨款，否则无法生存。各级政府要根据图书馆的规模、编制服务工作的需要，给予财政支持和有力保障措施，应随着书刊价格的上涨而相应增加经费，以确保投入比例的合理性，要把图书馆的购书费、业务费、公务费、设备购置费等项费用实行计划单列专款专用，不得挤占，使图书馆随着国民经济的增长而协调发展。总之，图书馆的一切工作都是为读者服务的。满足读者的需求是公共图书馆服务工作的中心，图书馆的服务工作必须得到广大读者的满意和高度认可。所以必须充分利用现有的文献资源、人才、设备等优势，树立与读者公众利益一致的原则，积极与读者公众沟通、协调、协作，转变传统的服务方式，从封闭不断走向开放，从静态不断走向动态，从单一不断走向多元，从被动不断走向主动。

第二节 图书馆拓展读者服务工作的新领域

公共图书馆已有一百多年的历史，在整个历史长河中，这只是短短的一瞬间，但今天她已发展为现代文明社会不可缺少的社会文化机构，她在现代社会中的作用和影响已经深入人心。为适应经济社会及知识经济时代的到来，公共图书馆的事业不断发展，功能不断扩大齐全，在现代高新科技的推动下，图书馆正进行着一场革命。在这场革命中，图书馆的每一个组成部分都在发生剧烈的变化，尤其是读者服务工作，坚固的"围墙意识"已逐步被摧毁。读者服务的领域不断向各个角落延伸。现代公共图书馆已是一个无边界、大图书馆的概念，网络化图书馆的概念。他们能够自由地运用各种有效的方法为读者服务。公共图书馆如何充分发挥自身的优势，利用馆藏文献资源，扩展读者服务的新领域，为经济建设服务，为精神文明建设服务。

1.创建高品位的社区文化开垦现代都市的文化绿洲

萨巴拉特南姆根据新加坡的经验，指出公共图书馆需要建立一个密切的包括其他组织和社区在内的伙伴关系以发展图书馆的服务规模，扩大图书馆的服务面。日本在社区图书馆建设上有许多值得我们借鉴的地方。

随着经济的发展，不断崛起的住宅小区越来越多，而这些小区却绝大部分地处郊外边缘地带，配套服务，尤其是住宅小区的文化设施建设缺口较大，居民呼声较高。虽谓之为"文明小区"，却缺少文化气氛。生活在现代都市的人们越来越意识到，没有文化配套设施服务的小区只能算是低层次的小区。为提高住宅小区的文化品位，满足小区居民学习的需要，开发商们都在寻求一条行之有效的路子。把知识与文明注入小区，成为公共图书馆扩大读者服务又一新的理念。

2.图书馆走入家庭，服务工作深入社区基层

家庭是社会的细胞，很多图书馆都非常重视为家庭提供服务，并将此列为扩展服务领域的重要内容。

（1）开展邮寄图书服务，实行远程信息传递

目前，为远离图书馆的家庭邮寄图书提供各种信息服务的图书馆越来越多。如美国

亚拉巴马州伯明翰图书馆和杰弗逊图书馆除了对那些不方便来馆的老人、残疾人实行免费邮寄图书服务外，还为远离图书馆的科研工作者邮寄所需要的文献信息，甚至代为查阅、复印信息资料、数据、图表等。解决了他们科研工作中的问题，节省了时间。这种邮寄服务，读者不需办理任何证件，只要打个电话，就可以借书，借期4周，每次限借4册，而且逾期也不罚款。

（2）服务到家，把文献信息送到用户手中

公共图书馆上门送书的服务方式，除了采用汽车图书馆把书送到人们的家门口提供借阅服务外，配备一定的人力，直接把书送到读者的手上。如上海图书馆读者服务中心的工作人员主动为不方便来馆借书的老年、残疾读者结对子，为他们提供预约借书服务。广东中山图书馆编辑二次文献《决策内参》《宏观经济》等信息资料，上门对口服务，为领导的决策及经济建设作出贡献。

（3）开展家庭读书活动，营造浓厚的家庭文化气氛

为推广和倡导家庭的读书活动，美国有的民间团体发起了"关闭电视，倡导读书"的呼声，呼吁家庭重视读书。

在美国的多个州图书馆都开展有"农村家庭识字计划"，该计划不仅开展扫盲工作，而且指导人们如何适应社会文化环境、组织辅导、家庭教育、就业咨询等活动。此外，还有"家庭义务教育"计划，即学生可以在家上课，完成义务教育，公共图书馆和学校图书馆则对这种形式的教育提供帮助和辅导。在美国，有六千多个地区的公共图书馆系统都配置有阅读辅导员。

（4）家庭联网，读者足不出户，即可踏上"信息高速公路"

公共图书馆为市民提供各种网上服务，如建立社区服务网页，为家庭提供各种社区信息服务和图书馆服务。同时还为市民提供电子邮件等网络服务。家庭电脑通过图书馆的网络与因特网联网。

美国加州亚帕勒顿公共图书馆专门开了一个"家庭因特网"的网页，向家庭介绍各种馆内外有关信息资源，如儿童书籍、音像带及儿童节目等。由于网络上有许多内容不适合青少年的信息资源，该网络通过"家庭因特网"节目，提供有利于青少年成长的健康信息，深受家长的欢迎。

3.公共图书馆是学校教育的延伸和继续

日本有的学者把学校教育和图书馆看作是对学生教育"同一辆车上的两个车轮"。两个车轮协调转动，才能使学生的成长得到全面发展。学校注重的是系统的知识教育，而图书馆为人们提供可选择的自我教育的场所，是学校的第二课堂。

（1）进行图书馆利用的教育辅导，让学生掌握开启宝库的"金钥匙"

很多国家都十分重视对读者进行图书馆利用的教育，而且从青少年就开始做起。如日本对学生进行图书馆利用的教育一直受到日本图书馆界的关注。

目前我国的市民对图书馆的意识不强，对图书馆的认识不深，利用图书馆的能力较差。为了适应新时期的需要，很有必要对读者进行图书馆利用的辅导。而目前我国几乎没有一所中小学校对学生开设图书馆教育的课程，所以，青少年对图书馆的利用大部分是被动的。为了弥补这方面的不足，现在有的公共图书馆与学校合作，派馆员到学校或请学校组织学生来馆，除了参观图书馆外，举办如何利用图书馆的知识讲座。湖南、上海、武汉等少儿图书馆都经常对在校学生进行图书馆利用的辅导，并吸收学生参与图书馆读者服务工作的管理，让他们从理性到感性认识上加深对图书馆的了解。

（2）指导学生多读书、读好书、建造健康的校园文化现代社会，由于科学技术的进步，多媒体文化以其特有的魅力吸引着无数的学生。青少年的阅读能力下降，阅读兴趣淡薄已是普遍性的现象。日本有的学者对一些学校做过调查，一个月一本课外书都不读的大学生占65%，高中生占70%，初中生占55%，至于"为什么不想读课外书"的原因，回答"看电视和玩电子游戏机比读书更有兴趣"占75%。

同样，在我国改革开放环境中成长起来的青少年，思维活跃，求知欲强，好奇心重，但认识能力低下，是非观念不强。随着中外文化、经济相互融合、渗透的情况下，指导青少年多读书、读好书，这是图书馆的重要任务。多年来，图书馆在开展辅导读书活动中积累了丰富的经验，取得了优异的成绩。深圳图书馆举办报告文学《火中飞起的凤凰》《青春驿站》读书交流会，《理想在特区闪光》读书演讲比赛；广州图书馆与广州电视大学、广东工业大学团委合作，组织读书小组，举办"读书与人生"报告会。

通过这些活动，掀起了校园的读书热潮，使读者树立正确的人生观、价值取向、道德情操、法纪观念、审美观念和生活方式，营造了健康的校园文化。

（3）扩大服务工作的科技含量，提高和丰富学生的知识结构

当前高新科技的世纪，是电子技术的世纪。为了适应时代的要求，各个国家都十分重视人才的培养，当前在校的学生正是21世纪经济建设的生力军。培养人才，学校固然肩负重担，但图书馆作为重要的社会教育机构，是学校教育的延伸和继续。利用现有的电子技术和力量，配合学校教育提高和丰富学生的知识结构是责无旁贷的。香港市政局图书馆及属下的各分馆每年利用寒暑假举办Internet培训班、联机检索讲座；深圳图书馆举办的计算机基础知识培训班都吸引了无数的学生参加。

4.充分利用文献信息资源为乡镇企业经济建设服务

（1）科技兴农，为村民开设多条致富之路

生活在城郊乡镇的读者由于受到时间和空间的限制，无法经常到路途远的图书馆获

得信息，为了开拓多种致富之路，他们希望依靠科学技术提高经营效果。但目前大部分乡镇的文化设施落后，知识信息的获取需花费九牛二虎之力。信息不灵之苦使远离市区的村民渴望着那里能有块"文化绿洲"。

把读者服务领域延伸到乡镇，将文献信息送到田间果园，这是新时期图书馆读者服务工作中又一新举措。江苏省图书馆、广东的东莞、南海等图书馆把书送到乡村田头，指导村民进行科学经营管理，深受欢迎。广州图书馆与多个乡镇政府联合建立图书馆，无偿提供图书近 8 万册，把乡镇原来一些供奉祖先牌位的祠堂变为拥有一定藏书规模，专人管理的知识殿堂。很多馆藏的农业类文献资源得到了充分利用，收到了很好的社会效益和经济效益，萝岗镇一青年农民孔某，就是从《荔枝栽培管理》一书中学会了用环割技术抑制荔枝疯长，促使其发芽分化，使长期不开花不结果的荔枝获得了丰收。

（2）科技兴企创效益，知识信息是最大的生产力

图书馆收藏各种载体的文献是社会信息资源的宝库，把宝库中浩渺的信息和知识开发出来，为企业生产决策活动提供服务，是知识经济时代向图书馆提出的要求。近年来图书馆对馆藏文献不断进行开发、加工，建立各种数据库，为企业服务作出了卓越的成绩。如广东省中山图书馆剪报中心开发的服务项目已达 50 个以上，先后为众多单位提供信息资料，对这些企业的生产、经营、管理、行销等方面有重要的参考作用。佛山市图书馆开发的"多媒体房地产咨询信息库"，该项目收录了中央、省市有关房地产政策、法规、文献信息和珠江三角洲部分城市的房地产数据，极大地丰富了网络资源，有助于房地产市场的繁荣，促进当地经济发展。公共图书馆为跟上信息时代的步伐，在读者服务的意识上遵循了"读者至上，服务第一"的宗旨，并在读者服务的深度、广度上不断开放改革、创新，拓展服务新领域，为经济建设和精神文明建设作出了很大的贡献。

第三节 基于微博的图书馆读者服务策略

微时代的开端是以微博作为传播媒介代表，以短小精悍作为信息特征，具有信息发布信息传播、信息调研、信息争鸣、信息评价等功能。微博作为一种媒介，其诞生的标志是 2006 年美国网站 titer 推出的微博客服务。随着移动互联网和大数据时代的纵深发展，继微博之后，微信、微电影、微小说、微音乐等一系列微观发展文化现象随之也蓬勃发展起来，人们喜闻乐见不断开发利用，进而形成一种微时代潮流。这种流行趋势将碎片化、微量化信息采集、传播，并将伴随而来的相关服务模式推向了一个崭新的时代。中微时代信息传播的最大特点是辐射面广、速度快、互动性强，且具有集文字、图像、视频、音频等多种信息传播方式为一体，形象、生动、获取便利等特征。微时代背景下，用户对信息的需求在时间上具有不固定性、零散性，在内容上也呈现出碎片化、多样化

的特点。

在微时代背景下公共图书馆读者服务工作也受到很大的冲击，其传统模式的服务理念逐步随着微博、微信、QQ 等移动终端平台及衍生工具的广泛应用而发生颠覆性的变化，公共图书馆利用微时代媒介传播平台开展创新服务正成为新的趋势。正如郭庆光在《传播学教程》中所说："真正有意义有价值的信息不是各个时代的传播内容，而是这个时代所使用的传播工具的性质所开创的可能性以及带来的社会变革"。

一、微时代背景下公共图书馆读者服务工作面临的困境

1.读者到馆率和馆藏利用率低

近年来，随着社会新科技的发展，公共图书馆面临着转型发展的瓶颈。传统意义上的运营模式已经不能满足读者对信息获取的需求，数字资源、电子文献的涌现，更是打破了传统服务的思维方式，促使读者服务工作必须向多元多样的新方向转型。如何利用多种新平台共同运营以求达到拓展服务新功能的效果，已成为当代公共图书馆开展读者服务工作普遍关心的问题。受空间、人力、财力等限制，公共图书馆读者到馆率和馆藏利用率不高，一直是图书馆面临的困境，虽然近年来全国大力开展全面阅读推广工作，但是走进图书馆、有效利用图书资源，依然不尽如人意。公共图书馆如何通过深度的社会参与，拓展宣传面，强化宣传效果，从而提高读者到馆率和馆藏利用率，已成为公共图书馆读者服务的重中之重。以中文学术期刊为例 CNKI 维普和万方 3 个数据库基本可以囊括所有中文学术期刊。数据库可通过作者篇名、关键词、出版时间、刊名、卷期等字段准确无误地找到读者所需要的各种电子期刊。由此可见，读者完全可以不用来到图书馆，便足不出户获得自己想要的资源，还省了到馆查阅纸质期刊、复印所需期刊内容的繁琐。再加上微博、微信等不断地普及，越来越受到大众喜欢，很多浅阅读、碎片式阅读完全可以通过这些微时代阅读工具轻松实现，这些都是致使读者到馆率低，馆藏利用率逐年下降的原因。

2.公共交流平台薄弱，读者服务效果差

公共图书馆作为社会第三空间公共交流平台，其具有引导全民开展交流交往、发展非功利性社会关系，从而提升文化素养以及思想境界，使其找到文化认同及归属感的功能。公共图书馆在传统管理模式下，其交流平台受到一定的局限，已然不能满足当代民众的要求。虽然公共图书馆每年依然按期开展读者座谈会、读者征文演讲、知识竞赛、阅读讲座、经典导读、新书推荐等活动，但是与读者的交流互动仍然存在分裂感主办方积极热情搞活动，受众方却因时间、空间、年龄、知识层次等诸多因素受限只能表层敷衍，不但读者参与人数有限，而且有的甚至流于形式，走过场，仅仅停留在配合搞活动

上，因此交流效果往往并不能达到预期，与读者不能建立真正的互动关系，读者服务工作自然就不能满足读者的需求。随着微时代的到来，丰富的资源获取渠道让读者对图书馆服务要求越来越多元，内容、层次、资源内容形式也有了更高更广的要求，这就使得传统服务模式与微时代交流服务模式并重已成为公共图书馆必须形成的服务新格局。

二、微时代公共图书馆读者服务改进策略

1.利用微信公众平台拓展服务方式和服务空间

随着移动信息技术的发展，建立微信公众服务平台是公共图书馆拓展服务手段的有效途径。微信公众服务平台是图书馆在新媒体应用上一个新的服务模式。相比传统媒体，新媒体的显著特点是移动互联网技术的应用，通过手机，平板电脑等移动终端可随时随地浏览资讯、传递信息，碎片化的时间得以充分利用，平台为广大读者更广泛便捷地利用图书馆资源提供了条件，同时拓展了服务手段和服务空间，最终形成了读者随时随地查找文献、办理相关业务、数字化资源移动阅读、交流与分享等图书馆新常态。

公共图书馆应当充分利用微信公众服务平台自身的特点，构建服务微门户以适应广大读者的新需求。如可以充分将图书馆的自动化系统、读者验证系统、OPAC、跨库检索、自助借阅、门户网站、参考咨询等系统集成，利用馆内各项数据，数字化资源库、读者服务平台为读者提供查找、办理、阅读等快捷服务。同时，还可以利用微信公众平台绑定读者借阅卡，实现网上一键续借。

众所周知，公共图书馆具有地方性特点，尤其地方文献具有地域性，公共图书馆可以充分利用微信公众平台，整合利用这些专题性数字资源库实现数字化资源的移动式阅读分享如设立地方志历史典籍，民俗风情荟萃等模块，利用微信公众平台向读者及时推送具有地域特征的独特的微数据。当代公共图书馆服务的新模式，应该从单独的阅读服务功能走向阅读功能与读者互动功能并举的状态，开发实现以读者为核心的零距离交流互动平台，将是公共图书馆生存发展的必然要求，利用微信公众平台，建立读者与读者、读者与图书馆、读者与馆员的交流互动，通过微话题、公众号推送，促使读者发表各种阅读体验，让读者成为新的信息载体和信息创造者，传播将是图书馆读者服务拓展不可或缺的方式。

（1）加快完成图书馆微信官方认证，加强对微信公众号的重视

微信认证是腾讯集团为确保微信公众平台发布信息的真实性、安全性，为具备官方资质的微信公众服务号进行的认证服务。微信认证后，将获得更丰富的高级接口和衍生工具，以便公众号经营者为其粉丝受众提供更有价值的个性化服务。公众号是开发者、商家或公共组织机构在微信公众平台上申请的应用账号，通过公众号，商家或公共组织

机构可以在微信平台上实现与特定群体的文字、图片、语音、视频的全方位沟通互动，公众号包括服务号和订阅号。

图书馆以服务为核心理念，将微信公众号提供的服务纳入图书馆服务体系，可使读者对图书馆建立忠诚度，从而提高读者到馆率，并提升图书馆电子文献的利用率。加快完成微信认证，也就是加快与用户建立黏性关系的速度，增强用户的信任度和体验感。图书馆作为阅读的前沿阵地通常也应该是最早接触新媒体和使用新技术的地方，但是目前，公共图书馆在公众平台上缺少优质账户，只有重视微信公众平台的运营管理，建立优质公众账号，才可以快速累积读者粉丝，提高账号影响力。

（2）强化微信订阅号的内容管理，提升内容质量

一个具有优质内容的订阅号，可以吸引大批读者阅读，并积极转发其内容，因此微信订阅号推送的内容水平，直接影响着微信公众平台的运营质量。图书馆微信公众平台订阅号要强化内容的管理，提升内容质量。

第一，微信推送内容要具有特色。应根据图书馆自身特点，策划一些有特色的主题板块，吸引广大读者，激发用户的阅读兴趣和持续关注的热情。如自媒体订阅号黎贝卡的异想世界，拥有大量粉丝，其主要推出的是前沿时尚服饰搭配，具有独特风格，因此吸引了大批女性。再如北大图书馆的佳片有约，南开大学图书馆的小语都极具特色，获得众多粉丝的青睐。因此，公共图书馆应结合自身所处的受众环境及具备的条件，发布具有自身特点优势的微信推送内容，力求获得最大数量的读者粉丝的认同。

第二，微信推送的内容要结合图书馆特点，多做专业化内容。图书馆微信应本着其工作特点做原创内容，而不能总是定位在发布讲座通知、好书推荐通知、活动预告等，应充分结合图书馆文化资源，将经典的资源推送给广大读者，应以书评、书摘、作者简介等形式通过微信公众平台进行阅读推广。如订阅号看书有道就非常不错。其每天推送一篇原创作品，同时设有零碎时光、看书日签、手不释书等板块，分别推送经典语录和经典书目，其通过内容简介、精彩书摘、作者简介、简短书评等形式，使读者快速掌握相关信息，激发读者阅读兴趣，从而促进读者走进图书馆借阅该文献，达到了良好的阅读推送效果。

2.基于微博平台，设置微话题延伸图书馆阅读推广工作

微博是一个资讯平台，微博的媒体特性决定了其更依赖于内容以及具有内容聚合效应的平台特征。因此，公共图书馆有效利用微博这一特征进行阅读推广工作是重要的手段和方法。通过微博发布微话题等系列内容可以引起读者对阅读推广活动的关注，实现公共图书馆阅读推广的目的微话题是以微博为平台的用户互动专区，根据微博热点、个人兴趣、网友讨论等多种渠道的内容，由话题主持人补充修饰加以编辑，是与某个话题

词有关的专题页面微博用户可以进入页面发表言论，同时话题页面也会自动收录含有该话题的相关微博。这样，通过微话题形式读者互动加大，便可以放大阅读推广效果。同时微话题还有可能潜移默化地引导读者的阅读倾向、阅读爱好、阅读审美观，从而传达出图书馆阅读推广的理念，其作用不可忽视。

（1）注重精品内容分享模式

微话题的设置要具有图书馆自身的个性特点，与其他微博要有一定的差异性，也就是要具有独特的魅力，吸引广大读者成为其粉丝，这样才可以使读者与图书馆之间建立更高的黏性特质。在阅读推广活动中，应明确阅读推广主题，所有设置的微话题要紧密围绕主题展开。在文字描述中，应根据读者不同群体的需求，通过图书馆大数据整合，如访问阅览室数据、书刊外借数据、数据库检索和下载数据、访客属性等读者资料整合，深度分析了解读者阅读偏好，明确阅读推广对象，采取平易近人或者幽默诙谐、活泼有趣的语言方式有针对性地进行不同推介，以满足不同读者群的阅读需求。如针对现代年轻人，紧跟时代潮流，可将微话题设置成网络流行红词，像"Duang""世界那么大，我想去看看""人丑就要多读书""我们主要看气质""且行且珍惜"等，唤醒读者的注意力和内心潜藏的阅读情感。同时，在微话题的设置上还要结合读者的兴趣点、读者的阅读需求、近期阅读的热点，抑或是根据图书馆开展的各项活动，包括近期节日推出专题进行设置。如世界读书日、莫言获得诺贝尔奖等热点，提出优秀的热点微话题进行阅读推广，展开与读者持续互动，从而产生与读者的共鸣效应。当然，也可以征集读者推荐的微话题，凡具有原创性，精彩的微话题均可被图书馆采用，通过读者参与形成浓厚的阅读氛围，进一步提升阅读推广工作的效果。

（2）注重同边网络效应和跨边网络效应

图书馆利用微话题开展阅读推广工作，无非是突出人气效果，通过与用户互动、经验分享、扩大社会群体影响力，达到阅读推广的良好效果。聚集人气聚合读者粉丝，图书馆应利用同边网络效应和跨边网络效应来快速实现。所谓同边效应是指：当某一边群体的用户规模增长时，将会影响同一边群体内的其他使用者所得到的效用；跨边网络效应是指：一边用户规模的增长将影响另一边群体使用该平台所得到的效用。图书馆如果能够积极开发建立同边网络效应和跨边网络效应，就会很大程度上增加读者满意度，进而达到良好的阅读推广效果。

图书馆主要的阅读群体即持证阅览者，持证读者的逐年增加提升了读者到馆率，就这个群体来讲，持证读者越多，可以获得的交流互动就越多，文献推送就越多，交流效用也就是同边效应就越大。到馆读者或者持证读者越多，人气积聚就越来越旺盛，其他多边群体开展各项活动效用就更好。因此，图书馆可有效利用网络效应，通过吸引其他群体对图书馆的利用来增加读者量，逐步形成良性循环，不断捕捉社会各团体需求，激发同边效应，对整个图书馆的发展而言是非常可取的方式。如图书馆可线上线下同时搞阅读推广活动、线下利用流动书车下军营送书实地搞活动，线上则采用军旅微话题形式，开展各项读者互动活动，由此达到吸引新的群体走进图书馆利用图书馆，从而撬动整个网络效应。

图书馆的发展趋势日渐明晰，传统模式基本上是以书为本，而微时代下新的运营模式逐渐形成了以人为本，虽然传统模式依然是主体模式和基础模式，但是新模式作用是绝对不可忽略的，其在促进传统模式的运营效果上起到了非常重要的推动效果。激发同边网络效应和跨边网络效应是崭新的读者服务模式，在遵循传统模式的框架下，结合新模式开展大量推广活动，逐步吸引各类人群与图书馆建立黏性关系，利用微时代媒介拓展读者服务工作，已成为图书馆充分利用新媒体，实现线上线下融合共进的必然选择。

第四节 图书馆读者服务中读者意见的处理机制

服务是图书馆存在的理由，为读者提供优质的服务是图书馆工作的核心目标。如何进一步提升读者服务工作，许多图书馆有较多的理念探讨及实践操作经验。但在实际工作中，读者意见处理作为重要的有助于读者服务工作提升的管理手段，并未被一些图书馆所重视，或虽意识到却没有很好地对待。图书馆"读者第一"的宗旨要求工作人员尽心尽力地为读者提供优质、便捷的服务。但因种种原因，读者对图书馆的服务提出了各种意见。读者意见是读者利用图书馆后对图书馆的原始认识，是读者所思所想的直接反映。图书馆对各种读者意见的处理与读者对图书馆的看法是直接关联的。读者意见处理得当，可有效提升图书馆的服务质量，使图书馆从被动走向主动，赢得读者，扩大影响力。

一、读者意见成因分析

图书馆对读者意见处理一般实行月报制，在办公室设立专人专岗处理读者意见，编制读者意见月报年报，对全年的读者意见做统计分析，为领导决策提供参考，积极促进读者服务工作，增加读者对图书馆的信任度。根据读者意见月报、年报的统计分析，有研究发现，读者意见的产生，主要是由工作人员的服务态度服务质量、管理制度、图书馆服务环境所引起的。

读者提出的意见中，由工作人员的服务态度而产生的问题占了大部分。服务态度不好，主要是态度冷淡，语气生硬，面无表情，怠慢读者的询问，缺乏主动服务精神，让读者产生"门难进、事难办"的感觉。另一种是服务语言不够规范，举止言谈粗俗失礼，工作时间扎堆聊天、打电话影响读者。还有，与读者发生争执时得理不饶人，不给读者台阶，使读者尴尬难堪。有些读者提出意见起因并不是服务态度，但由于处理不当，造成言语冲突，发生争执，读者最终提意见时也说是工作人员的态度不好。如果工作人员服务态度好，正如一本书的书名《态度决定一切》，即使处理并不很得当，大多数读者也不会穷于追究工作人员的责任，矛盾自然就化解了。

服务质量的原因。主要有：因书目数据差错而导致有号无书或有书无号而影响读者借阅，书库调整、图书遗失、污损等未及时修改数据导致索书号与馆藏的不符；因图书馆系统原因造成读者无法查阅，预约、续借不成功，数据库无法检索等；新书（包括报刊）、过期报刊装订周期过长导致书刊上架速度慢，读者无法查阅；书刊破损严重，影响读者借阅；开架借阅室的书刊摆放凌乱，错架、乱架严重；因开架借阅室空间有限，将较多近年的图书放入闭架借阅室，使得读者不能自由阅读；阅览室工作人员不能满足读者深层次的参考咨询；工作人员不及时制止读者在借阅区打电话、聊天而影响其他读者等。诸如此类的原因导致图书馆读者服务的质量受到限制。管理制度的原因。近年来，由于读者权利意识的增强，对图书馆的管理制度提出了更高的要求。主要有：收费问题，如办证收费、存包收费、图书逾期费、复印价格及小卖部价格问题；进入阅览室时的各种限制，如不能带包入室，不能自携书刊、食品、茶水入室，不能自行在阅览室内复制资料等。读者认为种种不合理的管理办法、规章制度应及时修改、调整，与时俱进。比如允许读者携带手提电脑包进入，延长阅览室开放时间，一些非特藏阅览室如自修室、开架借阅室允许读者自带茶水进入，当天借的书可以当天还，还书时不必非要有借书证等。

二、图书馆读者意见处理流程

图书馆读者意见处理流程主要分受件、分件、解决处理、答复反馈、统计分析这5个环节。读者意见的处理主要围绕这5个环节展开。

图书馆读者意见主要来源于5个方面：读者到馆后当面所提意见、读者投入意见箱内的意见、读者向"馆长信箱"（设于图书馆网站上）提交的电子邮件、电话、书信、由各系部等转来的意见。办公室工作人员定期从设置于各阅览楼层的读者意见箱收集读者意见，并将电话记录、读者信件、馆长信箱内的读者意见等各种来源的意见进行归纳、整理。此外，图书馆还召开各类读者座谈会、发放调查表等形式收集读者意见。

分件环节。工作人员将上述意见分成4大类型：表扬类意见、投诉类意见、咨询类意见、建议类意见。根据意见内容，附上读者；意见处理单，分发到意见相关部门，由各相关部门直接处理。如果读者意见中的各条内容分别涉及多个部门，工作人员将意见转给分管领导，由分管领导对所属部门提出处理意见。

解决处理环节。由相关部门针对读者的意见进行核实，提出相应的处理意见和整改措施。如涉及规章制度方面的意见，由图书馆读者工作委员会讨论后提交馆部。如果意见内容需要多部门协调，由分管领导协商后，馆部讨论决定。

答复反馈环节。原则上要求意见处理部门必须对留有联系方式的读者做答复、反馈，进行解释沟通。如部门未对留有联系方式的读者做反馈，有时由办公室工作人员对读者做反馈。

统计分析环节。各部门交回读者意见处理单后，办公室工作人员每月定期编制读者意见统计月报。全年结束后，编制读者意见统计年报，分别对每月每年的读者意见进行统计分析，为馆领导决策提供依据。

三、读者意见处理原则

1.换位思考，肯定读者

读者不论以何种形式提出意见，向工作人员当面通过电话或写成书面形式，接受读者意见的工作人员，尤其是窗口，服务部门的工作人员，都应遵循换位思考的原则，从读者的角度出发，设身处地为读者考虑，热情接待，态度自然友善。切忌将提意见的读者看成对立面，对其爱答不理或急于推脱，从心理上排斥读者，抗拒读者。不管读者提的意见是否中肯，工作人员首先从态度上应肯定读者。

2.认真倾听耐心沟通

读者提出意见，尤其是当场提出意见，工作人员应将读者带离阅览室等现场，避免读者情绪激动而影响其他读者，或使其他读者误会，从而影响图书馆声誉。工作人员注意声音平和，认真倾听，表情自然，以使读者的激动情绪稳定下来。通过读者的讲述，了解事情的经过和读者的意图，既不附和读者的意见，也不急于表态。对读者的意见表示理解，并对工作中的疏漏表示歉意。在明确读者的意图和要求的前提下，做必要的解释说明，提出解决方案，尽可能将问题在小范围内解决。如果读者不满意当前的解决方案，记录下来，告知意见受理人姓名、电话（办公室专人负责处理读者意见的人员）。

3.以礼服人适当变通

有时读者的意见是对的，但鉴于图书馆目前的情况，不能立即采纳整改。即便如此，也要将情况向读者解释清楚，多数读者都会谅解。有时个别读者的要求与读者群体适用的规定发生矛盾，在不违反规章制度的范围内，向读者讲明规定和原则，适当变通。

四、建立健全读者意见处理长效机制

图书馆的读者意见处理工作，与图书馆读者服务密切相关。为了能更好地为读者服务，读者意见的处理还应该有更好的机制：受理机制、处理机制、检查回访机制。受理机制：设立意见箱、读者投诉电话等多种意见流通渠道，设专门机构或岗位受理读者意见，对反映较多的意见及时通知部门和馆领导，对读者意见进行统计分析。处理机制：对读者提意见不排斥也不反感，认真处理，积极整改。窗口服务部门和内部业务部门团结协作，窗口服务部门工作人员及时将读者的意见转达给内部业务部门。

内部业务部门加强质量管理，结合实际及时调整。检查回访机制：不定期检查部门工作，将读者意见的落实列入部门考核范围，回访读者，向其征求意见，设立专栏将典型意见向群体读者反馈。

图书馆读者服务工作的管理相对较复杂，需要运用不同的策略和全新的服务理念来予以实现。读者向图书馆提出意见，建议也好，投诉也好，都是出于对图书馆的信任，相信图书馆有解决问题的诚意和能力。读者提出意见，使图书馆发现管理上的疏漏，读者工作中的不足，业务工作中的薄弱环节，这些意见，是图书馆所忽视的。正是读者的意见，使图书馆各种规章制度，各项工作有了检验的标准。在图书馆读者服务工作中必须以积极的姿态解决读者的种种问题，想读者之所想，急读者之所急，才能增加读者的信任度，吸引读者前来利用图书馆。也只有建立健全图书馆读者服务中读者意见处理机制，才能使图书馆读者服务系统更加完善。

第八章 教育资源与图书馆阅读推广

教育资源是指教育过程所占用、使用和消耗的人力资源、物力资源和财力资源的总和。教育机构是教育资源的所有者，也处在阅读能力培养的最前沿，为阅读推广提供场地设施资源、人力资源、财力资源等必不可少的要素，在全民阅读推广体系中发挥着重要作用。当前我国教育机构囊括了幼儿园（托儿所）、小学、中学直至大学的各级各类学校，以及其他社会教育机构。本章将以公共图书馆视角为主，探讨公共图书馆和各类教育资源的合作模式，以及开展阅读推广工作需要注意的问题，同时也会涉及学校图书馆同其他资源的合作。

第一节 教育资源界说

一、教育的基本概念

"教育"一词来源于孟子的"得天下英才而教育之"。拉丁语"Educare"，是西方"教育"一词的来源，意思是"引出"。教育影响着几乎每一个人的成长，与公民素养提升、社会经济文化发展都有着密切的关系。

《中华人民共和国教育法》第十七条规定，国家实行学前教育、初等教育、中等教育、高等教育的学校教育制度。根据我国教育阶段划分，基本可以概括为基础教育（学前教育、中小学教育）和高等教育。

学前教育即对胎儿至进入初等教育（小学）前的儿童所进行的教育、组织的活动和施加的影响。从教育对象看，学前教育的教育对象包括胎儿、婴儿（0-3岁）幼儿（3-6岁）。从施教主体看，学前教育包括教育机构教育（托儿所、幼儿园）、家庭教育和社会教育。

中小学教育包括从小学到高中整个基础教育阶段。中小学教育阶段时间跨度长，在我国，包括了九年一贯的义务教育阶段和高中教育阶段。此阶段是个人成长成才所必需的重要基础阶段。高等教育是指中等教育以上程度的各种专业教育，以高层次的学习与培养、教学、研究和社会服务为主要任务。

二、各教育阶段阅读行为特征

1.学前教育

学前教育的主要任务是使幼儿身心健康、活泼成长，为其升入小学打下良好的基础，由此可见，学前教育担负着良好习惯培养的启蒙之职。学前教育阶段的阅读有如下特点。

第一，学前教育对儿童阅读启蒙意义重大。学龄前是儿童身心发展的重要阶段，在此阶段的幼儿具有巨大的学习潜力、模仿力、想象力和创造力，这一阶段的教育对儿童的智力成熟、心理健康，认知能力培养都有着重要作用。因此，这一阶段也是儿童阅读的启蒙阶段，对后续阅读认知和阅读习惯养成有着重大影响。

第二，学前教育的施教主体在学前教育中发挥着主导作用。由于学龄前儿童心智处于发展形成阶段，因此，受教育主体很大程度上依赖施教主体和外部因素，阅读材料的选择、阅读方法的采用，都对阅读效果有着直接而深刻的影响。

第三，学前教育是教育起步阶段，具体到阅读推广，学前儿童阅读以图画为主，施教者采用游戏吸引、互动参与和增强动手能力等方式，培养受教者对阅读的兴趣。

2.中小学教育

中小学教育时间跨度长，具体又可以划分为小学低年级阶段、小学高年级阶段和初中、高中阶段。中小学教育阶段的阅读行为具有鲜明的特点。

第一，中小学教育时间跨度长，在不同阶段，受教育者的阅读行为都有着鲜明的特点。其中，小学低年级处于认知起点，在此阶段，受教育者知识快速积累，是阅读能力培养的起步阶段；小学高年级和初中阶段的学生，阅读能力已经基本成型，对阅读有了初步的自主意识和兴趣，是阅读习惯养成、阅读兴趣培养的黄金阶段；高中阶段的学生阅读能力已经较为成熟，对阅读的内容、阅读的时间、阅读的方法都有了相对成熟的认识，这一阶段则是阅读理解能力深化、个性化培养的最佳时期。

第二，中小学生阅读需求和阅读能力培养的需求旺盛。中小学生正处于知识快速积累的阶段，无论是出于提高认知水平的需要，还是课程的要求，都需要学生进行丰富的阅读活动，以拓展知识，提高能力。因此，无论是教育机构还是学生自身，都有着旺盛的阅读需求。

第三，基础教育阶段学生课业负担重。就目前情况看，我国的中小学生面临着较大的升学压力，应试教育的情况仍旧存在，因此，"去功利化"阅读确实难以保证。这一方面导致了中小学生的阅读是围绕着学校教育开展的，同时，也造成了部分中小学生课外阅读时间无法保证。

3.大学教育

第一，高等教育的受教育者在阅读培养方面可塑性强。随着社会政治、经济、文化发展水平的不断提高，高等教育已经逐渐从精英教育走向大众教育。大学生年龄普遍处于 18 至 22 岁，生理和心理发展水平基本成型，但尚未成熟，因此他们也被称为"发展中的人"，其阅读能力和认知能力的可塑性相对较强。

第二，大学生的阅读行为受到功利性和实用性阅读的影响。由于大学生普遍面临就业和升学压力，导致其学习受到功利性和实用性影响，倾向于短平快的实用性阅读。不可否认，实用性阅读能够有针对性地为读者答疑解惑，但是大学应当是通识教育与专才教育相结合的阶段，综合全面的阅读尤为重要。如何选择适合大学生综合素养培养的阅读材料，如何养成其终身学习的习惯，需要专业化机构介入并进行科学引导，这也正是图书馆的职责所在。

第三，大学生的阅读呈现碎片化、快餐化和娱乐化特点。青年学生结束中等教育阶段，进入高等教育阶段，大多数学生在学校住宿开始集体生活。大学生活丰富多样，新媒体接触时间较之中学阶段明显增长。有研究显示，大学生的媒介接触时间增长、媒介接触形式多样，造成了他们的阅读呈现碎片化、快餐化和娱乐化的特点。

三、与图书馆阅读推广相关的教育资源

图书馆是阅读推广的核心力量之一，图书馆开展多元化阅读推广的实践，需要与阅读推广体系中的另一主体力量—教育机构充分合作，在整合优势的基础上，协同创新，有效地推进社会阅读。具体就资源占有而言，与图书馆阅读推广相关的教育资源包括以下几个方面。

1.教师资源

优秀的幼儿教师和中小学教师拥有丰富的阅读指导经验。在教育教学实践中培养学生阅读能力的同时，许多教师还积极参与社会阅读推广活动，因而是公共图书馆推进未成年人阅读的重要合作力量。

高校名师名家荟萃，是阅读推广活动中最具号召力与凝聚力的阅读推广人、公益讲座主讲人、阅读推广活动主持人的重要来源。因此，图书馆在阅读推广实践中广泛采用了联手高校师资的方式。

2.学生资源

学生资源即基础教育和高等教育各个阶段的受教育者。这些学生既是阅读推广的受众，同时还会以志愿服务等形式，成为阅读推广活动积极参与者。此外，作为群体性学生资源的校园学生社团，也是阅读推广活动的积极参加者和组织者。

3.家长资源

这里所说的家长资源，主要指未成年人的父母或陪护人。家长是孩子阅读的启蒙老师，家长的学识水平、营造家庭阅读氛围和引导阅读的能力等，对儿童阅读习惯的养成有着至关重要的影响。家长资源也常常被幼儿园和小学校作为辅助施教的重要人力资源，如幼儿园和小学低年级班开展的"家长讲绘本"活动，即调动家长资源辅助开展校园阅读推广的有益尝试。

4.学校图书馆资源

学校图书馆是学校的有机组成部分，是开展教育教学和教育科学研究必不可少的条件。学校图书馆本身也是全民阅读推广主体的有机组成部分，其中，"组织学生阅读活动，培养学生的阅读兴趣和阅读习惯"。是中小学图书馆的主要任务之一；而高校图书馆拥有广博专业的阅读资源、功能多元前沿的阅读空间、专业高效的阅读推广馆员队伍，以及丰富的阅读推广实践经验，与公共图书馆、科研院所图书馆共同成为我国图书馆事业的三大支柱。从这个角度看，学校图书馆必然是公共图书馆开展阅读推广重要的合作伙伴。

5.场地设施资源

学校，顾名思义是学习的场所，自然也是推广阅读的重要场所，教育机构的场地及设施本身也是图书馆阅读推广可开发利用的重要资源。

第二节 图书馆与教育资源合作的重要意义

1.与教育资源合作的重要性

教育是一种有目的、有意识地对人的身心施加影响，并促进人向社会所要求的方向发展的一种实践活动。其根本任务在于将自然人培养成满足一定社会需要的社会人。因此，教育作为一种培养人的社会活动，广义上就是指为了增进人们的知识和技能、影响人们的思想品德；狭义上则指学校教育中的树德立人、教书育人。从资源动员整合角度说，教育机构的名家名师、关注阅读热衷公益的学生、学校图书馆的阅读资源、学校的活动场地资源等等一系列丰厚的教育资源，都是阅读推广应该充分调动整合的优质资源，图书馆应在整合优势的基础上，协同创新有效地推进全民阅读。

阅读的本质是从书面语言和其他书面符号中获得意义的社会行为、实践活动和心理过程。从阅读的本质来看，阅读既是教育的手段，也是教育的目的，二者是高度融合的，这就构成了阅读推广工作和教育机构的天然联系。从公共图书馆角度说，培养阅读兴趣和支持正规教育是公共图书馆的重要使命之一。因此，公共图书馆应该积极主动与学校合作来践行使命，促进书香校园建设，支持学校教育。

2.与教育资源合作的必要性

十年树木，百年树人，同教育资源开展合作，既是依托教育资源开展好阅读推广所必需，更是协助教学机构引导培养好下一代所必要。近年来，我国针对少年儿童的阅读推广工作虽然有了长足进步，但是由于区域间的经济文化发展不平衡，各地的阅读环境发展水平也有差异。城市儿童与农村儿童的阅读环境差别非常大。公共图书馆是国家公共阅读服务体系的骨干力量,针对发展不平衡的现状,公共图书馆有责任整合资源,服务下移,让孩子们公平享受图书馆资源。此外,由于部分家庭对婴幼儿认知的误差,阅读起步较晚,错过了婴儿时期的认知成长黄金期。目前中小学仍无法摆脱应试教育的弊端,容易造成功利性阅读、阅读引导方法欠科学等问题,影响未成年人阅读兴趣和习惯养成、阅读综合水平的提高。加之青少年的媒介素养、知识获取能力都还不够完善,无法自行通过科学合理的媒介手段获取知识,完成阅读积累。这些都从客观上要求图书馆参与其中,运用专业优势,对学生及其老师、家长进行科学的引导,帮助其更有效地完成阅读活动,提高阅读素养,优化阅读感受。

3.图书馆在大教育环境下的学校教育中的地位和作用

大教育的趋势是整体化教育,其强调的是面向全体社会成员及其整个人生历程,注重学习的自主性和创造性,它无论是作为一种教育观念还是作为一种教育模式,渐渐被人们所关注和重视,成为一种主导教育改革和发展的基本走向。大教育的趋势和图书馆的社会作用决定了教育职能无论过去、现在或是将来都将是图书馆的基本社会职能之一,而且这一职能应该顺应大教育的趋势得以进一步强化。

随着教育教学改革的更加深入,图书馆的作用越来越显得重要和突出。新课程强调要形成积极主动的学习态度,并将学习的过程成为学生学会学习,并形成正确价值观的过程。学生在图书馆学习,以其自主性、多样性和可选择性,往往能激发其浓厚的阅读兴趣,学得主动和深入,并能有效地培养其阅读和获取知识的能力,培养个性品质,这对他们将来踏入社会后的自行探索活动有着十分深远的意义,对职业学校的学生尤为重要。图书馆成为大教育环境下的校园文化的中心。教师的备课和教学,学生的课外学习和知识的巩固,很多情况下都是以图书馆作为空间场所开展的。因而图书馆理所当然地成为学校中最重要的文化活动中心。置身于图书馆,读者都变成了一叶方舟,在知识的海洋了畅游;置身于图书馆,读者都变成了嗷嗷待哺的婴儿,贪婪地吸吮着人类伟大母亲的知识乳汁;置身于图书馆,读者都变成了参天大树,在肥沃的知识土壤里长得枝繁叶茂。

第三节 图书馆与教育资源合作的方法策略

一、与学前教育资源开展合作的方法策略

学前教育是阅读能力养成的重要起步阶段。学前儿童阅读推广最直接的主体一是家长,二是幼儿园和早教机构,这些主体也是图书馆开展阅读推广合作的重点所在。学校图书馆为儿童提供教育支持,而儿童图书馆为儿童提供自我学习和闲暇阅读的服务;保

健中心、看护中心、幼儿园，以及其他看护机构也是图书馆必要的和值得欢迎的合作伙伴，尤其是在为儿童、父母和专家开展的阅读推广活动中。

在具体的阅读推广的过程中，图书馆应针对学前儿童认知特点、公共阅读服务资源分布、合作机构特点等，有侧重地制定阅读推广合作策略，优化阅读推广效果。需要补充的是，由于早教机构在功能、方法上与幼儿园有相似之处，在本部分我们将主要聚焦与幼儿园的合作。此外，面向学龄前儿童和小学低年级儿童的阅读推广方式有相通之处，合作模式亦可互为借鉴。

（一）"走出去"合作模式

这里所说"走出去"的主体是图书馆，即图书馆主动与学前教育机构开展合作，把阅读服务送到孩子身边。

1.构建图书馆-幼教机构-家庭-社区合作路线图

学龄前儿童的主要活动场所，一是家庭，在这里，家长是阅读推广引导员，亲子阅读对学前儿童阅读启蒙有着非常重要的作用；二是幼儿园、托儿所等幼教机构，在这里，老师担任了阅读引导员的角色，陪伴、指导孩子阅读，对阅读能力培育有着至关重要的影响；三是社区，由于低幼儿童活动半径有限，社区教育资源诸如文化站甚至社区小广场等，都可以成为图书馆亲子阅读推广活动的重要场地资源。因此，公共图书馆实现"走出去"的学前儿童阅读推广，首先要构建图书馆-幼教机构-家庭-社区合作路线图，让阅读服务走向家庭、走向幼儿园、走向社区。

2.深入一线开展专业阅读推广辅导培训

家长和老师是对儿童身心发展具有重要影响的个人和群体，是儿童发展中的"重要他者"，他们在陪伴、引导儿童阅读中都扮演着重要角色。家长和老师阅读引导水平的高下、对阅读推广的认知水平高低，直接关系到学前儿童阅读兴趣、阅读习惯和阅读能力的培养，以及阅读质量和阅读效果的优劣。因此，图书馆要深入幼儿园和社区，着力做好针对学前教师和家长阅读引导技能的专门性培训，培训主要针对以下几个方面开展。

（1）宣传阅读推广的基本理念，以及针对学前儿童开展阅读启蒙的重要意义，使家长和教师明悉阅读意识培养的重要性和必要性。

在培训中，要结合幼儿的生理和心理特征，构建阅读推广工作和学前教育工作的关联性，让其充分认识到，阅读推广工作和幼儿教育工作是有机的、相辅相成的整体，唯有如此，才能够发挥其主动性，真正达到阅读引导员的角色作用。

（2）讲解阅读推广的基本技巧，包括培养学前儿童阅读兴趣、提升学前儿童阅读能力的具体技巧。

阅读推广技巧的培训包括但不限定于以下这些内容。

讲故事的技巧、为孩子朗读的技巧，例如，如何根据不同年龄段孩子的认知水平，帮助孩子亲近图书、朗读图书。

陪伴阅读的技巧，帮助孩子培养独立阅读的习惯和能力。

阅读榜样树立，如何在家中通过家长阅读，树立阅读榜样，营造良好学习氛围。

阅读空间打造，如何在家中打造专门的阅读空间，如书房、家庭图书馆等。

与孩子一起选择图书，家长如何帮孩子选择合适的书籍，如何引导孩子自主选择书籍，即"你选一本，我选一本"策略。

阅读成长记录，记录阅读日记或阅读清单，对孩子阅读形成鼓励。

阅读习惯培养，例如注意力培养、媒介素养培养等。

（3）针对学前儿童的具体年龄分级，采用宣讲加交流的模式，培训学前教师和家长阅读书目选取技巧。

3.阅读资源支持

大多幼儿园的阅读资源有限，正所谓"巧妇难为无米之炊"；而公共图书馆拥有丰富的适合各年龄段阅读的儿童读物，有经验丰富的专业馆员，这正是图书馆与幼儿园开展资源合作的重要前提。因此，图书馆与学前教育机构一种常见的传统合作方式，就是提供绘本等阅读资源支持幼儿园建设图书角、小小图书馆。这种方式更受农村边远地区阅读资源相对匮乏的幼儿园师生家长的欢迎。如广东梅州剑英图书馆与乡镇民办幼儿园合作，投放阅读资源建立班级图书角、阅读展示墙，支持乡村幼儿园开展绘本故事课和图书漂流等推广活动，同时为幼儿园老师和幼儿家长提供绘本推荐、课件制作和阅读技巧等方面的培训。

资源投放策略包括：（1）图书馆与幼儿园共同制定配送书目，以保证适用性；（2）实现"送书入园"，并根据书刊配送点实际状况，对老师进行书刊管理的简单培训；（3）投放宣传材料，帮助幼儿园营造良好的阅读氛围和阅读环境，进而借助教师的重要纽带作用，帮助学前儿童培养阅读习惯和阅读爱好。此外，还有一些大学附属幼儿园与所属大学图书馆以总分馆的形式进行资源整合。

4.图书馆教育宣讲走进幼儿园

在图书馆流动服务车走进幼儿园活动中，通过展示"图书馆的模样"，深化幼儿读者对图书馆的体验、认知和感受。

这些寓教于乐的角色扮演式推广活动，对于增进低龄儿童及家长对图书馆的了解，培养阅读意识和阅读兴趣，都是一种有效的引导方式。同时也激发孩子们对"图书馆的模样"的向往，培育了图书馆的潜在读者。

（二）"请进来"合作模式

"请进来"模式则指吸引学龄前儿童及老师、家长走进图书馆，引导其融入图书馆的全民阅读的大氛围中，进而实现阅读推广的目的。

1.吸引学前儿童了解图书馆

由于学前儿童处在特殊的年龄阶段，具有较强的模仿性和可塑性，观念和兴趣的养成比具体的阅读技巧的规训更为重要。因此，图书馆应充分发挥其"氛围"优势，引导孩子们走进图书馆，身临其境地感受图书馆丰富的藏书和浓浓的读书氛围，进而培养图书馆意识。例如，图书馆与幼儿园合作组织"图书馆之旅"类的活动，组织学前儿童参观图书馆，通过参观体验活动，向孩子们传播"我的图书馆"概念，在心灵深处留下一颗图书馆的种子。参观图书馆活动同样也适合小学低年级。但是，由于区域性限制，组织学前儿童集体参观图书馆只能解决一部分孩子的需求，尤其是各地区图书馆的差异，也会影响孩子们的体验感受，对此，还可以采取以下图书馆体验方式。

第一，图书馆利用新媒体技术手段，如拍摄宣传片、制作"图书馆3D游"、图书馆游戏等，进行线上图书馆意识教育。

第二，加大图书馆与幼儿园的合作沟通力度，例如请幼儿园老师给孩子布置作业，要求家长利用假期来一场"亲子图书馆之旅"，这样可以化整为零，通过学校教育和家庭教育相结合的方法，达到更为优化的效果。图书馆可以把"亲子之旅"打造成常规的专项推广活动。

2.邀请教师参与图书馆阅读推广

由于学前教师在幼儿教育中扮演着重要角色，对儿童的教育引导起着重要作用，加之学前儿童与图书馆之间并未建立直接的联系，因此，在阅读引导工作中充分发挥教师的作用是十分有必要的。幼教老师的话语更为生动、贴近儿童的认知心理，认知心理，如果能够充分发挥教师的中介作用，由他们搭建儿童和图书馆之间的纽带，可以达到更好的说服引导效果，也将更有利于儿童亲近图书馆，促成阅读兴趣的培养。图书馆应充分发挥平台优势，吸引学前教育老师加入儿童阅读推广人志愿服务队伍，走进图书馆进行领读、陪伴阅读、讲绘本故事等活动，深度参与图书馆阅读推广。

二、与中小学教育资源开展合作的方法策略

培养阅读兴趣和支持正规教育是公共图书馆的重要使命，这一使命担当更体现在面向中小学生的阅读服务中。为此，积极整合相关资源，主动寻求与中小学教育资源的合作，就成为深化公共图书馆少年儿童阅读推广的必然之举。图书馆和学校合作举办阅读推广活动具有双赢效应。对于图书馆来说，主要有两方面的益处：一是可以邀请到更多

的中小学生参与，发展更多的学生成为图书馆读者，并在整个学校进一步推广该活动；二是学校的图书馆员或教师可以根据实践或教学经验为公共图书馆举办活动提出合理建议，帮助公共图书馆的阅读推广活动落地。对于学校来说也有两方面的益处：一是通过图书馆和学校的合作，可以弥补学校因时间或预算限制而无法进行的一些活动；二是合作举办活动可以鼓励学生走进公共图书馆，为学生提供一个学校之外的环境，为学生和成年人提供一个以新的方式互动的机会，进而激发学生的课外阅读兴趣，通过丰富的阅读实践活动培养品质，得到全面发展。

结合中小学教育的特点和双方资源优势所在，图书馆与中小学教育资源开展合作的主要方式如下。

（一）文献资源支持型合作

文献资源支持型合作指公共图书馆为中小学提供阅读资源方面的支持，这是公共图书馆与中小学教育机构常见的合作方式之一，具体见下。

1.了解教育教学及学生课外阅读资源需求，结合中小学教育教学任务，有针对性地提供图书资料的支持。如联合教学骨干老师编制专题推荐书目，制定中小学生分层、分级专题资源，在学校图书馆设立专题书架等。

2.充分利用新媒体技术，向中小学师生推送电子书刊、多媒体数据库等数字资源，并依托学校图书馆开展数字资源检索与利用培训，引导学生正确运用数字资源补充课内外知识，丰富阅读内容。

3.在边远地区和贫困地区推进文献资源建设与服务项目，并建立资源共享，定期更新的机制，为这些区域的中小学提供长期的文献资源支持。

在推进文献资源支持型合作中，公共图书馆非常有必要与学校图书馆建立有效的沟通合作机制。中小学图书馆站在中小学生阅读服务一线，同时又是阅读资源支持型合作的具体落地承接部门。公共图书馆应与学校图书馆紧密合作，以此为桥梁，充分掌握第一手的阅读推广需求，使阅读资源支持更具针对性，以确保中小学的阅读品质。

（二）共同打造阅读推广品牌活动

开展全民阅读服务需要有系统化、体系化、可持续的品牌阅读推广活动。图书馆可以联合教育机构共同树立品牌，依托连贯性、主题鲜明的阅读推广活动，在中小学生中建立阅读推广品牌，拉近与中小学生读者的心理距离，让他们对阅读推广活动形成心理认同，进而将这份认同拓展到整个阅读活动中。

1.合作举办主题读书活动

联合中小学校共同举办主题读书活动是一种常见的合作方式，图书馆往往和学校通过自上而下的联动共同开展活动。例如，北京市东城区图书馆依托"红领巾读书活动"品牌与学校联合举办多种形式的读书活动，如"红领巾"讲故事、青少年科普剧比赛、"我的藏书票"设计大赛、"读书小状元"评比等，形式多样的活动提升了中小学生的参与热情，与书香校园建设形成良性互动。

2.合作打造图书馆意识教育品牌

培养公众的图书馆意识是图书馆的一项重要任务。为引导中小学生走进图书馆，养成充分利用图书馆的习惯，公共图书馆与中小学校形成合力，运用了校园宣传、到馆体验、讲座课程等多种教育推广形式，也形成了一批"走出去、请进来"的图书馆意识教育品牌项目。此类案例有很多。例如，唐山市丰南图书馆以馆镇合作、馆校合作的模式，组织了"小手拉大手，乡村小学生走进图书馆-亲子阅读游学实践活动"，内容包括组织乡村学校师生和学生家长参观图书馆、利用图书馆场地设施举办阅读成果汇报表演，馆员阅读推广讲座、亲子选书指导等。再如，嘉兴市图书馆的"图书馆第一课"项目，就是一项市图书馆及区、镇（街道）分馆与当地中小学、幼儿园联动，合作开展的阅读推广活动。

（三）整合教师资源，建设阅读推广志愿服务团队

1.推进馆员+教师的阅读推广人培养模式

中小学以及相关教育机构拥有优秀教师资源，这些老师有丰富的教学经验和阅读培训专业知识。图书馆可以通过搭建平台、整合资源，吸引优秀的中小学教师参与到少年儿童阅读推广活动中。

青少年阅读推广团队"树精灵使者团"

中国图书馆学会青少年阅读推广委员会与中山市教育局教研室、中山市中山、纪念图书馆共同组建了全国青少年阅读推广团队"树精灵使者团"，以"馆员+教师"的模式培养青少年阅读推广人。使者团首批成员由中山市教育局遴选推荐，由热爱阅读热心阅读推广工作的40名中小学优秀语文教师组成。中山纪念图书馆先后邀请梅子涵等青少年阅读推广领域知名专家为使者团成员集中授课培训，以进一步提高使者团自身的水平。

项目目的：培养青少年阅读推广人。研究适合不同年龄段、不同生理心理特征的青少年的阅读内容。探索行之有效的青少年阅读推广活动形式。挖掘并推广青少年阅读品牌活动，通过示范带动更多图书馆的阅读推广。

活动形式：班级读书会、故事会、图书情景剧、经典诵读、亲子阅读等。

运作模式：由合作主体提出项目，使者团老师按所报或指定项目实施，并提交案例，

组织者有所选择地组织观摩、开展评析。征集案例并结集出版。

2.依托名师资源开办阅读指导课程

教学经验丰富、教学成绩突出的名师名教在学生及家长中很有影响力。图书馆可利用自身场地平台优势，依托名师资源开设阅读辅导课程，以提升中小学生的阅读能力，优化其阅读感受。如上海市闵行区图书馆从激发学生阅读兴趣入手，设计了符合儿童各年龄层次的阅读指导课程，邀请闵行区教育学院语文教研员，学校课外阅读和学科带头人举办"与好书交朋友""经典赏析""科幻之旅""文史之旅"暑期儿童公益阅读指导培训班；图书馆还可以邀请名师名教和教育研究专家，围绕中小学教育教学内容，举办公益讲座，与中小学教育形成良性互动。

（四）支持中小学生课外成长

公共图书馆作为支持青少年课外成长的重要场所，在为青少年提供课余安全舒适的学习环境、增强学习能力，以及提升信息素养方面具有重要的作用。因此，公共图书馆应充分利用场地设施、馆藏和人力资源优势，积极为中小学生打造第二课堂，与在校教育形成有机联动，提升中小学生读者对图书馆、对课外阅读活动的认同。

1.探索课后托管服务的有效形式

中小学生放学后与家长下班前的看护断层现象，已经成为困扰万千家庭的社会问题。公共图书馆应切实履行社会教育职责，加强与学校的沟通，积极探索课后托管工作的有效形式，组织开展课后作业辅导、课外阅读、艺术活动、娱乐活动、科学学习等活动。

20 世纪初，美国开始在全国范围内推行服务于课后中小学生的"放学后计划"，公共图书馆是该项目的重要参与者。公共图书馆通过设置专门的服务项目，开展丰富多彩的活动，吸引青少年在课余时间使用图书馆；同时，注重利用各种社会资源补充图书馆的人力物力和财力，如招募青少年放学后服务志愿者，将这些志愿者安排到图书馆创客服务和作业辅导工作中。

2.支持学生自主开展课外活动

除课堂教育和必要的学习活动外，中小学生还有丰富的与图书馆相关的自主活动需求，例如在图书馆自习、组织兴趣小组活动、开展志愿服务等。图书馆还可以联合中小学教师引导学生利用双休日、寒暑假走进图书馆，自主开展课外活动。近年来，越来越多的学生社团开始主动走进图书馆，组织"一起动手做科学小实验""社团读书会"等活动。图书馆可充分发挥场地、资源等天然优势，根据学生年龄层次、兴趣爱好特点，以图书馆浓厚的阅读氛围引导学生利用好图书馆资源，最终实现学生主动参与图书馆阅读活动的目标。此外，中小学生群体也是公共图书馆志愿服务活动的积极参与者，各图书馆也都努力为中小学生搭建志愿服务平台，让中小学生在参与图书馆志愿服务的同时，进一步融入图书馆的书香氛围，与图书馆终身相伴。

三、与高校教育资源开展合作的方法策略

基于阅读推广发展形势所需及高校资源优势所在，图书馆主要采用了联合高校师资模式、整合学生资源模式，多元主体模式来推广阅读。

（一）联合高校师资模式

高校汇集了各学科领域的众多名师名家，既具有学术权威性，也能产生广泛的社会影响力，有的甚至具有极受读者追捧的明星效应，是绝佳的阅读推广代言人；同时，高校也拥有强大的思政教师团队，能够有效地组织发动学生开展各类素质拓展活动。因此，无论是公共图书馆还是高校图书馆在阅读推广实践中均广泛采用了联手高校师资的方式。从图书馆携手高校师资的实践来看，主要采用了四种方式来发挥高校教师的学术影响力及组织影响力。

1.名师讲座

邀请高校名家名师来为公众讲座，是图书馆联合高校开展服务的最常用的方式。这类讲座往往既具有学术内涵，又适应读者兴趣，所以能取得良好的社会反响。邀请名家名师到馆讲座能产生多方面的积极意义：其一，可以充分发挥名家名师的名人效应、号召力与影响力，调动民众参与阅读活动的积极性；其二，可以有效地提升阅读活动的内涵、品位与深度；其三，使象牙塔式的学术研究走进民众生活，带领读者提高站位、提升阅读和学术素养。随着信息传播技术的发展，名师主讲图书馆阅读讲座的方式会进一步更新，将不拘泥于图书馆和学校的场地空间，以移动讲坛、云讲坛、智能讲坛等方便公众收

2.名师开列推荐书目

古往今来的推荐书目多由名师大家拟定，对于人们的读书治学产生着重要而深刻的影响。图书馆邀请名师为公众开列推荐书目，通常包括名师荐书及系列导读活动的环节。

3.名师担当阅读推广人

高校汇集了各学科领域的众多名师名家，基于名师的影响力，邀请名师为阅读推广代言，就成为高校图书馆常用的阅读推广方式。邀请名师担当阅读推广人，既是强化名师的阅读推广意识，同时也是利用名师效应，推动学生阅读意识的增长，进而提升整体的校园阅读氛围。名师担当阅读推广人模式往往包括名师荐书、名师谈阅读、读书讲座、领读、沙龙等活动。

4.携手思政老师的阅读推广模式

高校有强大的思政教师团队，在学生中具有较强的组织影响力。结合国家重视本科教育、人才培养的形势，在立德树人的基调下，与思政老师携手，借助他们对学生的组织力与策动力开展阅读推广工作，既助力学校人才培养，也是推广阅读卓有成效的方式，同时也将成为极具发展前景的高校师资整合路径。

（二）整合学生资源模式

大学生是社会最富思想活力的群体。图书馆引入大学生力量来推广阅读，一方面能支持图书馆阅读推广工作，促进图书馆与学校的合作交融；另一方面，能有效地培养大学生的阅读意识、创新意识、组织力和领导力、责任感与奉献精神，推动其认识社会，加强与社会的融合。图书馆引入大学生资源开展阅读推广活动的方式主要有三大类型。

1.建立大学生图书馆志愿服务工作机制

建立大学生图书馆志愿服务工作机制，推广大学生志愿服务项目，吸引大学生群体支持图书馆阅读推广工作，这种模式在高校图书馆和公共图书馆广为采用。例如上海市闵行区图书馆和厦门市图书馆的大学生阅读推广志愿服务都很有特色，相关内容请参见第六讲。

2.建设图书馆督导的学生阅读推广社团或阅读推广计划

公共图书馆平台吸引学生社团举办活动。这是公共图书馆与学生社团合作的常见形式。社团学生通过参加活动与省图亲密接触，成为省图书馆"冀图讲坛"的忠实志愿者。

整合学生资源开展阅读推广活动优化了人力资源配置，拉近了图书馆与读者的距离，尤其对于学生读者群更有亲和力。在这种模式中，学生是阅读推广活动的参与者、组织者、主持人等多重角色，成为阅读推广的生力军。

（三）图书馆与多元主体合作模式

图书馆与多元阅读推广主体的合作，主要有三种方式。

1.公共馆+高校馆+X 模式

该模式合作主体为公共图书馆、高校图书馆和其他相关机构。合作面向特定社会群体开放，以合作项目的形式举行阅读推广活动。在资源共建共享的集约化趋势下，多元主体合作型模式既能提升阅读推广活动的规模化和联动效应，更能够优化多方资源，扩大活动的受众面，增强活动的影响力和辐射力。

国内也有不少这方面的成功案例。例如，上海商学院图书馆与上海市徐汇区图书馆、多阅公益、街道社区合作"友书共读"阅读推广项目，将图书馆员、大学生志愿者、社区负责人、社区老幼读者等汇集于一起，开展"一封家书"亲子活动、"我们是小诗人活动""都绘演"活动、品味书香活动、我是小画家活动、诗歌城堡活动等，创建出高校图书馆、公共图书馆、街道社区、社会公益组织协作的"校社"文化服务模式，反响不俗。

另外，高校图书馆依托所在区域的公共图书馆开展社会阅读服务也是较常见的一种合作方式。高校图书馆与公共馆合作开放或开展阅读推广活动，体现出在资源共建共享、人力资源优势整合、宣传推广的多元联动等方面的优势，既开拓了阅读推广的服务边界，也扩大了合作层面，有效地推动着文化融合。

2.图书馆联合体驱动模式

因行业或工作发展需要，图书馆界创建有图书馆联盟等各类联合型组织。图书馆联合型组织发起的阅读推广项目能够有效地整合资源优势，驱动包括公共图书馆与高校图书馆在内的成员馆协作创新，在统一的指导思想及顶层设计下，既面向校园，也面向公众，各具特色地开展百花齐放的阅读推广活动。高校资源的融合，既提升着整体阅读活动的内涵品质，也推动学术阅读、专业阅读与大众阅读的交融，激发民众对于更高精神文化的追求。

3.高校图书馆+社会力量模式

当前高校图书馆与校内机构合作推动阅读已经非常普遍，与校外多元力量合作也越来越广泛。高校图书馆+社会力量的阅读推广模式，主要指高校图书馆在阅读推广工作中，通过灵活的合作方式，引入社会支持力量，以达成推广成效。基于这种方式，图书馆可以获得优质社会资源多方面的支持，活动运作空间得以拓展，活动趣味性与影响力也得以增强。

北京大学图书馆与校外机构合作开展讲座、游戏设计等活动。例如，与腾讯文化协作开展"当代艺术、感觉主义-艺术与哲学的跨界对话"讲座、与 IEEE 中国学生分会合作举行叶永烈先生讲座《十万个为什么》背后的故事。该馆与 IEEE 中国学生分会联合设计"密室逃生"游戏，需要游戏者通过寻找和发现线索或提示，层层解密，最终完成任务。该游戏结合图书馆空间和馆藏，通过临场感官效果来提升活动的吸引力和宣传效果，极具新颖性和创意性。

第九章 公共图书馆阅读推广活动与形式

对于一个国家而言，国民的文化素质以及文化背景会直接影响国家在世界上的竞争力以及软实力。国民文化素质以及文化背景越高，国家在世界上的核心竞争力就越强。新形势下，公共图书馆要充分利用阅读推广这一有力抓手，创新阅读推广形式以及内容，推动我国文化强国战略的实施，彰显公共图书馆的文化服务职能。因此，有必要从理论层面就公共图书馆阅读推广活动展开探讨，探讨公共图书馆阅读推广活动的策略。

第一节 阅读推广项目概述

一、阅读推广项目的类型划分

阅读推广项目的标准不同，分类也不同：

从目标群体的角度，主要可以分为：儿童阅读推广项目；青少年阅读推广项目；成年人阅读推广项目；老年人阅读推广项目；农民工阅读推广项目；盲人阅读推广项目等。

从项目举办情况的角度，主要包括了以下两类：

第一，常规阅读推广项目，主要是针对图书馆长期开展的阅读推广项目而言。阅读习惯的养成需要一定的时间和持续性，常规阅读推广项目也是必不可少的，需要长期坚持，而这一项目的间隔时间，可以由图书馆的实际情况决定，一周、一个月、一年都可以，但是要具有规律性。图书馆的常规阅读项目包括儿童的故事时间、书目推荐活动等。

第二，主题阅读推广项目。不同于常规阅读推广项目，主题阅读推广项目是为了达到阅读推广影响力的扩大而进行的。一般在节假日或者阅读活动周开展的项目，都属于这一类型，还包括专题性质的活动，如天津市和平区图书馆曾开展读书漫画大赛，是通过结合读书和漫画进行阅读主题漫画作品的征集、评选和展览的一种阅读活动。

二、阅读推广项目策划的读者群定位

对读者群进行定位是阅读推广项目策划的首要工作。国外阅读推广项目的共同点在于，具有明确的目标群体。例如，小学高年级和初中低年级学生是英超俱乐部"阅读之星"主要受众；寄养家庭儿童是"信箱俱乐部"的主要服务对象。又如，挪威还对16~19岁高中生开展阅读推广项目活动，参加人数达6万多人次，这一项目通过向高中生进行

文学书籍和教师指南的免费发放，让高中生能够理解教师是怎样将教学和该书本联系起来的。此外，挪威针对运动员还进行运动和阅读等专业的阅读推广项目的开展，在各个比赛场地和运动俱乐部开展图书阅读活动，加强运动员阅读习惯的养成。确定读者群是每个阅读推广项目的前提条件，若是没有明确的读者群，会限制项目的实施效果。不论阅读推广项目大小，都需要明确读者群。

三、阅读推广项目策划的主要内容

（一）读者群的选择与分析

1.读者类型的细分与选择

分析读者需求是图书馆的首要任务，应对读者需求的优先顺序进行排列，并从图书馆的实际情况出发，进行阅读推广项目的确定。由于很多图书馆的工作人员有限，人力不足，还应该基于本馆的服务人群和工作重点情况等，对重点读者进行确定。

儿童和老年人是公共图书馆的重点服务对象，学生是高校图书馆的重点读者，并在这一基础上进行不同兴趣和不同年龄的划分。对此，可以针对 0~1 岁、1~3 岁、3~5 岁、6~9 岁等年龄段的儿童读者和兴趣、爱好进行划分：如喜欢汽车绘本的、喜欢动物小说的、喜欢科普内容等。可以将老年人读者划分为两类：一是高知老年读者；二是普通老年读者或者爱好烹饪的老年读者、爱好音乐的老年读者等。相对来说，高校的读者群体较为简单，即为大学生。

对读者群体进行定位后，当前的阅读推广工作重点需要依据图书馆的工作规划进行，从而对读者群进行选择，可从两个层面进行：

首先，图书馆应该根据资源特征和限制进行相应的读者阅读推广服务。

其次，选择合理的阅读推广时间，如大一新生入学、新学期开始等，可以促进大一新生的适应性为主题进行阅读推广；或者是入园时期，针对小朋友的分离焦虑情况等进行有关绘本阅读推广，让小朋友更快适应幼儿园的生活和学习。

2.分析读者群特点的方法

为阅读推广确定准确的读者群后，应该详细地分析和研究此类读者群的特征，以此对阅读推广的主题和方式予以确认。例如，英国的一个阅读推广项目将读者群锁定为不爱阅读的男孩子，分析这类男孩子的特征发现，他们对足球比较热衷，所以，可以将阅读结合足球话题进行主题的确定，将有关于足球方面的书籍推荐给这类儿童读者群，将足球礼品，如签字笔、徽章等作为奖励，发放给认真阅读的男孩子。若是将 3~5 岁的儿童确定为阅读群，图书馆应该针对该年龄段儿童的心理特征予以了解和分析。若是高校图书馆针对大一新生开展一次阅读推广活动，应该先把握好大一新生面临的最大问题一因大学阶段的学习和高中阶段的差异性而出现较大的不适应性。需要特别引起注意的是，图书馆无论针对哪个读者群体开展阅读推广活动，都需要先对读者群体的特殊性和特征进行分析，可以从以下方面对读者群体的特点进行了解和分析：

第一，文献法。图书馆馆员为了更好地对某个读者群体的特征信息和知识进行了解，可以通过专著、论文及相关教材等途径获得，如关注儿童发展心理学方面的论文和著作，有利于对3~5岁儿童的心理特点进行了解；若是针对老年人开展阅读推广，可以适当地阅读有关于老年心理学的资料，这样做，可有效把握特定读者群的整体特点等。

第二，调查法。文献法并不能确保对所有读者群特点进行了解，因此，有必要结合其他的了解方法。例如，问卷调查法是一种普遍采用的方法，有利于较为准确地对读者的特点进行把握，还能掌握读者的有关特点信息，甚至可以了解馆里老年人的兴趣。当然，这种方法只能针对到馆读者，为了更好地对未到图书馆的读者特点进行了解，需要采取其他方法进行相应调查。

第三，流通数据分析法。读者使用图书馆资源的情况，可以通过流通数据获悉。为了更好地把握读者的兴趣和特点等信息，可以通过分析流通数据获得。例如，对流通数据进行分析后，可以对本馆的大一学生、大二学生或者文科生、理科生比较喜欢阅读哪一类型书籍进行了解，可以获得具有相同阅读兴趣的人群，有利于阅读分享活动的策划。

（二）确定阅读推广目标

经过以，上两步工作，应该对阅读推广项目的目标进行确定。该阶段应该遵循可评估性和可明确性两个原则，包括两个主要的阅读推广目标：首先，是为了让读者的阅读兴趣得到提高；其次，是为了让读者的阅读能力得到提高。比如，英国为提高成年人读写能力的阅读推广项目，其目标是：针对读写能力不佳的成年人，督促其在3个月时间内进行6本书的阅读，该目标非常明确，且具有可评估性。

（三）确定阅读推广方式

1.常规性阅读推广方式

第一，馆藏推荐。阅读推广的一个基本方式是书目推荐，某个领域的图书和期刊比较优秀，于读者来说是不清楚的，因此，图书馆进行相应的推荐工作十分有必要。图书馆应该基于馆藏进行推荐，但是并非限于馆藏资源。此外，推荐的可以是图书书目，也可以是电影、游戏或者是杂志等。通常情况下，图书馆包括以下馆藏推荐：

借阅排行：图书馆最为普及的一种方式，包括按月、按季度和按年度的借阅排行榜，也可以分为文学类、经济类等按类别进行的借阅排行。

新书推荐：图书馆还经常采用新书推荐的阅读推广方法，即先进行新书暑假设置，然后开展定期巡展，或者通过网络进行推荐等。特别需要引起重视的是，应选择性地进行新书推荐，否则推荐不具备适用性。

编制主题书目：图书馆出于需求进行某一主题资源的宣传活动称为编制主题书目。这一书目不但包括图书，还有数字馆藏和报纸等资源。

馆员推荐：图书馆馆员对馆藏资源的了解较为全面和系统，因此，馆员推荐是基于这一条件进行的一种方式，不但充分利用馆员的资源优势，也有利于其工作热情的激发。目标用户群的特点是馆员推荐的前提和基础，而馆员推荐的主要作用是为了激发读者对书本的兴趣，而非展示馆员文采。因此，目标用户的特点和需求才是重点。

读者推荐：读者是图书馆不可或缺的资源，对读者资源的有效组织也是图书馆的一项重要工作，应该在阅读推广中充分利用这一资源。读者推荐的形式非常丰富，如苏州独墅湖图书馆，将图书推荐圣诞树放置在阅览室，供读者进行书目推荐和理由的阐述。需要特别注意的是，应该基于读者群体的特点选择合适的推荐方法，如针对儿童进行推荐，可以考虑采用卡通形象的推荐卡，吸引儿童的注意力，让他们填写，并不需要写推荐语才能进行书目推荐，还可以使用绘画、Flash 及视频等方式进行推荐。

推荐后续活动的设计和开展：吸引读者阅读是所有馆藏推荐的最终目标，因此，推荐书目的陈列并非唯一工作，后续推动也必不可少。列出书目只是工作的一个组成部分，还需要一定的激励措施，促进读者阅读。当然，需要根据面向的读者群特征，进行激励措施的制定。

第二，常规读书活动。阅读推广既可以采取馆藏推荐的方式，也可以进行丰富多彩的读书活动。需要引起注意的是，任何一种方式的阅读推广都是为了让人们养成良好的阅读习惯，并将之常态化，所以，也应该作为图书馆的一项常规工作而非偶然的、临时的。因为阅读习惯的养成是长期的、持续的过程。

公共图书馆面向的服务群体较为多样化，阅读推广的主要人群包括儿童、青少年及老年人等，学生是高校图书馆的重点服务人群。由于读者群体的不同，所采用的推广方式也有所不同。此处不再详细地分群体进行阐述，以下只将比较常规化的读书活动予以呈列，以供参考和借鉴。

"故事时间"这一阅读推广活动的主要负责人可以是儿童图书馆的馆员和聘请的志愿者。国外有细致的儿童读者群体划分，主要包括 0~1 岁、2-3 岁、4~5 岁等年龄段。无论是公共图书馆总馆还是分馆，都会进行一星期一次的故事时间，根据年龄阶段进行。图书馆馆员通过夸张的表情和语气进行故事讲解，进行相关的活动延伸，如画画、手工等，促进儿童对"故事时间"活动的兴趣。当然，国内图书馆对故事时间也比较重视，但唯一不足的是，对儿童年龄的划分不够细致，且很少有 3 岁以下儿童的故事时图书馆需要根据本馆实际情况，开展"故事时间"活动。目前，大部分的图书馆对故事时间比较重视，但是受人力资源不足的限制，需要考虑吸纳更多的志愿服务者参与。例如，江苏吴江图书馆吸引了很多台湾志愿者，给少年儿童定期开展"故事时间"，且效果非常显著。

读书交流活动一图书馆不但要指导和提供资源给个体阅读者，还要建设读者交流平台。读书交流的形式也比较丰富，既可以共读一本书，也可以进行月底类刊物的编制和读书会等活动的开展。任何一种读书交流形式一旦形成，应该长期坚持。例如，陕西理工大学图书馆开展"同读一本书"的活动；河北科技大学图书馆成立"好书月月谈"等项目，有利于促进大学生之间的交流和沟通。

2.专题性阅读推广项目

图书馆每年或者每两年进行一次阅读推广活动，可以称之为专题性阅读推广项目，主要由以下方面组成：

第一，图书馆推出各类读书竞赛和挑战，可以采取视频制作比赛、书评比赛的方式进行阅读推广。例如，美国洛杉矶公共图书馆针对青少年开展四联漫画比赛、书签设计大赛等活动；中国汕头大学进行"读书的那些事"征文比赛活动，让读者阅读后进行简短的读书感想和体会撰写。这种活动非常具有特色，吸引很多阅读者参与。除了开展比赛形式的阅读推广活动，还可以通过读者达到预期阅读目标后给予奖励的形式进行，比如，可以将金牌发给阅读完六本书的读者。

第二，主题性质的活动。例如，北欧公共图书馆开展动漫之夜、音乐之夜、幻想之夜，以及侦探之夜等各种主题阅读活动。其中，侦探之夜还会将现场布置成案发现场，然后邀请侦探小说家和读者进行互动。

第三，大型宣传活动。图书馆既可以开展常规性的读书活动，也可以在重大节日或者世界读书日进行具有特色的阅读推广活动，如国庆节、"六一"儿童节等，邀请政府领导和人员参与，增加活动的仪式感。

第二节 公共图书馆阅读推广的活动设计

一、公共图书馆阅读推广的讲座设计

（一）开设图书馆讲座的意义

城市中的公共图书馆对于整个城市来说必不可少，承载着一个城市的文化与传承，是一个公益性的文化建设项目。在信息飞速发展的今天，图书馆讲座存在一定开放性，可以和公众进行互动，存在一定的权威性，满足公众需求，备受公众喜爱。

1.图书馆讲座一公共图书馆的服务品牌

在国际上，图书馆讲座也是非常普遍的，属于一种公众文化服务。例如，大英图书馆所举行的一系列研讨会非常受欢迎。国内图书馆讲座蓬勃开展盛况，公共图书馆界逐步达成共识一举办讲座有利于提升图书馆的社会美誉度，提高图书馆的读者利用率，丰富城市文化生活，塑造城市的公共文化品牌。

2.图书馆讲座一阅读推广活动的载体

各地开展的读书月、上海"书香中国"书展、深圳"图书馆之城"荣获"全球全民阅读典范城市"等遍布全国的阅读推广活动，形成以图书馆为核心的城市阅读文化体验中心，各类公益讲座是重要载体。

3.图书馆讲座一重要的宣传窗口

综合性公共图书馆举办讲座的优势在于：丰富的内容策划与图书馆的藏书资源相对应；听众的参与程度与读者到馆数量正相关；讲座师资的有效聚集与公共图书馆的公益形象互相作用；讲座品牌的迅速成长与公共图书馆的场所价值息息相关。在这样的交互作用下，图书馆讲座成为各大图书馆展示馆藏、组织活动、提高图书馆社会影响力的重要窗口。

鉴于公共图书馆公益服务的核心价值内涵，图书馆讲座应该具有三层特性：公益性-文化品牌的立命之本；传播性-讲座品牌的发展壮大之器；感召性-讲座品牌的精神归属之根。此外，讲座品牌还需要具备四大要素：必须符合社会需要，讲座要贴近实际、贴近生活、贴近群众；必须具有一定的知名度，要拥有一定范围内的公众知晓度；必须不断创新，自始至终保持讲座的新鲜感，才是保持品牌活力的秘诀；必须树立自身公益形象，不以营利为目的，强调知识传播与服务读者。

（二）图书馆讲座品牌设计

在商品经济中，理念是引导和规范企业和企业员工的强大思想武器，是企业向社会发出的宣言和承诺，反映企业存在的价值，是引导消费者和社会公众的一面鲜艳旗帜。当下的理念早已不局限于企业、商品和消费者的简单循环，而是扩展到事业、品牌和社会发展的各个领域。

1.讲座名称的设计

讲座名称是品牌形成的首要元素，是提供品牌基本的核心要素，反映讲座的基本定位与目标，给读者、听众以先入为主的印象与评价，只要提到讲座名称，就能使人们联想到其品牌特点与定位。因此，讲座命名一般遵循以下原则：

第一，突显地域名称，易懂好记，标识性强。重庆图书馆的"重图讲座"、上海图书馆的"上图讲座"、黑龙江省图书馆的"龙江讲座",都直接以地名命名,让人一目了然,好记、易懂。

第二,突显文化内涵,意义深远。很多城市都有悠久的历史与灿烂的文化,运用该城市文化特色或历史人文典故命名,可使讲座名称象征着文化内涵,让人回味无穷。国家图书馆"文津讲坛",即借用古代藏书楼"文津阁"的名称,象征神圣的文化殿堂、丰富的馆藏资源、五千年文化和古老文明,贴切而又响亮。

2.讲座的核心理念

与讲座名称相对应的是对核心理念的归纳和提炼。核心理念的提炼除了要求准确、富有个性、表达简洁,还应符合图书馆的实际情况、城市文化个性和业务优势。提炼出认同感强、具有感召力的文字表述,是讲座品牌的价值追求,也是事业精神的高度概括。例如,上海图书馆的"上图讲座",在数十年发展中形成"积淀文化,致力于卓越的知识服务;世界级城市图书馆;精致服务、至诚合作、引领学习、激扬智慧"的发展目标、愿景和核心价值观。

3.讲座品牌的视觉设计

视觉设计对一个公共品牌来说必不可少。关于讲座标志,其设计通常需要把讲座的特点、品质及价值理念等要素,以符号的形式传递给听众,创造听众的认知,激发听众的联想,使听众产生对讲座的偏好,进而影响讲座所体现的质量与听众的忠诚度。

讲座标志一般应具有简明易认、内涵深远、视觉新颖等特点,以达到艺术与文化的完美结合。例如,上海图书馆讲座标识,由变形英文字母"SLL"与汉字"上图讲座"组成。"上图讲座"英文表述为"Shanghai Library Leeture",因此,本标识以英文字母"SLL"为设计主体:右面的"L"以发散的光波形状象征讲座的知识传播功能,左边的"L"则呈现球形,象征传播范围遍及全国乃至全球,充分体现"上图讲座"将辐射全国,甚至全球的雄心伟略;两个"L"又象征逗号,喻示"上图讲座"品牌的发展脚步永不止歇;标识右下方又标有"SLL",其中"L"呈现话筒状,体现讲座形式的特性;标识以蓝色为主色调,充分体现"上图讲座"的知识性。

(三)图书馆讲坛座定位设计

讲座的定位设计首先需要调查公众需求及看法,再将整体讲座的内容及形式告知受众,同时定位讲座的品质和讲座过程中的问题,让讲座在开展时更加符合受众需要,举办效果更显著。

讲座定位设计可从以下角度着手:

第一,以受众对象为定位方向。讲座整体来说,所指向的对象是公众,在举行活动时，目标受众的情况及需求非常重要，在一定程度上决定讲座的整体品质标准。品牌效应可以对受众产生指引，反过来又影响讲座实施过程中质量标准的制定与贯彻。

通过对图书馆讲座受众的长期观察可见，图书馆讲座的受众主要是公益性服务群体，按照年龄划分，可分为退休老人、在校学生、在职白领等社会群体；按照教育程度划分，可分为高级知识分子、学历偏低但爱学习的人、莘莘学子等；按照社会阶层划分，可分为以行政管理为主的干部学习群体、以开阔视野和积累知识为主的职场新人群体，以及以休养生息、提升素养为主的"有闲阶层"。不同的群体对讲座内容和服务需求具有鲜明的个性选择，在做讲座定位设计时应兼顾不同群体的不同需求。

第二，以城市文化为定位标杆。文化是城市的灵魂和精神，是一个城市的内在气质，包括城市的精神面貌、文明程度、传统风情等。不同的城市具有不同的城市文化个性。结合所在馆和所在地方的文化特点，充分挖掘本土文化资源、当地文化特色举办讲座，使讲座成为城市的文化名片，也是一种行之有效的讲座定位方式。

例如，国家图书馆"文津讲坛"和上海图书馆的"上图讲座"，前者是以北京一这座历史名城的丰厚积淀作为讲座内容资源，定位于传统文化和经典传承，讲座坚持思想性、学术性、知识性，突出雅俗共赏、普及与精深兼得的特点。上海是一个追求兼收并蓄、与时俱进的城市，虽然传统文化不及北京、杭州等古城深厚，但其鲜明的海派特色和浓厚的都市气息，是其他城市难以企及的。上海讲座以"海派文化"和"都市文化"为专题，力求充分显现其都市性，把东方大都市海纳百川、各方杂处的文化精神充分展现。

（四）图书馆讲座的内容设计

讲座成功与否，虽然与很多客观因素相关，但最核心和最根本的因素还是讲座的内容策划，也称为内容设计。内容设计是建立在充分了解听众需求、积极调动社会资源、努力发挥团队协作能力基础上，是讲座品牌建设过程中的关键环节，体现图书馆讲座的能力与实力。

做好图书馆讲座的内容设计，一般有以下方面：

1.专题活动设计

随着科技的发展、时代的进步、生活水平的提高，市民对讲座内容提出了更高要求，希望图书馆能提供更丰富、更全面、覆盖面更广的知识讲座，因而，图书馆讲座在内容上需要不断创新。这样的文化需求随着各个图书馆举办讲座的经验积累，已经逐渐得到满足。

针对不同层次和不同群体的文化需求，不同领域、不同主题的讲座内容纷纷登场一时政热点、文化艺术、社会法律、科学教育、经济金融、健康生活，与工作、生活、爱好相关的各领域专题都有涉及。

2.节庆活动设计

除专题式的讲座内容外，公共图书馆另一个重要的职能是丰富市民的闲暇文化生活。事实上，很多图书馆的讲座都是以假日命名，因其讲座定位、讲座内容不同，可谓千姿百态。例如，浙江图书馆的"假日讲座"、福建省图书馆的"东南周末讲坛"、厦门图书馆的"周末知识讲座"、山西省图书馆的"周末讲坛"等。除了休息日，元旦、春节、"4.23"世界读书日、"六一"国际儿童节、国庆节等重要节庆日的相关讲座设计也是重要组成部分。

以下通过援引上海图书馆的相关案例，揭示节庆活动设计的三个原则：

（1）应时应景：中国百姓对传统节日，如春节、元旦、中秋、端午等延续至今的节庆具有深厚情结。节庆休假日的图书馆讲座活动在向市民提供文化学习和休闲选择之外，又具有聚集人气、传承文化的意味。所以，节庆讲座的设计更需要体现节日元素。例如，上海图书馆的"中国优雅"专题，分成"人间烟火-春节民俗与美食""幸毋相忘-新年话旧饰""澄怀观道-文人香事"，涉及民俗、美食、香道、收藏等各个领域，既有寻常百姓的人间烟火，又有文人雅士的古风清玩，力求多角度展现中国人传统生活方式的智慧与优雅。

（2）曲高和"众"：与传统节日不同，一些节日具有主题性，比如"三八"国际妇女节或者"世界健康日"。作为阅读推广最前沿的图书馆讲座，近年来，每逢"4.23"世界读书日来临，总是会举办相关专题的活动。这里要兼顾好图书馆的引领作用和大众的接受程度，也就是说，"曲高"也必须"和众"。

（3）把握导向：讲座不仅是文化品牌，更是重要的舆论宣传窗口。其重要职责还包括追踪热点、辨别是非，是文化宣传的重要阵地。因此，每逢与国家利益相关的节日（如国庆节），图书馆应策划能够凝聚民族情感、抒发爱国情怀、坚持正确导向的讲座活动，以烘托节日气氛。

3.高端会员沙龙设计

在满足社会大众文化需求、高举公益性大旗开展公共文化服务的基础上，越来越多的城市出现更高听讲需求的社会群体。他们对讲座的内容和嘉宾有更高要求，希望内容更前卫、嘉宾更权威、形式更时尚、服务更到位，并愿意为此支付一定费用，以享受更加私人化的听讲服务。

4.定制类设计

图书馆讲座的日常组织和运行一旦常态化，品牌影响力也会随之上升。这个阶段会出现多种可能，如合作性、个性化的办讲模式，这种有既定的听讲对象、明确讲题指向，甚至有具体的讲座类型要求和增值服务要求，都属于定制类讲座设计。

（五）图书馆讲座的效果设计

图书馆讲座是落户在图书馆主体建筑内，有固定空间和服务规模。尤其是当下体验经济大行其道，公益设施日趋现代化，人们对公共服务带来的现场感和参与感要求更高。

1.场景设计

随着公共图书馆界一轮建设热潮的兴起，各地新建馆舍的硬件、软件条件今非昔比。就讲座而言，场地要求以方便、实用、适当为主要原则。一般根据听众人数、对现场效果的预期进行合理安排。就国内举办讲座较为成功的公共图书馆来说，能够设置200~400个座位的场所较为适宜。场地大小、座位多少、座位摆放、背景呈现、灯光控制和氛围营造，均对讲座效果产生直接影响。

根据演讲主题和演讲人的具体情况，场景布置设计需要注意以下要素：

第一，背景呈现，也就是主题会标，一般需要体现讲座冠名、讲座主题、演讲人信息、主办单位名称等。不同内容的讲座配合不同内涵的美术设计，令听众进入讲座场所就能立即感知讲座的主题内容，以及主办者图传达的信息。

第二，讲台设计。如果是一个人主讲，可选择配备立式讲坛或者传统型课桌；如果是两个人以上同场主讲（往往会有主持人串场），则需要按照讲课内容的侧重，安排主次座位。同时，内容的差异性也决定场地的个性化布置。例如，"民国故事"系列讲座，现场应准备红木座椅和茶几，一入会场就会融入讲座氛围，悬疑故事讲座，应在台中放置单人高脚凳，配合以暗场追光，呈现悬疑的感觉。

第三，氛围设计。在围绕讲座内容主题设计会标和布置场景的同时，某些确定的设计元素还适用于同场讲座的其他物品和网络宣传，比如台卡、话筒上的标识（L0GO）、场内摆放的宣传海报、免费派发的讲课提纲或刊物等。同时，不要忽视细节作用，细节常常可以在讲座结束后延长听讲感受，是品牌宣传的重要手段。

2.音效设计

当代讲座离不开科技手段的辅助，如灯光、投影仪、音响、视频等。图书馆的现代化设计使得这些设备的运用成为可能。例如，杭州图书馆有专门的影音厅，配备一流的音响设备，听众可在影音厅内试听维也纳新年音乐会。

会议音响设备一般有线麦和无线麦两种。前者抗干扰性好，保密性强，但移动不方便；后者移动方便，但抗干扰性相对较差。讲座中常采用的有桌面台式麦克风和手持麦克风。落地式麦克风与微型麦克风一般在朗诵会和舞台效果较强的讲座中使用。麦克风的高度最好不要超过主讲人的肩膀，尤其是落地式麦克风，否则，极易从正面遮挡演讲人的脸部。为了给讲座现场的听众创造良好的听觉环境，一般可以从以下方面着手：

第一，主讲嘉宾的声响控制。音箱的位置安放合理，不造成视觉侵占，又能够保证声响传达效果理想。音量控制得当，保持适中，力求使会场内呈现出最佳音响效果。

第二，环境音响的控制。尽可能地屏蔽讲坛现场的杂音，避免各种喧闹声。

第三，调节性音响控制。讲座开场时播放与讲座主题和气氛相和谐的背景音乐，帮助读者进场后迅速调适情绪，达到安静听讲的状态。

3.灯光设计

当代讲座对于灯光的作用已经具有鲜明的潮流意识。然而，目前国内大部分图书馆讲座做不出专业剧场的灯光效果，下面仅对普及型讲座的灯光设计进行分析。会场内灯光一般要求有足够的亮度，尤其是照射在会标、主席台中心区域及其桌面上的灯光既要有均匀度、柔和感，又要有必要的光亮度。听众席区域还应以便于大家现场做笔记的柔和光为主。特别需要注意的是，光线不可直射现场人员的眼睛。会场外，比如门口、通道等处，宜采用明亮灯光，以方便听众入场通行、保障安全为原则。

（六）图书馆讲座的主持人

讲座的主持人是讲座效果设计中最重要，也是最具魅力的一部分。这些年，图书馆讲座的兴起带动了一个新的职业岗位，那就是讲座活动的策划与主持。讲座主持人是联结主讲嘉宾和听众的桥梁和纽带。图书馆讲座主持人集策划者、组织者、主持者于一身，从讲座的选题到联系主讲嘉宾，讲座内容和时间地点的确定，乃至讲座信息的发布、宣传均需要主持人的精心安排。

讲座主持人是讲座进程的动力和向导，成功的主持人必须掌握因势利导与处理难题（化解尴尬、控制情感、传递信息）的技巧。可见，主持人优秀与否和讲座能否成功有直接的关系，因此，对于主持人的素质、形象、礼仪和风格设计也是讲座效果设计中的重点。

1.主持人的岗位职责

与主讲人顺畅、友好地沟通—主持人应事先与主讲人就讲座事宜进行充分沟通，如确认讲座时间、讲座题目、讲座内容，主讲人简介，主办或合办、承办单位等相关信息，了解主讲人的演讲习惯，是否使用 PPT 等多媒体资料。有很多讲座是需要主持人全程参与讲座内容的，那就需要主持人成为讲座嘉宾的朋友，充分沟通，寻找话题，设计流程。

掌控现场流程—图书馆讲座一般的流程为：开启讲座、介绍嘉宾、简述讲座内容、主讲嘉宾演讲，以及后半部分的现场提问、总结讲座、下场预告等。在整场讲座过程，主持人必须自始至终严格监控，根据现场的情况随时做出反应。

呈现完美的讲座效果—主讲人在讲座的最后阶段，一般会与听众进行互动交流，在这一环节，主持人需要善于把握节奏。主持人在聆听主讲人与听众交流的同时，需要思考话语的衔接、贯穿，以及如何结束或切断主讲人与听众的题外话。在交流过程中，主持人可以根据现场情况将自己的立场在主讲人和听众之间进行切换，既能以主讲人的立场讲话，又能以听众的立场提问，巧妙协调好两者之间的关系。这样才能在控制全场节奏的同时，将现场气氛推向高潮，深化讲坛主题。

2.主持人的礼仪要求

中华民族素以"礼仪之邦"著称于世，图书馆讲座是一个传承文化的高雅场所，主持人应首先成为文化的象征、礼仪的典范。在前期的沟通和协调工作中，主持人必须言语得当、态度恭敬、有礼有节、进退有度。活动当天，主持人应该提前到达与主讲人约定好的地点（讲座场地门口或图书馆大厅门口）等待迎接。在讲座开始前，应与主讲人就讲座细节再次落实和沟通，将讲座流程安排及时间控制告知主讲人会有助于其更好地准备和发挥。讲座开始之前，主持人先行上台提示大家将手机调至振动并保持安静；待听众注意力集中后，便可开始主持讲座。讲座的开场白至关重要，必须措辞简洁，引出主题，主持人应以自己良好的语言能力让听众迅速融入情境。在讲座结束时，主持人应用高度概括性的话语将讲座主题和收获提炼出来，对整场讲座进行一个提纲挈领式的总结，并表达主办方对主讲人和听众的感谢。讲座结束后，主讲人如愿意为听众签名或合影留念，主持人需要维持好讲座周边的秩序。在主讲人要离开时，提醒其勿遗忘随身物品并致谢送别。

3.主持人的形象设计

讲座主持人出现在听众面前时，所代表的不仅是个人形象，更是图书馆的形象。一位合格的主持人总是能够精神饱满、仪态端庄、谈吐得体、举止文雅，令听众产生一种亲切舒服的首因效应和魅力效应。因此，在服饰妆容方面，具备恰如其分的风格定位就显得尤为重要。当讲座内容比较严肃，主持人应选择端庄、得体的西服、职业套装，给人以冷静沉着、落落大方的感觉；如果是关于都市生活的讲座，听众以年轻人和时尚白领为主，主持人最好在着装上选择偏亮色调的服饰，融入一些当下流行的时尚元素；春节期间的活动主持，主持人可穿着文化意味鲜明的传统服饰；"三八"国际妇女节的庆典活动，女性主持人甚至可以盛装出场，身着旗袍和礼服，突显隆重和典雅。总之，服装的选择可以根据不同讲座内容变化风格，但前提是大方、得体。

4.主持人的语言设计

发音标准、吐字清晰、语言流畅是对讲座主持人语言表达的最基本要求。主持人的语言表达可透露很多信息，朴实无华且悦耳动听的语言具有无比的亲和力，不仅可以充分反映主持人的学识与涵养，且能有效带动嘉宾与听众亲密无间的交流，为话题的进一步深入推波助澜。主持人一般在讲座开始之前都会备稿，这是必要的准备。可实际上，现场的情况千变万化，仅局限手中一稿机械化地进行，往往难以融入现场气氛，更难以捕捉精彩瞬间。因此，主持人的语言表达能力，更体现在临场发挥上。当然，若要具备优秀的语言表达能力，学习、培训是必不可少的。

5.主持人的控场能力

从讲座开始到结束，主持人是除了主讲人之外唯一掌控现场的角色，对控场能力的要求非常高。讲座活动中，特别是一些对话式讲座，可能因为一个优秀主持人的介入，就有了自己的灵魂。在一个话题应该结束时，主持人自然地承上启下，开始下个阶段的谈话；在主讲人一时语塞的时候，主持人给予提示、铺垫，能避免冷场；当主讲人滔滔不绝，甚至出现不当语言或已偏离主题的时候，主持人需及时巧妙地予以制止、引导；当主讲人和听众间产生过激对话时，主持人能够适宜地调节气氛。

另外，成功的现场讲座主持人应该具有大方、得体的形象，丰富的学识修养，优秀的语言表达能力，出众的掌控能力、逻辑分析能力与灵活应变能力。他能够充分调动主讲人的演讲激情，加强谈话深度，激发听众的思辨火花。应该说，主持人在为整场讲座活跃气氛、穿针引线、深化主题等方面，起着举足轻重又无可替代的作用。

（七）图书馆讲座的衍生服务设计

图书馆讲座通过数年如一日的积累，在讲座本身之外还将会产生一大批与讲座相关的衍生产品，比如讲师资源库、讲座文字稿、讲座课件、视频音频资料、讲座刊物、讲座出版物等，这些产品丰富了讲座服务的内涵，延长了业务价值链，使得讲座品牌的多元化发展成为可能。对于衍生服务，同样需要用策划和设计的眼光来合理布局。这些服务功能的完善和优化是图书馆系统建设讲座品牌的必要条件。

1.讲座产品的形象设计

讲座的视觉设计还体现在整个讲座举办流程中需要对外展示的各个环节。前期，包括讲座的宣传海报、宣传单、网上公告等环节，在形象上不仅要凸显讲座的品牌品位，而且要注意体现讲座内容的特有元素，尤其是一些大型的专题系列讲座，更需要在精心的画面设计之外突出主办元素，即本专题系列或本次讲座的主办单位名称、标识、排序等。在实施阶段，要在会标、舞台设计、招贴、现场布置和氛围营造上融入设计感，其原则是要与讲座标识统一协调，在文字、色彩、构图上充分体现讲座的整体风格，具有较强的视觉识别功能。在讲座后期，一般认为讲座主体工作已经完成，其实不然，讲座的音频、视频及其形成的光盘载体、讲座的课件和文稿、讲座的报道归集、跟讲座有关的印刷品和书刊的出版，甚至是与讲座有关的纪念品设计，都需要沿用以上的设计原则，形成讲座的整体感和品牌设计感。

2.讲座门户网站的功能设计

在互联网时代，尤其是在移动客户端发展日新月异的当下，图书馆讲座的人气迅速积聚，与讲座自媒体的建设互相融合，大力拓展了讲座的服务功能。借助互联网的优势，图书馆讲座可以实现跨越式发展。公共图书馆的网站建设早已经全面铺开，其中，讲座活动的更新和推广是重要，也是最出彩的部分。网站建设内容涉及众多层面，在此仅对网站功能设计进行分析。一个实用的讲座门户网站必须具有以下功能：

第一，预告讲座内容。预告讲座内容包括全年或全月的预告，以及单场讲座的时间、地点、主讲人介绍等详细信息。

第二，提供预订通道。在网站上可实时注册，无须复杂认证即可实现对某场讲座的预订。

第三，推送重要活动。对于大型或系列活动，需要特别宣传的专题性活动，网站有责任专门推送。

第四，提供讲座音频或视频资源。提供讲座音频或视频资源是网站建设的重中之重，对资源的组织和有效使用起到关键作用。

第五，增加讲座的附加值。如讲座刊物的数字版，通过讲座活动的现场报道、图片，展示讲座资源的积累、讲座活动的社会影响等。

第六，提供兄弟图书馆共享资源。对于同业而言，网站提供的信息是同行之间借鉴学习的重要来源，更是馆际合作的重要窗口。

3.衍生产品的规划设计

在全国公共图书馆界，讲座举办较为成熟的图书馆都创办了专业的讲座刊物，如太仓图书馆自行编印的馆刊《尔雅》被中国图书馆学会阅读推广委员会指定为"书香园地"期刊之一；上海图书馆的《上图讲座》专刊创办多年，不仅为上海市民提供精神食粮，也给全国图书馆同行提供同业参考和例证。这些人文导读刊物传播文化，拉近图书馆与读者之间的距离，成为图书馆的文化名片。

刊物之外，讲座的衍生产品中，课件、文稿、音频、视频都是进行二次传播的极佳手段，规划设计产品的使用情况，是提升品牌影响力的重要内容。

第一，结集出版丛书。对讲座讲稿的收集整理和结集出版，已成为同行之间的共同做法。最具知名度的莫过于国家图书馆"文津讲座"系列丛书。"文津讲座"是国家图书馆主办的公益性学术文化系列讲座，属于国家性质讲座，且为著名品牌。"文津讲座"

的主旨是为百姓服务，其中的文化资源非常丰富，符合我国传统文化教育，每次讲座都会有很多学者进行演讲。当然，"文津讲座"不是只有在现场才可以看到、听到，每场讲座都会有相应的工作人员进行录制，且会完整保存，编辑整理，最后在图书馆珍藏，供公众阅读使用。还有一部分讲座，比如"全国文化信息资源共享工程"，公众可以随时免费通过网络观看。此外，"文津讲坛"的很多精选内容会单独进行编辑和整理，对应的书籍是"文津演讲录"，可以满足很多公众需求。

第二，音频、视频资源的再开发。讲座的现场录音、录像已经非常普及。对于摄录下来的音频或视频文件除妥善保管、存档之外，利用这些文件进行再次传播，能够收到意想不到的效果。例如，"上图讲座"与电台的品牌节目《市民与社会》合作，该节目因为多次邀请政界或商界名人而被市民广泛关注。节目以现场采访为主，但是周末档期的编排常常遇到困难。"上图讲座"以公益性讲座录音弥补了节目空白；经过电台专业编辑制作的录音文件具有传播性，这些文件再次成为图书馆制作宣传品的内容支撑。视频文件也是如此，不应忽略讲座数字化成果的长期积累，是品牌资源中最有潜力，也最有价值的一部分。

第三，讲座文稿的媒体共享。作为公共资源，各大公共媒体与图书馆之间长期存在互相需要、友好合作的关系。媒体的参与放大了图书馆的社会效应，图书馆的资源又为媒体提供了可持续发展的支撑，尤其是内容精彩、主讲人知名度高的讲座，媒体常常趋之若鹜。

抓住需求，公共图书馆应适时打造相应品牌，不仅可以通过媒体放大活动效应，还能够打开长期合作、凸显品牌价值的通道。比如，在媒体上开设专栏，定期刊登讲座文稿，或提供现场录制的音频、视频文件，在宣传氛围和细节上做足文章，在公众视野内尽可能展示图书馆讲座的文化符号和个性元素，让更多的人知晓讲座、熟悉讲座。

二、公共图书馆阅读推广的读书会设计

1.读书会及其特征

显而易见，"读"指代阅读的行为方式；"书"指阅读时的对象，但读书并不是只读纸张方面的书籍，其中的"会"则指代团体的汇聚。从字面意义上进行分析可以看出，读书会是对所阅读的事物进行相互交流、学习的一个汇聚团体。

在我国，自古便有以文会友的活动，这项传统活动是早期文人团体读书会的代表之一，比如竹林七贤、建安七子及竟陵八友，等等。对于西方国家来说，启蒙运动发展以后，西方国家的受教育程度逐渐增加，公众受教育规模增大，因此，出版物的数量也随之增加，后期读书会的发展也非常迅速，并在教育中发挥重要作用。如德国图书会。启蒙运动后期，德国读书会迅速发展，和当时的启蒙社、教育联合会等发挥作用一致，属于一种批判功能性的公共教育。

近年来，我国出现很多类似于读书会形式的团体，这种类型的阅读团体有其核心特征，主要四个方面：

第一，民间性。因为是民间自发形成的，活动及组织形式并没有政府干预。

第二，核心是对阅读内容进行交流与分享，是阅读人员之间的互动。比如，北京"阅读邻居"读书会在进行阅读时，会事先发布对应的书目，活动时可以针对此类书目发表个人看法，相互交流心得，促进阅读生活的发展。

第三，小团体形式。读书会着重互动和分享，对活动方式和场地等均有限制，规模相对较小。若团体规模过大，在进行活动时分享效果相对较差。

第四，相互受益。阅读共享及相互交流，可以促进思想发展，使成员受益。

在我国，在对读书会进行分析时，不仅可以将其理解为一种民间阅读团体，也属于一个民间的阅读推广团体，可以促进全民阅读。目前，我国很多读书会已不再局限于图书会内部成员的阅读，更多的是对阅读的推广与分享，其中还有很多关于推广阅读的实际活动，如列举相应的书目针对特定群体进行推广；对应的公益性活动也非常多，如江苏淮安组织的"目耕缘读书会"是其中的一个典范。"目耕缘读书会"秉持的原则是"让身边更多的人拿起书籍，携手读书，让同行之人更多、更具知识与责任"，后期还组织了很多公益活动，比如目耕缘讲读堂，淮安好文章、寻找淮安读书人等，这些活动的展开，有效促进全民阅读的开展，增强公众的阅读兴趣。

简单来说，读书会是以阅读为交流的一个团体，属于民间组织。当然，除了民间组织的说法，还有另一方面的理解，即图书馆举行的一种阅读活动，将图书馆看作阅读活动的举办方，但是在一定程度上限制了图书馆对于阅读推广的全面性。所以，在深入了解图书馆时，不仅应从活动举办方向解读读书会，还需要从团体方向进行理解，尤其是民间的阅读团体方向，对于图书馆十分重要。

2.图书馆界关注读书会的依据

第一，作为阅读交流平台的图书馆，应该发展读书会。图书馆长期以来主要满足个体读者的阅读需求，为个体读者提供阅读读物、阅读空间、阅读设备，但是阅读不仅是个人化的事情，也是一项社会化行为。为此，图书馆应该为大众的阅读交流提供场所、氛围和平台，通过编制阅读刊物、读者评论等方式，提供阅读交流，同时应该大力发展读书会这一交流平台。

第二，读书会发展需要图书馆的推动和支持。读书会要达到良好且长久发展，离不开图书馆的支持，美国读书会发展、壮大的一个重要因素是政府和图书馆的支持。当然，我国读书会的发展也非常迅速,目前已是我国公众阅读的主体。读书会的发展也存在问题,比如发展空间较小、相对低迷、没有专业团队支撑等。图书馆作为政府与民间读书会交流的一个途径,可以逐渐从资源提供方向转变为整合指导方向,实现读书会的良性发展,促进内部结构升级。若要更好地将资源进行整合,图书馆需要发挥作用,加大对图书会的支持与引导。

3.读书会发展中图书馆的角色定位

图书馆在其中承担了三个角色:

第一,组织者。图书馆不仅传递资源,还是一个组织资源的平台。图书馆需要把各方资源,尤其是读者资源有效地组织起来,推动更多的读书会成立。

第二,服务者。图书馆的用户,除了个体用户,还有团体用户。读书会是团体用户的一种类型,图书馆应该将读书会作为服务对象,为其提供所需资源和帮助。

第三,管理者。图书馆不应只局限于作为读书会的举办者和资源提供者,更应该做好管理者的角色。这里所说的管理,并不是指个体读书会的管理,而是图书馆应该对本馆服务区域内的所有读书会群体的整体管理。图书馆对读书会群体的管理和其他部门不同,其他部门,如民政部门、文化主管及宣传部门关注资质、思想动向等方面,图书馆对读书会的管理主要从业务角度进行,包括读书会信息的管理和评优激励等方面。

4.图书馆运作读书会的阶段

图书馆运作读书会和一般读书会的运作区别较小。下面结合读书会的运作进行分析。

(1)筹备读书会

读书会的类型,按照不同标准有不同分类,从图书馆的角度来讲,主要考虑两种分类方法:按人群分类,可将读书会分为儿童读书会(亲子阅读)、青年读书会、女性读书会、学生读书会、教师读书会、老年读书会等;按主题分类,可分为文学阅读(可进一步细分,如鲁迅文学作品读书会等)、心理励志、经济管理、社科人文、艺术、童书等。

图书馆在设计读书会类型时,可考虑从流通的数据方面,分析读者的阅读兴趣和爱好。图书馆创办读书具有天然优势,是图书馆对读者阅读兴趣的了解。读书会是一群具有类似阅读兴趣的人进行交流的团体,而图书馆通过流通记录,可以了解到哪些读者具有相同的阅读兴趣和爱好,这是读书会成立的基础。图书馆可以在流通记录分析基础上,提出本馆读书会的整体构架,然后寻找合适的读书会带领人,组织相应的读书会。

关于读书会名称,角度不同,名称亦有差异。有的读书会以参与对象命名,比如上海女树空间读书会,以女性为主,倡导女性自觉和性别平等;有的以地点命名,比如深圳后院读书会,主要源于其最初活动在一个饭店的后院而得名;有的以聚会时间命名,比如周末读书会；有的以宗旨命名，比如上海萤火虫读书会，该读书会认为成员像萤火虫一样，是一个会飞的读书会-"萤火虫是渺小的，发出的光是微弱的，然而，夜空中聚集在一起的萤火虫发出的却是耀眼的光芒。"图书馆读书会的命名，也可以结合图书馆的特色，比如浙江图书馆读书会命名为文澜读书会，取自浙江省图书馆馆藏的文澜阁版《四库全书》。确定读书会宗旨。只有确定读书会的宗旨，才能确定读书会的形式和风格。

拟定读书会章程。读书会成立后，可以由会长带领全体会员订立章程，使会员对读书会的宗旨、特色、成立背景、组织形态、会务发展等有比较充分的了解，并能遵守规范，顺利推动会务。章程内容一般有八个方面：会名。包括全名与简称，并简要说明会名的由来与意义；宗旨。确立读书会的宗旨；入会方式。读书会参与者资格限制及入会方式；权利，说明入会会员享有的权利，比如是否享有借书优待等；义务。对读书会会员应遵守的章程、规范及任何经会议通过的决议加以说明；组织。对读书会的组织形态、干部产生方式、任期、各项工作分配及会务运作方式加以说明；聚会方式。对聚集的时间、活动方式，基本流程等加以说明；规范。读书会的各项规范应由全体会员共同讨论后确定，并约定共同遵守。

确定读书会组织结构。不管哪种规模的读书会，都应该有相应的组织结构进行管理。读书会的组织形态视规模大小而定。小型读书会的组织结构可以相对简单，设会长和副会长。会长主要负责整体设计、带领读书会、对外联系等；副会长主要负责会员联络、准备相关材料等。规模比较大的读书会，其结构相对复杂，如果人员较多需要进行分组，否则不能保证讨论效果，因此，除了会长、副会长之外，还需要设置各小组组长。

（2）读书会主要活动

读书会可以一至两周举办一次，也可以一个月举办一次，每次活动约两个小时，活动形式主要包括各种阅读交流活动及拓展活动。读书会的类型、宗旨不同，其活动也有区别，比如以成员互益为主的小型读书会，其活动以精读和讨论为主，而公益型的读书会，则会开展大型讲座等。读书会活动可以分为四类：

精读分享：阅读分享是读书会的核心内容，可由读书会成员共同选定书单，会下完成阅读，会上进行交流和讨论，一般有一个引领人引领讨论。引领人可以固定，也可由成员轮流担任。

好书分享和推荐：与精读分享的区别在于，好书分享并不是全体会员共同读一本书，而是可以组织好书分享活动，不设主讲人，参与者轮流介绍自己的书籍，但是会影响讨论效果，很多读书会采用的是好书推荐的方式，每个会员可以在读书会的交流平台上分享个人的阅读心得和体会。

其他拓展活动：除了阅读活动，读书会还可以结合读书会主题、成员构成等情况，设计其他拓展活动。例如，黄河青年读书会在理论推演之后，开展社会调查和实践工作，为政府建言献策。除此之外，诸如户外郊游、参观访问等均属于拓展活动内容。

编制刊物、信息发布和分享：读书会的各项活动需要呈现，呈现的方式有很多种，被广泛采纳的方式是编制读书会阅读刊物。刊物一般包括会员的读书心得和体会，读书会活动的介绍和总结、书目推荐等。随着网络和多媒体发展，读书会的展示平台也日益多元化，很多读书会在豆瓣、微博、微信上进行信息发布和分享。

5.图书馆培育读书会的策略

（1）资源支持

图书馆在读书会发展中可以提供资源支持，包括资料和场地两个方面。资料支持：面向读书会的馆藏资源建设。读书会在进行阅读讨论时的一个首要问题是读物。面向读书会的馆藏资源和面向个人的馆藏资源，在提供上应有所不同，读书会需要的副本量比较多。图书馆可以考虑为读书会提供阅读资料，一般由读书会进行申请，图书馆主要考虑该读书会需要的资源是否符合图书馆的馆藏发展规划。提供讨论及相关资料。图书馆主要提供读书会所需图书资源。在读书会发展较好的图书馆，会以比较成熟的"读书会资源包"的形式向读书会提供。在建立相应馆藏之后，图书馆还需要制定相关的借阅政策等进行管理。

场地支持：图书馆本身承担着社区交流的职能，应该为读书会定期开展的主题讨论活动提供场地。当前，我国民间读书会多有场地缺乏之困，在解决问题上，倾向于与咖啡馆或书店合作，图书馆更应该主动为读书会提供服务，特别是场地的支持。也有图书馆和民间读书会建立良好的合作关系，比如苏州独墅湖图书馆实行引进策略，以图书馆咖啡厅为大本营，积极引进各类读书会在此举办活动；天津泰达图书馆将滨海读心书友会引入图书馆，该读书会的很多活动在图书馆举行。

（2）提供读书会运营方面的辅导和培训

提供读书会手册、指南等指导资料：很多读者可能有成立、运营读书会的想法，但是并不了解如何运作一个读书会，图书馆应该为这些读者提供相关指导资料。例如，英国、美国的很多公共图书馆在网站上为读者提供读书会手册、指南之类的信息，内容包括如何确立读书会的宗旨、如何制定读书会的章程、如何确定活动周期、如何选择读物、如何确定规模等问题。这些指导资料可操作性很强。

培训读书会带领人：读书会活动开展的效果，在很大程度上取决于带领人的能力。条件成熟的图书馆应该对读书会带领人进行培训，包括带领讨论的能力和技巧、交流合作能力、数字推广能力等。

（3）读书会的管理

收集、整合读书会信息：收集信息。图书馆应该整合读书会的信息。图书馆本身承担着社区信息中心的职责，应该全面了解本社区内读书会的具体情况，并向读者推荐相应的读书会。对此，需要图书馆对读书会的信息进行整合并做好相关咨询服务工作。图书馆需要掌握本地区每个读书会的信息，包括读书会的规模、读书会面向的群体、读书会的活动周期、读书会的重点阅读读物等。传递信息。收集完相关信息之后，需要将信息进行整合并提供给读者，从而让读者了解身边读书会的主题、活动周期，从而选择感兴趣的读书会。展示读书会活动。除了整合读书会基本信息，图书馆还可以展示读书会的阅读交流情况。读书会的阅读讨论成果，经图书馆整合后，会以展览、网站推荐等形式展示出来。

促进读书会之间的交流：读书会之间需要进行交流，图书馆需要为读书会的交流提供机会，使各个读书会之间相互学习，取长补短，形成合力，更好地促进读书会发展。图书馆可以采用座谈会、小型研讨会的形式，召集读书会的主要负责人，协商图书馆的发展；一些地方由政府文化管理部门牵头，有的图书馆已经认识到图书馆应该成为培育读书会发展的载体，开始探索和发展读书会，促进读书会之间的交流。在这方面，深圳图书馆已经开始尝试。

评优激励：图书馆应该制定奖励制度，对本地区（社区）内的读书会进行评选并奖励，激励读书会更好地发展。图书馆可以定期举办读书会评比活动；对活动丰富多样、阅读效果显著的读书会，图书馆可以公开表扬，也可以在资源提供、资金支持等方面给予实际奖励。

第三节　公共图书馆阅读推广的不同形式

一、图书馆家庭阅读推广

（一）图书馆家庭阅读推广的意义体现

1.有助于建设和谐家庭

重视家庭教育和启蒙教育是中华民族传统文化的一个重要组成部分。自古以来，良好的家风和家庭建设，能够有效促进家庭成员道德规范的形成，对社会和谐发展也会产生重要作用。图书馆具备社会教育功能，为了更好地对家庭阅读形成引导作用，有必要加强家庭阅读推广工作，为家庭建设贡献一份力量。

从微观层面来说，加强个人培养，促进家庭建设的提升，是图书馆进行家庭阅读推广最常用的手段。针对家庭成员进行家庭阅读推广，要落实到家庭这个集体上。

从宏观层面来说，家庭是组成社会的细胞，家庭的和谐对社会的和谐将产生积极作用。图书馆进行家庭阅读推广活动，有利于全民阅读的落实，并会为全民阅读习惯的养成创造良好的社会条件。

其一，利用家庭阅读推广活动，能够有效提高家庭成员的整体素质，也是家庭建设的基本前提和基础。只有创造良好的家庭阅读氛围，才能让家庭成员多读书、读好书，才能提高家庭成员的整体素质。

其二，家庭阅读推广活动的开展，能够促进家庭教育环境的形成。通过家庭阅读推广，高度融合学校教育和家庭教育，为中国传统美德的宣扬和传承创造良好环境。

2.有助于推进建设书香社会

整体而言，在家庭阅读环境建设和家庭藏书建设过程中，图书馆开展的家庭阅读推广活动，既产生了积极的推动作用，也有效地引导家庭阅读的积极开展，为家庭成员之间的亲情沟通提供有利条件。通过家庭阅读推广，对家庭成员使用图书馆阅读资源具有积极的促进作用，有利于阅读活动的丰富化，也有利于家庭形成良好的阅读习惯和阅读氛围，为青少年的健康成长和远大理想的树立产生积极作用。所以，家庭阅读推广活动的开展是倡导全民阅读的一个重要举措，并为书香社会建设创造有利条件。

图书馆承担着服务社会和文明传承的双重任务，以书香社会建设为依据，促进家庭阅读推广工作的开展，促进图书馆在家庭阅读推广活动中的场所和阵地功能的发挥。

3.有助于增强公众图书馆意识

首先，图书馆举办的家庭阅读推广活动，可有效促进公众对图书馆社会价值和行业使命的认识，也对社会大众的通识教育产生积极作用。

其次，图书馆的家庭阅读推广活动有利于对青少年养成良好的阅读习惯，并让家长能够正确认识到在亲子阅读和成才教育中，图书馆所产生的积极作用。

从某种意义上来说，家庭阅读离不开公众图书馆意识的形成，也就是说，图书馆通过家庭阅读推广，有利于全民阅读氛围的形成，并让公众能够正确认识图书馆和阅读，以促进公众图书馆意识的形成和提升，两者之间的关系是相互促进、密不可分。

（二）图书馆家庭阅读推广活动的策划

策划是人们采用系统的分析方法和科学思维方法，分析策划对象的环境因素，并根据调查、分析和创意，重新组合和配置资源，以促进行动方案的落实，从而达到某种预期目标的过程。商业是策略的起源。以营销学的角度来说，策划的意义在于让市场占有率得到有效提高。如果活动策划方案具有创新想法且切实可行，将有利于企业知名度和品牌美誉度的提升。

图书馆策划家庭阅读推广活动，需要对活动主题进行创意，并以此进行活动目标和活动方案的制定，也是家庭阅读推广的准备工作，能够指导各个环节顺利进行。

1.组织策划团队

策划具有科学性和创造性特征。现代策划是综合多个学科知识和团体智慧的一种活动。在这个过程中，不论是个人创意还是团队创意，都应发挥重要作用。随着图书馆家庭阅读推广活动的展开，活动内容应更加丰富多彩，并具有多种多样的推广形式。为此，搭建一个高效的、可靠的策划团队是图书馆的重要工作，如此，才能有效促进家庭阅读推广活动的高效组织和实施。

图书馆家庭阅读推广策划团队在实际工作中应承担以下任务：一是对家庭阅读推广活动项目的管理和统筹，主要包括对读者需求进行分析、对整体策划创意进行组织、对活动调研进行安排等；二是对视觉识别系统的策划设计进行指导和组织工作；三是对家庭阅读推广活动的具体实施方案进行制订、完善和组织；四是推广和塑造相应品牌，加强品牌战略的制定和实施；五是对媒体宣传方案进行审定和设计，对媒体活动进行策划和组织，落实品牌宣传和活动宣传工作；六是分工合作，对主体责任予以明确，加强日常工作的监督、联络及协调等。

图书馆阅读推广活动应朝着多样化、品牌化、经常化和规模化方向发展，使得推广活动策划面临新的挑战。近年来，城市公共图书馆对于全民阅读推广给予高度重视，紧跟时代要求，进行思维转变，设立如业务辅导部、社会工作部或者读者活动部等专门的阅读推广部门。但是，由于资源和环境等硬性条件的影响，全民阅读推广和家庭阅读推广还有较大的发展空间，对此，应加大力度健全阅读推广制度，比如，阅读推广机构的建设及进行相应的阅读推广培训工作，提升阅读推广品牌意识，打造强有力的阅读推广策划团队。图书馆应充分发挥自有的服务优势和资源优势，并结合社会力量和专业部门的作用，为家庭阅读推广进行切实可行的策划活动。要充分发挥阅读推广部门的组织保障作用，才能更加高效地打造一个家庭阅读推广活动策划团队，有利于家庭阅读推广活动的组织和实施。

家庭阅读推广活动是公共图书馆阅读推广活动的一个重要组成，策划团队的组织和构建是图书馆阅读推广部门的责任。若是家庭阅读推广活动涉及范围较广，会产生较大影响力时，应该加强和其他部门的通力合作及获得其他部门的支持，还可以结合社会力量，促进活动顺利开展。例如，南京图书馆在开馆活动策划中进行了社会工作部的成立，并组织展览、讲座等活动。暑假开展的家庭阅读推广活动，充分结合少儿馆和社会工作部的力量，进行"书香童年"俱乐部等系列活动的策划和实施。在必要的情况下，图书馆还应该结合其他部门人员或者社会力量，使活动层次和影响力都得到提高。例如，"南京市少先队队长畅游南京图书馆"的专场活动,是在团市委、市少工委及馆团委的通力合作下开展的,但图书馆依然是本次策划的主体力量。

此外,图书馆领导还从历史文献部、信息部、物管部、后勤部及读者服务部等部门调动骨干力量,促进活动策划和活动的顺利实施。

2.创意活动主题确定

项目主题和名称、经费、目标人群定位、预计耗时、前期宣传、所需图书馆资源、预期参加人数、场地安排、所需设备等,都是一个活动项目策划必备因素,这些因素具有稳定性。由此可知,项目主题作为要素之一,对整个活动的顺利进行起到不可或缺的作用。

阅读推广部门和少儿服务部门作为图书馆家庭阅读推广活动策划的主要部门,应该对活动的主题创意予以确定。主题既可以是独立存在的,也可以是年度性的,或者是阶段性的子主题。

"小荷读书会"是西安图书馆策划的一个读书活动,主要受众是0~12岁和12~18岁的读者群体。这一名字源于宋朝诗人杨万里的著名诗句一"小荷才露尖尖角,早有蜻蜓立上头"。含苞待放的荷花称为小荷,和青少年儿童的特征有较大的相似。读书会具有新颖的阅读推广活动主题,如"小手搭世界一智慧积木拼拼拼""萌眼观影"等。若是具有较高级别或者区域性的大型阅读推广活动,图书馆只作为承办单位,读书活动的开展需要依据活动的总主题进行,才能对阅读推广活动的分主题予以把握。

3.研究和调研读者需求

研究和调查家庭阅读需求,即为家庭阅读推广调研相应的读者需求。调研是一种工作方法,决定家庭阅读推广工作顺利与否。父母阅读、亲子共读及孩子自读是家庭阅读的三个主要方面,而每个方面都对不同的子领域有所涉及,需要图书馆进行调研和研究。

一般来说,开门纳谏型和广开言路型是一种调研方法,可以为某个项目进行调研或者到其他图书馆进行实地考察等,还可以通过和读者座谈、问卷调查等方式进行调研,但是都不能违背家庭阅读的要求,而且,调查和研究之间的关系既有联系又有区别。具体来说,研究是建立在调查基础之上,而对调查进行深化和发展,则为研究。图书馆的前期调研工作必不可少,可以有效掌握家庭阅读推广活动中读者的相关意见,并在此基础上进行研究和分析,为调研报告的形成提供依据,也能够有效地对家庭阅读推广活动的主题形成提供借鉴,有利于家庭阅读推广活动策划的优质进行。

4.制订活动方案

确定具有创意的活动主题后,需要对活动方案进行制订。活动主题是活动方案制订的前提,需要制订具体的书面计划,要兼顾活动过程中的所有环节,如活动内容、活动目标、活动时间、活动标题、参与人员及活动环节等。家庭阅读推广活动实施的前提条件是制订详细的活动方案。因此，仔细研究和分析活动方案中涉及的每个关键环节，细细打磨和推敲，有条件的还可以预先演习关键步骤，确保活动方案的最佳化和活动的顺利进行。在此过程中需注意：

其一，活动主题可以在活动标题中得以体现，采用能够清晰表达含义的词组，对吸引读者注意力非常有效，可以让读者产生情感共鸣，让读者积极地参与活动。所以，活动标题需要和实际要求相统一，不但要对大众需求予以考虑，更要关注小众的需要。

其二，体现活动时间的针对性。家庭阅读推广活动的受众主要是青少年和父母，因此，以节假日或晚上时间为宜。

其三，家庭阅读推广活动需要有明确的活动目标。明确的活动目标有利于引导活动正常开展；设置预期的活动完成时间，也能够促进活动评估工作的开展。和活动主题相比较，活动目标的特点在于具体化和通俗化，能够获得读者的认可和接受。

当然，对活动实施方案进行不断优化，也是十分必要的。图书馆的初步活动方案制订后，还应该根据主办方、合作方的建议进行完善和修改，以便促进各个关键环节的可实施性和效率性。在条件允许的情况下，还可以进行预演，确保活动方案的可行性和可靠性。

二、图书馆传统文化阅读推广

阅读属于一种生活习惯，可以在增加知识的同时，提高个人的文化素养及精神生活，加强自身道德素质。我国历史悠久，优秀的传统文化需要我们继承和弘扬。继承和弘扬中国传统文化，可以借助城市公共图书馆进行，通过各种类型的活动，传承我国传统文化，在增加公众文化知识的同时，建设精神文明社会，增强公众的民族归属感和爱国、奉献精神。

传统文化包含两个方面，分别是传统与文化。其中，传统指时间及空间上，我国上下五千年历史文化的概括，具有权威性与拓展性，且随着时间推移不断延续；文化则受《周礼》影响，主要包括文治与教化方面。综上所述，传统与文化是不可分割的，两者之间在发展的同时相互作用。传统是文化的一个载体，文化若要真实地展现在人们面前，需要传统承载，可通过一系列阅读推广工作，提高公众的文化涵养，增加基础知识，进而提高公众的道德品质与精神世界内涵。

1.传统文化阅读推广的优势

第一，公共图书馆属于公益性质，其文化传播活动大多为公益性。在进行阅读推广工作时，可以让公众免费阅读，搜寻相关资源。这种方式可以促进公众的道德素养，提高全民阅读文化水平。另外，通过图书馆阅读文化与我国传统文化相融合，在推广活动时，两者可以借助彼此平台相互促进，在增强公众阅读兴趣的同时，吸引更多的人加入，深刻体会我国传统文化。

第二，公共图书馆中的资源丰富且形式多样化，公众在进行阅读时，可以感受到更加专业化的服务，让公众可以精心投入地了解我国传统文化。公共图书馆打造出一个更适宜阅读的空间，促进我国传统文化的传播与推广。

第三，通过公共图书馆，在组织阅读推广活动时将更加便利。通过公共图书馆探索出适合公众的阅读推广活动，符合我国公民阅读需求，有效增强我国公民对于传统文化的求知欲，不断探索和了解传统文化，增加其阅读兴趣。

第四，公共图书馆可以通过不同类型的推广活动，针对不同群体，激发他们的阅读热情。通过公共图书馆，打造轻松、愉悦的阅读氛围，促进传统文化的发展与传承，进而增强我国公民的整体文化涵养。

2.传统文化阅读推广策略

（1）搭建新型阅读平台

在互联网的迅速发展时代，公共图书馆要获得更好地发展，需要寻找新的途径，比如利用网络资源增强阅读推广，扩大阅读服务范围，以及增加服务对象等。对此，需要借助公共图书馆构建一个新型的网络阅读平台。当然，网络阅读平台也可以促进我国传统文化传播，提高阅读效率。具体从以下方面论述：

首先，从各省的范围讨论，需要快速建设一个传统文化网络推广平台，通过网络的快速传播性及相互连接性，扩大宣传，减少"孤岛现象"。在各省构建一个大型的网络导航系统，为阅读人群找到所需资料。群众还可以通过该平台，随时随地了解社会情况及相关资讯，可以查阅相关电子书，查看视频。

其次，在构建网络平台时，可利用数字图书馆将整体资源扩散，打造高效的阅读平台。虚拟网络可以省级图书馆为中心，结合各县、市图书馆资源，有效联结各环节，迅速达到各省阅读资源共享，扩大公众的阅读范围与资源。

最后，进行阅读推广工作，需要建立科学的服务群。通过省、市、县图书馆资源组建微信群，有利于更好地完成我国传统文化的推广工作。

（2）增加多元化合作的力度

要实现传统文化阅读推广，提高其效率，公共图书馆需要进行多元化推广，才能实现我国优秀传统文化的传播，也可以和其他推广平台或者利益相关者合作，达到公共图书馆阅读推广目标。例如，图书馆可以与青年学者合作，组织相关阅读推广活动时进行详细讲解，以更容易让公众接受的方式和方法传播我国传统文化，比如讲述传统神话故事，活灵活现地表达可以达到推广效果。通常情况下，公共图书馆需要和其他单位进行合作，比如学校、文博机构、文化演讲、非物质文化遗产组织者等，以提高我国传统文化传播速度。就其成效性而言，通过公共图书馆与各网络媒体之间的合作与融合，可以快速建立高效的交流平台，线上、线下均可以传播传统文化。公共图书馆在进行传统文化传播时，需要融合社会各界力量，相互合作，相互促进，达到高效推广我国传统文化的目的。

（3）深入调研市场，组织文化推广

公共图书馆在传播传统文化、开展相应活动时，需要提前做好相关工作，比如组织活动、市场调查、前期准备，等等。阅读人群会因为各种原因存在一定差别，公共图书馆需要对相关资源与传播形式进行调控，从而满足更多公众的阅读需求。例如，公共图书馆可根据公众群体的需求进行相应划分，设立单独的阅读教室，根据图书馆中的资源进行分类，对不同的文化进行划分。另外，公共图书馆并不是单纯地在馆内进行组织，还需要组织馆外推广活动，让阅读推广融入阅读的每个环节，增强阅读推广工作的宣传力度，促进我国传统文化传播。

传统文化与阅读推广相融合，可以更有效地提高阅读推广工作质量。同时，在整体阅读推广工作中，还可以激发大众对学习传统文化的热情，在提高推广效率的同时，增强大众的凝聚力。

三、图书馆精细化阅读推广

（一）图书馆精细化阅读推广的形式

1.公益讲座

讲座作为图书馆常态化阅读推广服务内容中的一个主要组成部分，其诞生和发展也是紧随时代前进的脚步，伴随着知识经济的到来和终身教育、学习型社会理念的不断深入，图书馆业务开展也有了制度和财政上的保障，故而，讲座在我国图书馆得到了长足的发展，越来越多地受到人们的关注，逐渐成为图书馆的一项核心业务。媒体环境下公益讲座模式的主要类型有以下几种：

（1）网络视频传播模式

图书馆公益讲座网络视频传播模式，是网络视频的具体应用之一，并且随着网络技术、视频技术的进步而不断发展。先是由专业人员使用设备将现场的讲座录制下来，形成影像资源，然后通过网络上传到互联网上，分享给广大网络用户。多媒体在线点播、多媒体数据传输、纯文本数据传输，均是网络视频传播的主要具体形式。而随着现代媒体技术的进步和发展，网络视频传播的速度、质量都在不断提高，为那些不能到现场听讲座的人们提供了便利。就目前而言，大多数图书馆都已有了独立的网站、独立的宣传平台，或者与优酷等一些大型的视频软件合作，将馆内的公益讲座视频传到网站或软件上，人们可以随时，随地观看，还可免费下载一些视频，为广大网民提供了更多的便利性服务。

（2）社交软件传播模式

随着社交软件的发展和成熟，其功能也越来越丰富，而图书馆如果想要做出、做好属于自己的网站或者 App，必然会耗费许多资金、人力等资源，并且受众面较窄，用户基本上都对图书馆本身较为熟悉或了解，因此，不利于图书馆的广泛推广和宣传。所以，众多图书馆就开发和利用现有的社会资源，借助微博、微信等用户颇多的社交软件，开设图书馆独立的官方账号，将公益讲座视频传到社交软件的平台上，从而让更多人看到，社交软件的内容可广泛传播的特性也有利于图书馆影响力的扩大。而且，借助成熟的社交软件的传播方式，也为图书馆减去了许多复杂的工作。另外，随着微信公众号的发展，许多图书馆也建立了属于自己的公众号，将公益讲座以短视频的方式放到公众号中发表，也能够为用户带来便利，并且此种方式的视频制作过程更加便捷，减轻了工作人员的工作负担。

（3）专属的 App 客户端

虽然独立 App 的制作需要耗费大量的资金和人力等，但随着现代科技的进步和成熟，其制作成本也在逐渐降低，因此，也不乏一些图书馆开发属于自身的 App。App 是移动应用程序的英文简称，依托于移动互联网技术发展而来。此项技术的发展使信息的获取更为便利、信息的推送更加精准，并且网络用户间还能进行互动和交流，丰富了人们的网络生活。因此，不少有条件的单位和组织等都在开发自己的软件，而图书馆中，中国国家图书馆、上海图书馆等都已有了独立的、属于自身的图书馆 App。但这些图书馆的App 基本上都较少以讲座为主要内容，但也有此方面较为成功的例子，如湖北省图书馆推广的"长江讲坛"App，在早期就投入使用，并且拥有较多的用户数。

2.真人图书馆

（1）真人图书馆的起源

真人图书馆又称活体图书馆。作为一种阅读推广形式，"以人为书"是这种活动的主要特征。具体来说，这是一种将个人的阅读行为立体化的活动。它把"人"作为可借阅的书，把人的经历与知识作为读者阅读的内容，把真人书与读者的交谈作为书的阅读方式，以达到鼓励交流、分享经验的目的。

（2）真人图书馆的运作形式

真人图书馆活动根据真人图书和读者的数量，可分为"一对一""一对多"和"多对多"三种类型。在早期的真人图书馆活动中，以"一对一"的形式为主，即每本真人书在同一时间仅和一位读者进行交流。这种形式方便真人书与读者进行私人的、深度的交流。但是随着真人图书馆的发展，其主要活动目的由最初的反暴力、鼓励对话转变为经验分享和交流学习，"一对一"的活动形式限制了参与活动的读者人数，活动效率较低。"一对多""多对多"的形式在同一时间能容纳更多的读者，真人书与读者的交流、真人书之间观点的碰撞、读者之间的互相学习触发了各种交流与思考，在有限的时间、空间中读者接受更多的经验、活动效果和氛围更为凸显，因此，逐渐成为更常见的形式。

（3）真人图书馆的特征

第一，主题范围广。作为活动开展核心的真人图书，选择范围非常广泛。他可以是某个领域的专家，也可以是有独特经历的人，尤其是社会中本身就有大量的学者，各种有特长的、各行各业社会合作人士，这些都可以作为真人图书的来源。每本"书"可以分享给读者的内容来自个人丰富的经验和感悟，可以带给读者更为深刻的体验。

第二，互动性强。真人图书馆活动中，读者的阅读行为通过和真人图书的交流实现，真人图书的分享内容根据读者的提问而定，更有针对性。互动交流的形式易于激发读者的阅读积极性和阅读效率。

第三，操作性强。真人图书馆活动的开展关键在于真人图书的选择与读者需求的满足，活动的硬件要求不高，线下活动通常需要满足的硬件要求是符合活动人数需要的独立场所，而空间资源正是图书馆的优势之一。线上活动可以借助各种社交平台或者是现在蓬勃发展的直播网站等，在网络发达、各类电子终端盛行的今天也是非常容易实现的。

（4）真人图书馆的实施细则

真人图书馆活动的开展关键在于活动组织、真人图书挑选和真人图书管理三个方面。

第一，活动组织。开展真人图书馆活动，需要成立一个固定的活动团队，才能保证活动的有效、持续开展及不断深化。在图书馆中，活动团队可以由图书馆员组成，有了固定的团队之后，组织者需要根据调研和相关经验制定活动章程，保证每次活动的流程，从真人图书的征集、挑选，到活动举行及后续管理都有可依据的规范和准则。

第二，真人图书挑选。作为图书馆，在挑选"书"的时候，选择主题及范围很广泛，同时由于读者类型不固定，读者需求不是很明确，增加了挑选的难度。

第三，真人图书管理。真人图书也是一种馆藏资源，需要进行资源建设与管理。在活动结束后，按照详细的真人图书借阅规则，对真人图书进行编目，对活动交流内容中不涉及隐私、经活动参与者同意的内容进行记录、整理，使隐性知识显性化；通过各种平台，提供给更多的读者参阅，使资源的利用更加充分。另外，在开展活动的同时，随着经验的积累，不断探索活动的评价体系，使活动效果进一步提高。

（二）图书馆精细化阅读推广的策略

1.灵活利用阅读资源

为了实现自身的稳定运作，许多图书馆开始积极建设分馆，通过总、分馆制来实现自身综合实力的稳定提升。因此，图书馆需要主动抓住发展机遇，促进资金资源和管理资源的合理配置及利用，在有限的范围内积极搭建综合智慧平台，利用该平台实现统一管理和合理规范，确保网上资源的优化配置及利用。在大数据分析技术、生物识别技术及定位技术的指导下，积极了解读者的真实需求，构建针对性的读书模型，了解和分析读者的行为习惯和个人喜好，进而实现个性化、针对性的服务，确保阅读资源的高效配置，充分地体现资源的重要作用及优势。

2.全面提高服务质量

在落实管理工作的过程中，图书馆以电子阅览室为基础，灵活利用已有的资源积极调整工作思路及工作方向。服务方式和服务策略比较机械和生硬，与读者的阅读需求之间存在明显的区别。在新技术快速发展和应用的过程中，数字资源的使用率有了明显的提高，同时，对阅读设备提出了较高的要求。但是图书馆电子阅览室的发展速度相对较慢，实质的经费不足，难以实现与时俱进，因此，相关管理设备的升级换代更新非常有必要，只有这样，才能够促进数字资源的合理利用。

3.注重读者的数字体验

在市场经济快速改革的过程中，我国的科学技术水平越来越高，电子书借阅机、绘本桌等形式应运而生，各种数字阅读设备备受关注，并且发展非常迅速。这些设备有助于突破时空限制，确保文本阅读与数字阅读之间的有机结合，促进数字化阅读的有效普及和顺利开展。确保管理布局的科学性和有效性，进一步提高阅读服务质量和水准，让读者在自主参与的过程中实现独立思考和主动感知，这一点对提高服务质量、满足读者的个性化、多样化需求都有非常关键的影响。

4.培养专业的阅读推广人员

在针对读者的阅读服务方面，图书馆要表现出较高的主动性，引导读者进行阅读，从而培养读者良好的阅读习惯，而这就需要大量的阅读推广人员。专业的阅读推广人员可以化被动为主动，通过阅读推广活动输出阅读服务，在引导和培养读者阅读兴趣方面发挥着重要作用。图书馆要向读者输出阅读服务，首要任务就是培养大量专业的阅读推广人才，要加强专业阅读推广人员的培养，依靠专业人才开展阅读推广活动，由此可见，阅读推广人员的重要性。2021年4月21日，中国新闻网以《广西柳州数十名"故事妈妈"免费讲故事志愿推广阅读》为题对故事妈妈走进柳江区新兴第二小学，为该校五年级学生讲述毛主席事迹，以此启发学生笃志向学、立志报国进行了报道。这样的阅读推广活动，壮大了故事妈妈的队伍，吸引了越来越多的少儿读者在爸爸妈妈的带领下，进入图书馆来听故事、看书。

5.加强与其他机构合作

图书馆要构建完善的针对读者的阅读服务体系，首要任务是要收集读者的详细信息，以掌握读者的阅读需求和阅读偏好特征，因此，图书馆必须加强与其他社会机构的合作，通过沟通交流和资源互换，充分整合各方面有效资源，探索出一条共赢的道路。首先，图书馆应加强与学校之间的合作，学校作为学生学习的主要场所，通过与学校的合作图书馆可以获取到读者的各方面信息，了解不同年龄阶段学生的阅读习惯、阅读兴趣、阅读需求及偏好，从而有针对性地调整图书馆的阅读服务内容、服务形式，更好地契合读者的实际需求。其次，图书馆应加强与出版社、实体书店、社会公益组织以及政府相关部门之间的联系，从多渠道收集读者的信息，准确把握读者的共性特征和个性化特征，同时通过这些渠道开展阅读推广活动，突破传统阅读推广活动的局限性，从而强化对读者的引导。

最后，图书馆应联动家庭，通过在社区设置流动图书馆的形式影响学生家庭。读者主要活动的场所除学校外就是家庭，因此，家庭内部的氛围对于激发学生阅读兴趣和培养学生良好的阅读习惯都具有重要意义。图书馆要正确认识家庭对于读者的影响，通过与家庭实现高效联动，以家长为桥梁去引导学生，通过设置流动图书馆的形式将书籍送入家庭。同样，地方图书馆员也可以成为全国各读书平台的会员，接受各个平台有名气的阅读推广人的经验分享，充实我们的阅读推广理论知识，提高我们的阅读推广能力，更好地为我们的基层读者服务。

6.建立阅读推广机构组织

开展多种形式的阅读推广活动是图书馆的基本职责之一，同时也是图书馆必须履行的义务。通过开展阅读推广活动可以刺激读者的阅读兴趣，并对其学习、生活及未来的发展产生深远影响。鉴于阅读推广活动对于引导读者的重要性，图书馆应建立专门的阅读推广机构，专职负责设计策划、组织实施阅读推广活动，为构建面向读者的图书馆阅读服务体系提供组织保障。图书馆的阅读推广机构一方面要组织开展阅读推广活动，一方面要对读者进行跟踪调查，包括读者的阅读需求对图书馆阅读服务的建议及其他信息等，并及时将收集到的信息反馈回来，以便于阅读推广机构及时、有计划、有目的地对阅读推广活动进行调整和优化。而且由专门的机构和专业的人才负责阅读推广活动，可以做得更专业、更精细化，可以显著提高活动效果。

7.空间环境再布局与延展

图书馆为了提高公共文化空间服务质量，为读者提供安全、高效的专业服务效率，图书馆需要在馆舍建筑、空间设置与利用和智能化等建设方面给予关注与考虑。同时加快推进社区图书馆、主题图书馆、智慧图书馆等多种形式的外延空间，让更多的读者能够更好地享受阅读带来的乐趣。这样，不仅扩大了图书馆的业务范围、增强了区域功能，同时为读者不断升级阅读体验、提升图书馆高水准利用、让读者喜欢图书馆、爱上阅读，最终实现全民终身基本素养的提升。

8.以用户画像构建智慧阅读

大数据时代推动了图书馆服务的变革，将用户画像引入图书馆领域，开展为人找书、为书找人、为读者提供私人定制服务等，不仅增强读者的个性化阅读体验，同时也成为构建智慧图书馆在阅读推广方面进行的有效尝试。用户画像又称用户角色，作为一种勾画目标用户、掌握用户的个人喜好和动态需求，从而打破无差别化推广的有效工具，用户画像在各领域得到了广泛的应用。图书馆以读者需求分析为核心，在数据采集读者基本信息基础上整合用户画像，通过分析对比，实现精准服务与推荐，以提高阅读推广的成功率，促进知识价值的倍增。

第十章 公共图书馆中的未成年人阅读推广工作

公共图书馆在开展阅读推广、倡导人性化服务的同时，更应该重视未成年人读者，公共图书馆如何吸引更多的未成年人热爱阅读、如何促使更多的未成年人积极利用图书馆，是图书馆有待解决的问题之一。基于此，本章对公共图书馆中的未成年人阅读推广工作展开分析。

第一节 公共图书馆未成年人服务工作

一、公共图书馆未成年人服务工作的性质与职能

（一）公共图书馆未成年人服务工作的性质

未成年人公共图书馆服务建设工作的重点在于加强对未成年人的教育，为未成年人提供阅读指导。公共图书馆针对未成年人服务工作的性质如下：

1.教育性

公共图书馆是一个社会机构，承担着教育的职能，在致力于未成年人成长的道路上有无可替代的作用，担负着传播知识和教育未成年人的责任。公共图书馆首先应该完善未成年人的文献信息资源体系，确保这些文献信息资源能够体现自己的价值。图书馆的功能汇集了学校、家庭、社会三者的教育作用，使未成年,人通过图书馆来学习丰富的知识，培养自己独立学习、独立思考的能力。公共图书馆结合了现代设备与传统方式，现代设备有图书馆网站、移动终端，传统方式有报纸、展柜、公告栏等。通过广泛的公关活动的开展，向未成年们介绍图书馆内优秀的文化信息资源。为了吸引未成年读者，公共图书馆在活动形式上不断创新，尤其是在传统节日会策划与之相关的读书活动，提高了未成年人的读书兴趣。特别是儿童节期间，公共图书馆工作人员积极开展不同形式的阅读指导活动，提高读者的阅读兴趣，帮助他们养成阅读习惯，形成正确的阅读观。通过活动，让未成年人热爱阅读，积极参与到阅读中来，既增长知识，又提高了阅读能力。

2.服务性

公共图书馆读者服务项目需要向读者提供文献信息资源，这是公共图书馆最基本的

服务工作，公共图书馆将丰富的少儿文献信息资源搜集整理，让未成年读者积极使用这些文献信息资源，通过现代技术进行阅读和使用，公共图书馆会通过宣传、借阅、阅读和下载等方式，向未成年读者提供信息资源，满足他们对文化知识的阅读需求。

以未成年人公共图书馆服务工作者为例，服务对象为学龄前儿童、中小学生及他们的家长等，不同类型的读者阅读需求不同，因此需要合理区分它们，识别他们的阅读需求，为他们提供贴心的服务。公共图书馆要牵头联系相关需要服务的机构，进行教育教学合作，根据他们的实际需要提供相应服务。

3.社会性

公共图书馆未成年人服务的发展不止需要公共图书馆的努力，还需要全体社会的关注和支持。公共图书馆往往需要联合学校、学前教育中心等教育部门以及其他社会相关组织开展丰富多彩的阅读活动。公共图书馆阅读活动采取"准入、邀请"方式，在各种社会资源的帮助下，积极推进全民阅读的发展，不断提升公共图书馆在社会上的价值，扩大自身的社会影响力。

4.学术性

公共图书馆学与多门学科有着紧密交织的联系，公共图书馆学是一种实践性强的实用学科。在公共图书馆，未成年人服务项目具有独特的规律和特点，这也说明了公共图书馆未成年人服务项目不同于其他服务项目，公共图书馆中针对未成年人的服务工作是重要的工作内容，有一定特殊性。随着图书馆学研究的不断深入，公共图书馆未成年人服务工作研究有非常重要的内涵，理论价值高，实践价值强，具有非常强的学术性。

5.娱乐性

公共图书馆满足了人们享受文化休闲娱乐的需求，未成年人在公共图书馆，充分利用这里的资源和环境，不管是阅读文学作品，还是与朋友在线聊天，享受图书馆有人文关怀的服务，都是一种非常惬意的休闲方式，让他们度过了一段悠闲的时光。

（二）公共图书馆未成年人服务工作的职能

随着信息时代的不断发展，世界的经济、文化和科技环境有了翻天覆地的变化，公共图书馆的功能作用也变得更加丰富，有着更深远的影响和作用。

首先，它具有社会教育功能。未成年人社会教育是公共图书馆最基本的教育方式之一，具有独特的教育特色和交友价值。可以培养他们的阅读能力、终身学习能力、信息检索能力、艺术素养能力、文化科技探索能力、艺术鉴赏能力等，这也已经成为公共图书馆的重要实施项目。公共图书馆未成年人志愿服务通过引导青少年阅读推广活动达到上述目的。不仅如此，对于未成年人的服务工作，公共图书馆的社会教育工作中，还有帮助未成年人的父母和其他与未成年人打交道的人，帮助他们寻找、评估和使用与未成年人建立和谐关系所需的信息和技能，帮助他们更好地学习和阅读。许多公共图书馆提供的家庭教育指导是未成年人社会教育的重要组成部分，为未成年人提供了极大的帮助，当他们在成长过程中获取知识过程中遇到问题时，公共图书馆能够提供解答，他们能够获得来自公共图书馆的支援。公共图书馆拥有优美、舒适的阅读环境，未成年人可以自由、愉快地自主阅读，接受思想教育，利用学到的各方面知识帮助自己从事各种文化娱乐活动。对于未成年人来说，公共图书馆是健康成长的避风港，也是提升技能的宝贵场所。

二是文献信息保护中心的功能。公共图书馆为未成年人提供了各类图书信息资源，开展专门针对未成年人图书信息资源的服务工作。公共图书馆有多类型和多层次的文献信息，有丰富的图书期刊、音像资料、电子资源等，涵盖了未成年人对文学和信息的阅读需求。

三是文献信息服务中心的功能。公共图书馆将文献信息资源进行了有序整合，在其基础上，以优雅舒适的环境和各种先进的科技手段为纽带，积极开展多样化、全方位的服务。同时，不断推出各类青少年阅读推广活动，一方面通过优质服务吸引未成年读者进馆，另一方面通过发送文献信息资源，满足未成年读者、家长及其他相关人员的需求，这也是公共图书馆文献信息服务中心的功能。

二、公共图书馆未成年人服务工作的作用与原则

（一）公共图书馆未成年人服务工作的作用

1.指导未成年人的阅读行为

对未成年人进行阅读指导是公共图书馆未成年人服务工作的重要任务之一，在时代的发展浪潮中，该工作的落实和质量保障都将离不开与社会教育部门、未成年人家长及其他相关机构的通力合作。

第一，在落实未成年人阅读指导工作方面，公共图书馆社会责任重大，也正因此，需要公共图书馆不断升级自身的未成年人服务质量，同时引导图书馆员提升个人素养。具体到工作实践上来讲，未成年人必须在图书馆员的正确引导下，突破应试教育知识获取的局限，树立多读书的意识，通过合理利用公共图书馆资源，建立自身更加完善的知识体系。

第二，为了吸引更多的未成年人到馆阅读，图书馆员必须立足图书馆现有资源优势，创设能够激发未成年人阅读兴趣的有趣环境。

第三，在更好地落实未成年人阅读指导工作方面，图书馆员还应尤其重视未成年人

的心理状态这一基本前提，只有这样，才能有效保障未成年人教育工作和未成年人家长指导工作的正常进展。

2.丰富未成年人的知识获取渠道

作为推动未成年人成长的"第二课堂"，与应试教育不同，公共图书馆的教育方式更加强调自觉和自愿。图书馆员通过展现自身的人格魅力使未成年人信任自己，通过自身工作实践引导未成年人到图书馆阅读。为每个学习者阅读提供一个舒适的阅读环境和丰富的馆藏资源是公共图书馆的责任，因此，每位阅读者都可以享受公共图书馆的免费开放服务，也可以以自己的兴趣爱好和现有认知水平为基础有针对性地选择使用公共图书馆的信息资源。公共图书馆未成年人服务工作具有明显的公益性，它充分尊重每个到馆图书阅读者的阅读需求和图书资源选择自由，确保每位阅读者知识获取方面的平等地位，并积极引导未成年人对科学文化知识的自主探索，这既体现了公共图书馆未成年人服务工作的职责，又代表了公共图书馆少儿馆员的孜孜追求。

3.加强国内外未成年人教育的交流合作

通过对国内外成功经验与做法的借鉴带动我国公共图书馆未成年人阅读推广工作的进一步推广和发展具有非常重要的现实意义。在强化与国内外的交流合作方面，我国图书馆向来比较重视对国内外公共图书馆未成年人教育成熟经验和优秀做法的借鉴和汲取。近些年，我国众多学者已经从意识层面逐渐建立起了对西方国家先进阅读理念、阅读服务和阅读推广方式的关注度，并且在理论研究、推介活动方面进行了广泛应用和深度实践。

作为人类文明发展的必然产物，早在16至18世纪，图书馆就已经在欧洲各个国家得到了一定发展，而这也标志着近代图书馆学开始形成。到了19至20世纪，图书馆事业的发展逐渐呈现出规模化、类型化、服务范围扩大化的特征，同样是在这一阶段，图书馆服务范畴新增了未成年人阅读。后来，在西方部分国家儿童阅读机构针对图书馆服务工作的研究和实践，一批先进的阅读服务理念和方法（如早期阅读教育、分级阅读等）开始出现，并在全球范围内组织了大量阅读推广活动，这些由发达国家政府或相关文化机构主导的活动为我国公共图书馆服务工作的完善发展提供了很多值得借鉴的优秀经验。与此同时，综合考量我国当下未成年人的阅读现状后，我国在推动公共图书馆未成年人阅读服务体系建设方面提出了一些可行性建议，在提升我国公共图书馆未成年人阅读服务影响力方面发挥了重要作用，同时，也进一步提升了我国未成年人阅读服务的科学化和标准化水平。

（二）公共图书馆未成年人服务工作的原则

1. 平等服务原则

作为服务于全体国民的文化事业机构，公共图书馆一定程度上对未成年人平等享受文化、自由获取公共文化资源发挥了重要保障作用，更进一步来讲，它在未成年人身心健康发展方面同样发挥着重要的引导作用。

公共图书馆对未成年人的合法权益（如受教育权、阅读权、信息权、文化科技进步权、参加社会文化生活权以及享受服务权等）实现发挥了重要的保障作用，这种作用的实现主要取决于公共图书馆的社会教育属性。从建立伊始发展至今，从缺乏对未成年人拥有图书馆使用权的认识到对未成年人免费开放借阅服务，我国公共图书馆可谓经历了一个漫长的过程。随着现代社会文明的不断发展，公共图书馆不但越来越关注儿童权利和未成年人的平等服务，其所倡导的儿童服务理念更成为现代社会文明的重要特征。进入 21 世纪，为了进一步明确公共图书馆未成年人服务工作的责任与义务，国际图书馆协会与机构联合会接连发布了 3 部未成年人指南（《婴幼儿图书馆服务指南》《儿童图书馆服务指南》和《青少年图书馆服务指南》），其中明确规定和说明了未成年人享有自由选择读物的权利，这 3 部指导性文件有力促进和提升了世界各国图书馆未成年人服务工作的质量。

面向全社会开放是公共图书馆区别于其他类型图书馆的显著特征，这也就意味着服务对象的多样化。简单来讲，就是未成年人在公共图书馆同样享有被平等服务的权利，尤其是低龄儿童和无法正常享受图书馆服务的未成年群体，公共图书馆应当予以保障平等权利。

作为社会公益文化机构，公共图书馆在组织各类未成年人服务的职责和要求方面的内容通过我国相关法律法规得到了明确规定，各级各类公共图书馆都应严格遵守相关的法律法规，积极组织各种形式的未成年人阅读服务活动，尤其是针对低龄幼儿和弱势儿童群体的服务活动，不断延展自身的服务领域来提升自身服务的人性化和个性化水平。

2. "儿童优先"原则

随着我国儿童保护相关政策、法律法规及指导性文件的相继出台，我国公共图书馆在确立和实施"儿童优先"基本原则方面拥有了坚实的理论基础和法律依据。与此同时，在我国儿童权利与儿童保护原则的确立过程中，始终将"让每一名儿童在文化教育和公共服务方面享有同等的被保护权利"作为儿童权利的基本原则来体现。

同样经全国人民代表大会研究通过的《中华人民共和国教育法》指出，在切实保障未成年人受教育方面，父母或其他监护人扮演着重要角色，应当为其提供必要条件支持，学校及其他教育机构同样承担着重要的社会责任，应当进一步强化与基层群众性自治组织、企事业组织和社会团体之间的通力合作，进一步保障未成年人校外教育工作的正常进展。

对于儿童优先原则在我国公共图书馆未成年人服务中的落实，纲要的实施发挥着重要的指导作用，这也从侧面印证了公共图书馆未成年人阅读服务工作对我国政府的重要程度。除了儿童优先原则外，它还规定了儿童权利和儿童参与两大原则。

在儿童优先原则的指导下，未成年人需求成为公共图书馆政策制定、建设设施完善、文献资源建构和图书馆员服务升级的首要内容，因此他们在为未成年人提供优质服务方面才能不遗余力，而这也奠定了儿童优先原则在图书馆管理与服务中的基础性地位。与此同时，在确保未成年人在公共图书馆的人身安全方面，也需要图书馆方制定切实可行、科学有效的未成年人安全服务政策和制度。

第二节 公共图书馆未成年人阅读服务工作

在公共图书馆事业发展过程中，增加了服务于未成年人阅读需求的服务工作。到目前为止，从环境和资源建设的层面，我国的公共图书馆未成年人阅读服务更加彰显未成年人个性和特色，甚至通过形象活泼的建筑设计、装饰等内容来体现对童趣童真的重视，并逐渐完善文献信息资源内容以激发未成年人参与图书阅读的积极性。在信息化占据社会主流的时代，公共图书馆若想实现更好的发展，就需要立足时代要求，不断革新自身的服务理念和服务模式。从未成年人阅读教育理论的角度来讲，越来越多未成年人及其家长已经广泛地接受了传统的阅读教育理念和分级阅读理念；从图书馆管理的角度来讲，我国新时代图书馆变革的重要内容就在于总分馆制的制定和实施。

1.学龄前儿童阅读服务工作

作为近年来公共图书馆未成年人阅读服务的主流趋势，低龄化（即服务对象多为学龄前儿童）已经成为我国公共图书馆革新阅读服务变革的主要方向。

与此同时，它还强调要特别重视幼儿的个性发展，要求以幼儿的身心发展规律和学习特点为出发点来组织游戏教学活动，寓教于乐，尊重学生的个体差异，并给予针对性指导。

对于婴幼儿而言，与说话、唱歌一样，阅读同样可以有效促进其语言能力的发展，因此图书馆开通针对婴幼儿群体的阅读服务至关重要。环境对一个人的影响是潜移默化而且深远长久的，对于婴幼儿早期阅读能力培养而言，家庭和公共图书馆的合作联动将发挥重要作用。首先，公共图书馆需要调整阅读环境，以婴幼儿的兴趣心理为出发点创设能够激发婴幼儿兴趣的阅读环境。而这种环境的营造，除了要具备舒适的基本特点外，还应对婴幼儿寻求帮助的意愿培养以及探索答案、了解资源技术有一定辅助作用。尤其是针对那些存在特殊需求的婴幼儿（比如双语婴幼儿），在入学前就开始公共图书馆阅读服务体验影响巨大。

从服务理念和指导思想的层面来讲，公共图书馆要提高对婴幼儿阅读服务的重视程度，并积极落实相应服务内容，比如在公共图书馆馆内区域划分上增加低幼儿区，设置专门的阅览室供幼儿早期阅读等。现阶段，我国多数公共图书馆已经逐渐对学龄前儿童的阅读推广重要性有了深刻的认识和体会，针对婴幼儿阅读的配套服务相继出现在各大公共图书馆。

在落实图书馆婴幼儿阅读服务的政策方面，公共图书馆首先要提高婴幼儿阅读服务策略制定的计划性，确保图书馆婴幼儿阅读服务活动有明确的方向，同时也进一步强化图书馆以往活动、计划开展活动及定期持续性活动和服务内容等在婴幼儿家庭中的清晰认识。同时，要始终贯彻低龄儿童"玩学统一、相辅相成"的基本原则来开展学龄前儿童阅读服务，这就要求各级图书馆要立足自身馆情，综合考虑区域范围内婴幼儿教育实际，确保婴幼儿阅读计划和服务模式与自身发展条件相互适应。

2.中、小学生阅读服务工作

结合信息时代中小学生的阅读现状来看，强化公共图书馆对中小学生的阅读服务对策具有非常重要的现实意义。具体来讲，切实落实这一策略，我国公共图书馆需要重点落实以下几方面工作：

首先，提高文献信息资源建设的针对性。即公共图书馆要保持对中学生阅读实时状态的敏感度，从而在重点图书和信息资源的补充和完善层面满足中小学生的现实需求，例如，增加以爱国主义教育和思想品德教育为目的的读物；优选与中小学生阅读心理相适应，有助于提升理性思维和科学探究精神的社会科学和自然科学读物；与现阶段时代特征贴近的优秀儿童读物；符合儿童年龄特征和兴趣的课外读物；以拓展中小学生课外阅读视野为目的的相关参考工具书、教育教学参考资料、试卷及数据库资源等。

其次，提高服务方式的人文关怀和个性化水平。人文关怀和个性化的服务方式对于公共图书馆服务质量的提升具有至关重要的作用。

人性化的服务时间。中小学生群体日常大部分时间都在学校内学习文化知识，所以他们利用公共图书馆的时间仅局限在课余时间或节假日，因此针对这一特殊群体，从服务时间上做出适当延长对于中小学生合理利用图书馆资源而言是最基本、关键的内容。

满足人性化的阅读需求。处于学习初级阶段的中小学生的阅读需求也是多样化的，因此，图书馆要在资源环境和文化氛围上给予充分的保障，比如积极建立与学校、家庭之间的合作共赢关系，通过开展具有较强针对性的阅读服务活动丰富中小学生的阅读积累，总之，满足中小学生的阅读需求应当成为公共图书馆阅读服务活动的核心。

人性化的创新服务项目。这一点要求的提出是为了适应中小学生多样化的课外阅读需求，具体来讲，可采用以下方式：为便利中小学生随时、随地进行阅读，公共图书馆可以设置基层、社区图书流通点，为各级各类学校和儿童教育机构开通图书流动服务；或拓宽公共图书馆的服务功能，开展个性化服务（如网上咨询、专题资源推送等）。

最后，提升中小学生课余生活的多样化和趣味性。在满足中小学生多样化阅读需求方面，公共图书馆要不断提升自身服务的自由化、开放度、多形式和全方位水平，除了营造和谐健康的阅读环境和氛围外，还应该将与中小学生个性相契合的读物送到他们身边，因此对拓展公共图书馆阅读服务而言，其中一个非常重要的内容就在于对中小学生开展针对性的阅读指导服务。其中，有计划性地对中小学生进行阅读指导课的教学就是有效方法之一，通过这样的方式，学生可以掌握更多的图书知识、图书查询知识，可以锻炼自身对公共图书馆的有效利用能力、自学能力和知识获取能力。更进一步来讲，对于中小学生应试教育而言，作为"第二课堂"，阅读指导课发挥着积极的辅助作用，既有利于中小学生构建完整的知识系统，推动提升学习质量，又可以帮助公共图书馆在新的历史发展时期建立自身的社会公益形象，并通过一些创新举措赢得学生的认可和学生家长的信赖，从而真正发挥社会公共图书馆的社会价值和公益价值。

第三节 公共图书馆未成年人阅读推广活动与策划

一、公共图书馆未成年人阅读推广活动

（一）公共图书馆未成年人阅读推广活动的主要原则

公共图书馆开展未成年人阅读推广活动最主要的目的是激发未成年人读书方面的兴趣，只有有了兴趣，读书才能有动力，只有在产生兴趣之后，未成年人才能由外在的推动力去阅读转变成内在的自发去阅读。换句话说，公共图书馆开展未成年人阅读推广活动是为了让读书融入未成年人的生活，启迪他们的心灵，让他们感受到阅读的快乐、阅读的魅力，通过阅读助力未成年人的人生发展。想要实现这一目的，要求公共图书馆阅读推广人在推广活动的过程当中使用科学合理的推广方法，有针对性地向未成年人推广活动。阅读推广活动需要遵循一定原则，要始终坚持激发未成年人对阅读的兴趣，这是活动的出发点，也是活动的落脚点，阅读推广人要有耐心，有毅力，能够引导未成年人逐渐地融入推广活动中，不断地激发未成年人的潜能，培养他们在阅读方面的浓厚兴趣。公共图书馆在对未成年人进行阅读推广活动时，需要遵循如下原则：

1.安全性原则

公共图书馆在开展针对未成年人的阅读推广活动时，要遵循的第一个原则是安全原则。活动开展过程中，有很多因素都会威胁到未成年人的人身安全，比如说环境因素、设施设备因素、活动环节的安排设计、活动器材的安全性能等等。图书馆的工作人员在设计活动的过程中，一定要仔细考量每一个因素和环节的影响，要以未成年人的安全发展为出发点，进行精心、缜密的设计，特别是在竞技类游戏的设计过程中，一定要注意设施设备的安全性、游戏项目本身的安全性及场地环境的安全性，一定要确保未成年人参与游戏是安全的。

2.鼓励性原则

公共图书馆在开展针对未成年人的阅读推广活动时，需要遵循的第二个原则是鼓励性原则。未成年人有非常强烈的好奇心，对一切未知的事物存在满满的求生欲，这种求知欲望使得他们一直在探索、尝试，以满足他们的好奇心。在开展图书推广活动的过程中，未成年人的求知欲和活动的碰撞会擦出更大的火花，他们的求知欲望会被无限扩大，他们会表现出积极踊跃的参与兴趣，在活动当中也会勇于表现自己，但是这并不意味着他们的求知欲望会永远热烈，求知欲望的保持需要图书馆工作人员的鼓励和呵护，还需要图书馆工作人员给予一定引导，因此，要求图书馆的阅读推广人要有耐心，能够洞察孩子们的变化，细致地寻找未成年人身上存在的优质特点，运用语言的形式呵护未成年人的求知欲，始终坚持推广活动的鼓励性原则。

3.针对性原则

公共图书馆在开展针对未成年人的推广活动时，需要遵循的第三个原则是针对性原则。开展活动的本质目的是为学生才能的展示、知识的学习、自信的提升、成果的分享提供广阔的平台，通过开展阅读促进活动，未成年人和图书馆之间建立了更深厚的联系，他们对图书馆有了依赖，有了热爱，他们会自觉地使用图书馆，喜欢读书，爱上读书。

不同年龄的未成年人使用的活动是不同的，哪怕是同一种活动，它对处于不同年龄的未成年人提出的要求、开展的方式也有差异。因此，应该根据未成年人所处年龄阶段的不同选择不同的设计主题，选择不同的活动内容、活动方式，要充分体现出活动的针对性，只有这样才能精准地实现阅读推广活动的目的，只有这样，才能让所有的未成年人都在阅读活动中获得成长。

4.多样性原则

公共图书馆在开展针对未成年人的阅读推广活动时，需要遵循的第四个原则是多样性原则。未成年人受到家庭环境、个人性格的影响，会表现出不同的爱好和兴趣，有的未成年人对绘画表现出明显的兴趣，有的则对音乐表现出明显的兴趣，公共图书馆在开展阅读推广活动时，应该尽最大努力满足未成年人在图书方面的偏好，给予每个孩子学习和展示的机会。为了做到这一点，图书馆工作人员一定要设计多种多样的活动内容，比如绘画活动、音乐活动、摄影活动、剪纸活动、演讲活动、表演活动、手工活动等。

除此之外，活动的组织形式也要遵循多样性原则，比如组织娱乐性活动、竞技性活动、亲子活动，还可以组织安静一点的活动，也可以组织非常热闹、活泼的活动。不同形式的活动能够激发未成年人的积极性和主动性，有助于未成年人从活动中获得乐趣，从而更愿意接近图书馆，更喜欢图书馆。

5.个性化原则

公共图书馆在开展针对未成年人的阅读推广活动时，需要遵循的第五个原则是个性化原则。每个未成年人都不同，每个人都有自己的优点，阅读推广活动的开展不可以要求所有的未成年人达到相同的标准，图书馆工作人员也不可以将自己的想法和意愿强行施加在未成年人身上。未成年人在活动当中的想法和做法应该是遵照个人想法、个人意愿的，应鼓励未成年人产生独特的创意，鼓励他们表达自己的个性。

6.主体性原则

公共图书馆在开展针对未成年人的阅读推广活动时，需要遵循的第六个原则是主体性原则。每个未成年人都具备独立性，虽然他的思想还没有成熟，还处于发展阶段，但是他们作为个体，爱好是独立的，人格也是独立的，他们应该得到平等的尊重和信任。

公共图书馆开展针对未成年人的阅读推广活动一定要注意遵循未成年人的主体性原则，在确定活动主题目标、内容设计、活动形式时，一定要尊重未成年人的个人意向，要在一定程度上指导未成年人自觉积极地参与读书活动，为他们呈现读书的意义和魅力，养成未成年人终身阅读、喜爱阅读的习惯。

7.便利性原则

公共图书馆在开展针对未成年人的阅读推广活动时，需要遵循的第七个原则是便利性原则。公共图书馆在推广阅读活动的过程中，有一个不确定性，那就是参与的未成年人人数的不确定。有一些未成年人并没有办法实时关注图书馆的网站信息，也并不会细心阅读活动的宣传内容；有一些未成年人注意到图书馆的阅读活动是在参观图书馆或者借书的过程中，他们觉得活动可能非常有趣，因此临时决定想要加入阅读活动中。但是，可能因为没有提前准备活动需要的资料或者工具，而导致他们无法及时参加活动。这个时候，图书馆工作人员应该为这些临时加入进来的未成年人提供活动材料或者活动工具，满足他们想要参加活动的需求，并在他们感兴趣的时候及时地向他们推荐阅读活动，尽量培养他们形成阅读兴趣。

8.长期性原则

公共图书馆在开展针对未成年人的阅读推广活动时，需要遵循的第八个原则是长期性原则。人才的培养并不是一时兴起，而是需要日积月累的，用心去浇灌，用爱去培养，这是一个复杂而且困难的培养过程，需要和未成年人一起经历，引导他们以此来实现他们点滴的进步，将他们培养成有才华且乐观向上的人才。

就是因为这样的原因，在未成年人的阅读推广活动过程中，要注意活动的长期性，不可以追求速成，应该在一点一滴的日常积累中坚持不懈，为未成年人提供长久的活动培养，使未成年人和图书馆之间建立深厚的联系。特别是少年儿童图书馆，对于少年儿童图书馆来讲，活动推广服务是当前的主要发展趋势，也是未来发展需要遵循的服务理念之一。

9.统筹性原则

公共图书馆在开展针对未成年人的阅读推广活动时，需要遵循的第九个原则是统筹性原则。公共图书馆的阅读推广服务如果想要覆盖所有未成年人，让所有未成年人都能够享受到图书馆的优质服务，那么图书馆需要对未成年人做详细调查，深入研究，制订详细计划，并合理安排计划，从整体的角度统筹安排，尽量满足所有未成年人需求，让所有未成年人都能够感受到阅读活动的魅力。因此，阅读推广人在设计阅读推广活动的过程中，应将全部年龄的未成年人考虑在内，还应将所有未成年人的兴趣爱好考虑在内。也就是说，一岁两岁的孩子，一直到10岁、15岁的孩子都需要考虑；孩子的普遍爱好需要考虑，同时也需要考虑个别孩子的特殊爱好；图书馆范围附近的孩子要考虑，图书馆周边范围的孩子也要考虑；不仅要提供小型的阅读推广活动，还要提供大型的阅读推广活动；不仅要针对未成年人做常规化的阅读推广活动，还要针对未成年人做多元化的阅读推广活动；而且推广活动应覆盖全省范围内的未成年人，不仅包括省市区内的，还要涉及乡镇村的未成年人。要遵照阅读推广活动的统筹性原则，科学合理地安排。

10.经济性原则

公共图书馆在开展针对未成年人的阅读推广活动时，需要遵循的第十个原则是经济性原则。虽然随着国家的富强，国家对图书馆方面的发展投入的资金也在增多，但是需要始终遵循勤俭节约的中华美德。阅读推广人在涉及未成年人的阅读推广活动过程中，应该将经费用在必要的地方，尽量花最少的钱获得最好的收益和效果。如果活动中涉及能够重复利用的道具，那么应尽可能做到反复利用。例如，活动可能用到的木制拼图或乐高等。

11.平等性原则

公共图书馆在开展针对未成年人的阅读推广活动时，需要遵循的第十一个原则是平等性原则。公共图书馆为所有读者提供均等机会的图书馆服务，阅读推广人在为读者服务时一定要遵守以人为本的原则。平等性原则主要体现在应该对所有的未成年人不分种族、年龄、性别、贫富地进行同等优质的服务。对于一些需要特别照顾的儿童，应该给予额外关怀，应更具有针对性地满足未成年人在阅读方面的需求，让他们更好地和社会融合，积极乐观地和世界友好相处。

（二）公共图书馆未成年人阅读推广活动的主要方式

1.根据馆藏资源开展未成年人阅读推广活动

第一，新书推荐。这种形式是图书馆普遍使用的形式之一，向读者推荐新书主要是为了将图书馆最新的馆藏文献信息传递给读者，如果读者有阅读的需求，可以及时选择。通常情况下，图书馆会在新书宣传栏区域宣传新书，也会在图书馆专门设置新书书架，此外，也会举办专门的新书推荐活动。在图书馆领域引入信息技术后，图书馆有了更多样的形式向读者推荐最新，书籍推荐更加方便、快捷，更符合读者的信息获取需求。例如，可以在图书馆的官方网站、微信公众号上，也可以在图书馆的滚动屏幕、电子借阅机器上面宣传。

第二，书目推荐。除了新书推荐外，图书馆也会使用书目推荐的方式向读者推荐图书馆当中的书籍。书目推荐的优点是读者能够直接看到图书作者、简介、出版社及它在图书馆当中的具体位置、它的检索书号等内容，这些内容能够让未成年人或未成年人的家长更好地选择他们所需的图书，极大地提高了图书的使用率。通常情况下，制作出来的推荐书单会放在宣传架中，读者可以自由取用；除此之外，在一些图书馆举办的大型活动中，图书馆也会免费发放书单；为了使读者更便利地获取书单内容，图书馆也会在相关网站上发布书目单。

第三，馆员推荐。图书馆的工作人员是书目的推荐者。图书馆本身属于社会教育领域，图书馆的工作人员，特别是少年儿童图书馆的工作人员，他们对图书馆的文献有非常详细的了解，也非常熟悉未成年人的需求和阅读特点，他们在指导未成年人阅读方面有非常丰富的经验。此外，他们还学习了儿童心理学理论、文学理论、教育学理论。在这样的理论指导下，再辅以他们的实践经验，可以针对性地对未成年人开展一系列推荐活动。他们的推荐非常富有感染力，未成年人在他们的推荐下极大地提高了阅读兴趣，掌握了更多的阅读技巧，他们的阅读水平也得到了提高。从这个角度来讲，图书馆工作人员就是未成年人阅读方面的指导教师。

2.通过举办阅读促进活动开展未成年人阅读推广活动

图书馆，特别是少年儿童图书馆，举办了很多能够提高未成年人阅读兴趣、阅读品味的活动，这些活动的举办能够培养少年儿童养成爱读书的好习惯。图书馆本身有大量的人才和资源，图书馆可以有针对性地对未成年人的阅读设计促进活动，活动主要是为了儿童的身心健康发展，为了给未成年人进行文化、科技、娱乐等方面的培养，让他们感受到文化的魅力。未成年人的身心需要不同，因此，图书馆提供的活动也是多层次的、多角度地，通过图书馆提供的阅读促进活动，未成年人可以更加自信，可以发现自己身上的优点，这极大地促进了未成年人和图书馆之间的亲密交流。图书馆的阅读促进活动在未成年人心中种下了喜爱阅读的种子，经过长久培养和浇灌，种子会逐渐生根发芽，未成年人也会从知识的被动接受变成主动获取。图书馆在设计活动时，应该尽量选择周末，如果是寒暑假，时间设计可以更加随意，可以根据未成年人的需要安排活动时间。

第一，在图书馆内部举办针对未成年人的阅读促进活动。图书馆内储藏着大量的图书资源，而且图书馆能够为未成年人提供平等、个性、便捷以及专业的服务，在图书馆和谐优美的环境下，未成年人能够更好地享受读书。在大量图书资源以及图书专业工作人员的支持下，图书馆能够开展各种各样、异常丰富的图书活动。与此同时，随着社会观念的变革更新，人们对图书馆的功能有了更全面的认识，更清晰的了解，无论是儿童还是家长，对图书馆的使用都不再停留在书籍借阅层面，而是更深入地参加更多的由图书馆举办的活动。特别是少年儿童图书馆，活动的趣味性非常高，很多儿童积极参加。对于少年儿童公共图书馆来讲，他们要更加注重服务理念的创新，应该多在图书馆内部举行亲子活动，而且活动的举办应该做到持久、系统、常态化，把举办亲子活动当作是图书馆对读者进行的一项基础服务，服务不是应景、临时的，是需要长久稳定发展的。

公共图书馆在确立活动内容、活动形式的过程当中，应该充分考虑到未成年人目前的身心发展状况，应该有针对性地安排活动。其一，针对婴幼儿开展的阅读促进活动，因婴幼儿年龄较小，他们的活动应该有父母的参与和看管，因此方式上更倾向于亲子，具体的活动形式可以选择儿童喜欢的游戏、美术、阅读或故事会；其二，针对学龄前儿童开展的阅读促进活动，学龄前儿童能够自主地进行游戏、美术或者是拼图活动，因此在开展促进活动时可以使用这几种方式；其三，针对学龄儿童开展的阅读促进活动，学龄儿童基本具备了独立参与活动的能力，因此活动方式可以集中在有奖竞答游戏、摄影、拼图、演讲、剪纸或板报设计、征文朗读等方面；其四，针对青少年开展的阅读促进活动，青少年阅读表现出来的明显特点是追求个性化，追求自己的兴趣爱好，更加注重自主阅读，因此，青少年阅读促进活动使用的活动方式可以是演讲比赛、读书会分享、图书馆信息检索技术的使用、图书馆管理社会实践等等活动；其五，针对各个年龄段儿童开展的阅读促进活动，活动形式主要有才艺表演或联欢会，需要注意的是，虽然不同年龄段活动名称可能相同，但是对于不同年龄段的未成年人来讲，活动的内容、活动的难度以及要求应该不同，图书馆人员应该针对各个年龄段的特点设置不同的标准。因此，需要图书馆员注意儿童阅读活动的开展一定要灵活变化，一定要结合实际需求，只有这样才能真正让图书馆的活动发挥作用，真正提高儿童的阅读能力。

第二，联合幼儿园举办针对未成年人的阅读推广活动。对于公共图书馆来说，尤其是少年儿童公共图书馆，它的环境建设非常优美、舒适，图书馆内部储存的儿童读物非常丰富，而且图书馆的工作人员有非常丰富的儿童读物的推荐经验、指导经验，他们熟悉儿童的心理，懂得儿童教育理论，他们是开展儿童阅读活动的有力保障。

图书馆和幼儿园联合起来共同针对未成年人开展阅读推广活动使用的方式主要涉及以下几种：其一，在幼儿园内部建立图书馆的读物流通站。之所以在幼儿园已有图书室基础上再配置读物流通站，是因为幼儿园配置的图书室在图书数量以及种类方面无法满足儿童多样化的图书需求。而少年儿童公共图书馆储存了非常丰富、有趣、多样化的图书，图书的色彩、印刷、图片排版都非常的精美，能极大地激发儿童的兴趣，吸引儿童关注。在这样的图书刺激下，儿童会产生想要阅读的想法，因此图书馆可以在幼儿园内部建立读物流通站，提供图书让儿童阅读，满足儿童阅读需求，培养他们的阅读习惯。其二，让幼儿去参观图书馆。以往幼儿园都会组织儿童去参观图书馆，这是幼儿必须修习的一节课程，但当前大多数的幼儿园为了保证儿童的安全都会取消这项室外活动，会由幼儿园的老师以分享的形式或讲故事的形式将图书馆的相关知识传递给幼儿。这样的做法虽然保证了安全，但是却无法让幼儿近距离地感知图书馆的氛围，如果幼儿能够切实地体验图书馆的环境，那么他们的理解效果肯定会更好。为了解决这一问题，可以要求家长陪同，这样不仅能够解决安全问题，还能够增加家长和孩子之间的亲子互动，能让家长更加重视儿童阅读。其三，联合开展丰富多样的阅读推广活动，培养儿童的阅读习惯。阅读兴趣并不是速成的，需要长久坚持，因此儿童公共图书馆可以和幼儿园之间建立长久的合作关系，采用共同培养的形式培养幼儿的阅读习惯、阅读兴趣，幼儿园老师可以和家长共同参观图书馆，共同参加图书馆举办的阅读活动；反之，图书馆的工作人员也可以走进幼儿园，为孩子们举办和阅读推广有关的活动。例如，可以在幼儿园举办绘画活动、手工活动、诗歌朗诵活动、故事分享活动、拼图活动或其他形式的亲子活动等。这些活动都能够提高儿童的阅读兴趣，能让儿童对图书对阅读有一定认知，能够培养儿童的阅读意识，并促进亲子间的互动，加深家长对阅读的重视程度。

3.公共图书馆与学校联合开展未成年人阅读推广活动

公共图书馆和中小学共同组织开展阅读促进活动，对促进推广未成年人阅读十分有益。近些年，许多学校陆续采取了各类激发学生阅读兴趣的举措，比如建立爱心图书角、好书大家看、图书漂流和捐赠图书等一系列阅读推广活动。短期来看，这些举措在适应学生阅读需求层面可能发挥了一定作用，取得了一定效果，但从长远的角度来看，学生阅读难的现状依然无法得到根源性改善。作为学校教育的补充，公共图书馆的丰富馆藏资源有效拓宽了学校教育的知识面，专业的公共图书馆馆员团队能够对学生合理使用馆藏资源发挥引导作用，从而辅助学生完成阅读任务，从而有效改善学生的阅读现状，培养学生的终身学习能力。除此之外，对于公共图书馆而言，也可以以其多样化、多层次的馆藏资源吸引一批忠实读者，从而一方面有效改善公共图书馆图书资源利用现状，实现图书馆的价值发挥，另一方面打造公共图书馆积极承担社会责任的正面形象，从而提升公共图书馆的知名度和社会好感度，以实现图书馆的更好发展。所以，整体上来看，公共图书馆强化与各学校之间的深度合作是实现资源配置、共享和优化的重要手段。

在未成年人阅读活动推广方面，公共图书馆和学校承担着共同的责任，二者之间的强强联合在推广质量和推广效率方面将发挥"1+1>2"的效果。具体来讲，二者之间的联合推广主要表现为馆藏资源共享、联合开展丰富多彩的阅读促进活动以及加大社会实践活动的组织力度三种。

（1）馆藏资源共享

1）开通图书资源流通服务。对于公共图书馆，尤其是少年儿童图书馆而言，在近些年享受到了国家较大力度的政策支持和财政支持，以城乡为覆盖面的少年儿童图书馆服务体系建构提上了国家日程，并在规划当地国民经济和社会事业发展时将少年儿童图书馆的建设纳入范畴，进而实现公共文化服务体系建立和健全、公益性文化事业进一步发展的目标。但是，不可否认这一目标实现所体现出的长期性、艰巨性基本特征。对比公共图书馆的数量和分布情况，不难发现，很多未成年人被拦截在图书馆和阅读门外，主要原因在于学校与图书馆之间的远距离和不便利。尽管大城市的社区和街道已经为未成年人借阅图书设立了自助借还机，但仍旧无法与未成年人强烈的阅读需求相适应，这使公共图书馆服务理念的转变（由被动转变为主动）工作方法创新及建立学校图书流通站显现出了客观必然性。具体来讲，在学校设立图书流通站既有利于提高图书质量，又可以通过培养未成年人阅读兴趣推动提升阅读质量。同时，为了确保图书流通站抛开形式主义，真正落实，就需要图书馆员履行以下职责：保障图书更换频率。这一职责的履行是为了确保图书的时代性、与热点图书的同步性及未成年人阅读需求和阅读兴趣的契合度；进一步强化与学校教师的沟通，只有这样才能更精准地把握学校的教育情况、教育需求，从而确保图书配送的针对性；进一步强化与未成年人的互动，只有建立在与未成年人零距离接触和百分百倾听的基础之上，才能确保图书配送能够满足未成年人的个性化阅读需求。

2）参与教师寒暑假阅读书目的制定，这是因为就对学生阅读层次和阅读需求的了解程度来讲，学校教师居主要地位，就对馆藏资源的熟悉程度来讲，第一人选非公共图书馆员莫属。因此，二者积极建立有效沟通、互助合作的关系，可以在制定学生寒暑假阅读书目的过程中，实现阅读活动的有效和深度推广。特别是在寒暑假期间，学生需要完成教师制订的阅读书目计划，倘若公共图书馆没有事先与学校教师相互配合、达成一致，就可能导致学生无法在图书馆获得所需书籍，进而影响寒暑假学习任务的完成。而为了有效避免这种服务脱节的现象，就需要图书馆员与教师达成通力合作关系，在此基础之上完成学生寒暑假阅读书目的制定，甚至在图书馆设立学生专用寒暑假读书计划专架，便利学生获取所需书籍。

（2）联合开展丰富多彩的阅读促进活动。作为开展未成年人阅读推广的有效途径，由公共图书馆和学校共同举办的多样化的阅读促进活动对于未成年人健康成长和其智慧与潜能的发掘，以及未成年人综合素质的提升有重要的促进作用。这些阅读促进活动的呈现形式可以包括征文、演讲、音乐、美术、摄影、游戏、舞蹈等多种样式，多样化的组织形式、趣味性的活动内容（如世界读书日举办的演讲比赛、绘画书法比赛、摄影比赛、国学经典朗诵、科技展览等）可以有效激发未成年人的兴趣，对未成年人具有较强的吸引力。从实践操作层面来讲，可以"走出去""请进来"两种方法齐头并进，所谓"走出去"就是要让图书馆真正深入到校园中，真正实现阅读促进活动由图书馆员与学校教师共同参与策划和执行，通过这种方法，进一步地丰富与完善校园文化生活，也会进一步增强学生对阅读活动的参与感；所谓"请进来"就是说要进一步加强图书馆员与学校教师的互动沟通，在学校教师的带领下，学生主动参与到活动中。这种方法为学生亲近图书馆、熟悉图书馆提供了极大的空间和自由度，可以在潜移默化中培养学生的图书阅读兴趣。

（3）加大社会实践活动的组织力度。社会实践活动可以极大地丰富学生的寒暑假生活，而公共图书馆在组织和开展学生社会实践活动中可以有效发挥其平台搭建者的角色作用。具体来讲，公共图书馆可以邀请学生担任图书馆的寒暑假志愿服务者，为学生提供一个熟悉图书馆馆藏结构、提升有效利用图书馆资源体系和自身综合素养的平台。

4.公共图书馆与社区联合开展未成年人阅读推广活动

服务型社区作为当今社区建设的主要发展方向，要求社区服务中心在开展社区服务时始终践行"情系社区，服务万家"的基本理念，以有效改善社区居民的生活环境为目标，为居民提供所需社区服务，帮助社区居民建立和谐的邻里关系，使生活矛盾得到有效调节。与此同时，它们还承担着为中小学生校外活动、公益活动提供志愿服务、文化娱乐服务等职责，以及温暖社区服务建设的重要责任。因此，公共图书馆与社区之间需要建立起联系紧密的合作关系，优势互补、资源共享，共同促进未成年人阅读的推广。同时，使社区服务中小学生活动的质量显著提升，也真正发挥公共图书馆的图书利用价值。

具体来讲，二者之间推广未成年人阅读的联合实现途径主要包括：建立社区图书流通站，未成年人应社区工作人员之邀到馆参观学习，并为社区未成年人阅读促进活动发挥必要的辅助作用。

（1）建立社区图书流通站。社区的存在，为放学后无人接送的小学生提供了安全的学习和课后作业的空间。之所以会出现这种情况，主要在于小学生放学时间与家长下班时间的错位，小学生一个人在家必然会引起家长的担心，因此社区学习成了一个绝佳选择。在社区里，孩子们的校外生活和学习辅导主要由社区工作人员负责，这一点对流动儿童较为集中的学校尤为重要。但社区生活也存在着单调乏味等问题，孩子们的日常只有写作业和嬉戏打闹，这就促使公共图书馆与社区之间建立合作关系十分必要。社区图书流通站的建立，不仅使小学生的生活更丰富多彩，也为小学生阅读需求的满足提供了极大的便利。

（2）未成年人应社区工作人员之邀到馆参观学习。作为推广和宣传图书馆的好方法之一，未成年人，尤其是距离图书馆较远的未成年人应图书馆工作人员之邀到馆参观学习可以有效改善因父母过于忙碌无暇顾及孩子的图书阅读，以及因自身年龄小，孤身前往图书馆阅读的潜在风险。与此同时，社区工作人员就应当积极承担对未成年人的社会责任，带领其安全前往图书馆开展课外阅读活动，可以在熟悉图书馆的同时引导未成年人养成阅读兴趣和良好的阅读习惯。

（3）为社区未成年人阅读促进活动发挥必要的辅助作用。对于使未成年人的生活更加丰富和多样化而言，在不断扩展和深化社区服务的背景下，社区工作人员组织举办的未成年人节假日文化娱乐活动发挥了重要作用。但是，对于阅读推广活动进社区的实现而言，必须依靠专业的图书馆员作用的发挥，作为专业的阅读推广人，与社区工作人员联合组织各种多样化、趣味性的阅读促进活动，可以极大地便利未成年人享受公共图书馆员的专业文化服务，与此同时，也起到了图书馆的宣传扩大化作用。因此，这种既满足未成年人阅读需求，又促使宣传图书馆的方法成为未成年人阅读推广的重要途径。

5.公共图书馆与社会教育机构联合开展未成年人阅读推广活动

公共图书馆联合社会教育机构，主要通过共同举办多样化的阅读促进活动来实现共同推广未成年人阅读的目的。

社会教育机构的创办者多为一些有理想、有才能、有魄力、创新型的有志人才，特别是得益于国家政策向大学生创业支持政策的偏移，一批由优秀大学毕业生创办的未成年人教育机构雨后春笋般涌现，他们将共同的价值追求、先进的办学理念以及吃苦耐劳的敬业精神和精诚合作的合作精神融入办学过程中，希望通过对办学理念、教学方法的扩大化宣传，引导尽可能多的未成年人参与到阅读活动的组织中，扩大知名度。同时，图书馆要变革观念，以更大的包容度和接纳度来和他们开展合作，共同推动未成年人阅读推广活动的举办，并给予未成年人以丰富的情感和心理体验，进一步提升阅读促进活动的多样性，为阅读活动注入更多鲜活的元素和能量。此外，吸收其他元素的优势，共同促进、共同进步，从而唤醒未成年人热爱图书馆、利用图书馆的热情，与此同时，也搭建了一个平等开放的平台，便于图书馆员和社会教育机构老师互相交流、优势互补。共同进步，共同提升教育水平，改善未成年人的阅读现状。

6.馆际合作开展未成年人阅读推广活动

通过进一步强化馆际合作来实现未成年人阅读得到更深度推广的方式，通常表现为以下几种：共享馆藏资源、交流学习、共同组织以促进阅读为目的的活动。

因此，各公共图书馆、少儿图书馆、中小学图书馆要不断加强馆际的合作，无论是共享馆藏资源，还是联合举办各种阅读促进活动，都要积极寻求合作、学习和交流的可能，通过整合各自的服务优势，实现阅读推广活动覆盖面和影响力不断扩大的目标。更进一步来讲，通过对未成年人阅读共同推广的合力，带动形成全民阅读和文明社会氛围。

7.公共图书馆与新闻媒体联合开展未成年人阅读推广活动

对于阅读推广活动的组织者和读者而言，新闻媒体发挥着重要的媒介作用，强化公共图书馆与新闻媒体之间的深度合作，可以充分发挥新闻媒体的传播优势，这对扩大公共图书馆影响力，广泛宣传公共图书馆多方动态、公益性和服务范围等内容都将发挥重要作用。与此同时，能进一步提升图书馆的知名度和舆论导向作用，将公共图书馆的功能和服务全方位展现在读者面前。特别是公共图书馆在开展各种阅读推广活动时，更要借助媒体优势（即辐射范围广、传播速度快、传播效果好等），通过强化活动的宣传力度，为活动的顺利开展吸引更多关注度，引导更多未成年人参与其中，激发利用图书馆丰富资源的积极性。总之，想要使未成年人向热爱阅读的优秀人才过渡是一个漫长且复杂的过程，除了公共图书馆的功能发挥外，还有赖于公共图书馆员的辛勤付出和努力，需要不断优化公共图书馆的服务机制，积极寻求与一切资源的深度合作、优势互助和资源共享，只有这样才能进一步完善、助力未成年人文化素养全面提升的阅读推广服务体系。

二、公共图书馆未成年人阅读推广活动策划

策划是一种战略和规划，确定主题后，可以围绕这个主题展开。在知识经济时代，策划是一种智慧的结晶，体现了策划者的创造性思维和理性思维。目前，策划在不同的行业领域中被广泛使用，在不同的行业中对策划的定义也各有不同。在公共图书馆未成年人阅读推广活动中，这一活动策划通常意味着：在具体活动实施之初，主办方在调查

分析相关材料的基础上，根据活动目的，按照一定步骤，计划和制订系统、全面、合理和可操作的行动计划的过程。

（一）公共图书馆未成年人阅读推广活动策划的意义

"服务活动化"是一个新鲜理念，这一理念已经被广泛用于公共图书馆的日常工作中，通过"服务活动化"能够带给未成年人更加丰富多彩的业余生活，发挥未成年人才能、激发未成年人的阅读兴趣，引导他们广泛阅读。

无论是在国内还是国外，公共图书馆都认同"服务活动"这个新鲜理念，并将其落实到了图书馆日常服务中，然后在此基础上不断探索创新，开发出一系列的未成年人阅读推广活动。在中国，阅读推广活动可以说是丰富多彩了，这也体现了图书馆和地域的特点。例如，在荆门市图书馆中，"快乐星期天"是这一地区非常有特色的少儿活动；在甘肃省图书馆中，开展了一系列主题活动，"亲子阅读推广活动"促进了孩子和家长之间的读书交流；在其他图书馆中也有很多优秀的阅读活动，如"快乐阅读"大大激发了未成年人的读书兴趣。在国外最著名的活动包括美国图书馆协会发起的"让我们来谈谈它"阅读活动，在德国最火的是"阅读起跑线"项目，这些项目都是非常优秀的未成年人阅读推广活动，有着非常深远的意义。

总而言之，这些未成年人的阅读推广活动，不仅有国内深受未成年人欢迎的阅读推广活动，也有国外同样优秀的项目。它们的名称、主题都非常有创意，对未成年人阅读推广活动的开展有积极影响，都在为了促进全民阅读的发展目标而努力。在这一过程中，除了公共图书馆外，还有各种社会和教育机构都参与其中，多方共同协作才有了良好的推广效果。所有活动安排都需要工作人员用心策划，敲定活动主题、确定组织形式和活动流程等每一个环节都不能出差错。未成年人阅读推广活动的成功离不开科学合理的策划，优秀的活动策划可以有效提升公共图书馆的社会知名度，加强公共图书馆在人们脑海中的形象。在策划未成年人阅读推广活动时，要不断创新，跟上时代的发展，保持未成年人在公共图书馆开展活动中的主体地位，激发未成年人的好奇心、热情，让他们能够踊跃地参与到阅读推广活动过程中，满足他们的阅读需求和文化需求。

（二）公共图书馆未成年人阅读推广活动策划的类型

针对未成年人，公共图书馆在策划阅读推广活动时，主要有以下五种类型：

1.按阅读推广对象的年龄划分

（1）婴幼儿。婴幼儿阶段，对于他们的阅读推广活动策划要考虑婴幼儿启蒙读物方面的内容。

（2）学龄前儿童。婴幼儿的下一阶段就是学龄前儿童阶段，对于他们的阅读推广活动策划要考虑到儿童要了解学前读物方面的内容。

（3）学龄儿童。这一年龄阶段的儿童已经步入学校生活，开始学习知识，对他们开展的阅读推广活动策划可以围绕知识拓展方面进行。

（4）青少年。青少年读物有很多，围绕他们的阅读推广活动策划可以更丰富化，活动多样化。

2.按阅读推广活动的场地划分

（1）首先策划阅读推广活动的地点可以是图书馆内部。

（2）然后策划阅读推广活动的地点可以是图书馆外部。

3.按阅读推广活动的规模划分

（1）按照规模来划分，最大的是大型阅读推广活动策划。

（2）规模相对小一些的中型阅读推广活动策划。

（3）规模最小的小型阅读推广活动策划。

4.按阅读推广活动的合作对象划分

（1）在策划未成年人阅读推广活动时，可以和幼儿园合作开展。

（2）与学校开展合作。

（3）与家长开展合作。

（4）与媒体开展合作。

（5）与社会教育团体开展合作。

（6）与社区开展合作。

（7）与其他图书馆开展合作。

（8）与出版社开展合作。

（9）与其他社会团体开展合作。

5.按阅读推广活动的频率划分

（1）在日常生活中，策划与日常生活相关的阅读推广活动。

（2）在节日时期，可以策划相关主题的阅读推广活动。

（3）在发生社会热点事件时，可以策划与社会热点相关的阅读推广活动。

（三）公共图书馆未成年人阅读推广活动策划的步骤

在深化全民阅读活动的过程中，公共图书馆扮演着重要角色，在围绕未成年人阅读策划活动时，要贴合推广主题，深入研究读者的阅读心理、阅读喜好、阅读技巧等内容，根据实际情况，系统、全面地规划各项阅读推广活动，推广活动要做到科学、理性、务实、创新、有时效性、有激励性，要让阅读推广活动在未成年群体中有影响力。图书馆开展阅读推广活动，可以激发未成年人的参与热情，激励未成年人走进公共图书馆阅读图书，激发他们的阅读兴趣。同时，也提升图书馆的社会影响力。图书馆的普及将让阅读推广活动变得更普及，更有知名度，吸引到更多未成年人参与，也进一步推动了全民阅读的发展，为社会营造一个良好的读书氛围。

公共图书馆策划一个活动主要包括以下步骤：

1.组建未成年人阅读推广策划团队

优秀的推广策划团队是推广策划活动成功的基础和前提，未成年人阅读推广策划团队的成员，必须符合以下条件。

一是对于图书馆事业有热爱之心，服务意识强，有担当和责任感，对工作抱有极大的热情，愿意为未成年人阅读活动奉献出自己的力量。心中不仅有青少年儿童，还要有教育，有国家，有民族。

其次，人际交往能力强，了解与未成年人沟通的技巧，语言表达能力突出，能够了解未成年人的需求并能够和他们友好沟通，可以耐心地听未成年人的声音。除此之外，与自己团队的成员也能和睦相处，一起进步。

第三，需要具有创新意识，有创新能力，能够跟紧时代脚步，有持续学习的心。在工作过程中，能够认识到公共图书馆的发展趋势，懂得变通，适应能力强。在实践过程中能够将理论知识与之结合，设计出完整有新意的活动策划方案，吸引未成年人的注意力，使他们乐于参加阅读推广活动。

第四，观察和分析问题的能力要强。阅读推广活动要能够捕捉未成年人的阅读需求，寻找创新灵感推动阅读活动的发展，并定期总结分析每项活动，确定活动的优劣势，持续改进，根据反馈内容优化活动内容和形式，使阅读推广活动丰富多彩。

第五，学科知识丰富。工作人员不仅要了解图书馆相关专业知识、了解图书馆的藏书信息，还要了解并遵循儿童教育、心理学等方面的知识。在工作过程中，能够根据未成年人的特征为未成年人制订促进阅读活动的方案。

2.调查分析目标读者的需求

为了在阅读推广活动中实现阅读推广活动的目的，达到预期目标，在进行策划前，不仅要分析读者覆盖面，而且需要摸清楚读者的阅读需求，需要尽可能地收集直接信息，同时加强与未成年人教育相关的每个环节人员的沟通，共同研究、探讨，然后总结分析未成年人阅读的爱好与需求，从而策划贴合未成年人的阅读推广活动。

研究分析方法主要包括问卷调查、在线互动平台、讨论会、行动计划征集等各种方式。在了解宣传计划后，可通过这些渠道搜集读者对阅读活动的意见和建议，为切实可行的计划的制订奠定良好基础。例如，很多公共图书馆会在图书馆举办读者研讨会，或通过让读者填写调查问卷来倾听读者的声音，了解读者们的阅读需求。在多方协作努力下，更有效地落实阅读推广活动，科学评价图书馆服务和儿童阅读推广活动，将阅读推广活动过程中的优势及不足总结出来，保持活动优势，改进活动的短板，促进未成年人阅读的热情，持续优化活动取得良好的效果。

3.确定未成年人阅读推广活动主题

在进行阅读推广活动时，确定主题是活动策划最重要的步骤，若活动主题鲜明新颖、意义深刻，那么便可以高度概括活动内容，不仅指明活动方向，确定中心内容，同时也让人有发现新鲜事物的感觉，同时也唤起了读者的好奇心，使其对活动充满期待，未来更加渴望尝试。

活动主题的制定方式有：依节日内容而定；依社会热点而定；依日常情况而定；根据多元、全面的衍生服务内容来确定；强化合作的理念，寻找合作伙伴，协同进行活动主题的确定工作。

4.制订活动详细计划并落实活动责任

周密的活动计划是推广未成年人阅读活动的基本保障。因此，为了实现阅读活动的目标，首先应保证阅读活动可以有序、合理进行，活动计划的内容应是系统、可行的。计划应包括相关主题、活动内容、进行时间、地点环境情况、参加对象、奖品奖励等，特别是举办一些大型的推广活动，应做好音效、灯光等工作，以体现活动的盛大，提升其在公众中的影响力。活动计划制订完毕后，工作人员应统筹安排，掌握好活动涉及的各项内容与步骤，有效与其他团队成员交流，协助其他成员全面了解活动，将活动中的工作进行分工安排，同时进一步细化落实责任。

5.活动宣传与活动实施

宣传渠道有本馆的网站、微信平台、QQ平台、微博、媒体等，宣传过程中应大力宣传活动主题、活动方式、时间安排、地点环境、参与对象、评选奖励等内容，努力提升活动的知名度与影响力，唤起未成年人参与活动的热情，营造图书馆品牌。

6.撰写活动报道

撰写活动报道，可以有效体现图书馆的精神理念、激发工作人员信心、增强馆员凝聚力，同时也有助于社会大众适时掌握图书馆的情况，提升公众对图书馆的关注度，也实现了推广项目、展示成果、推广体验、激发参与、树立品牌等的目的，引导更多的未成年人加入图书馆的阅读活动中来，借助活动，提升未成年人的阅读能力，促进公共图书馆的发展。

（四）公共图书馆未成年人阅读推广活动策划的评估

未成年人的阅读活动，是公共图书馆长期以来的重点工作之一，也是系统性的工程建设。每次阅读活动举办后，都应对此次活动的目标、模式、效益等，进行合理的研究、总结与反馈。

评估公共图书馆举办未成年人阅读活动的标准有很多，主要有以下几个方面：

一是未成年人参与活动的具体人数。从未成年人参加推广活动的人数中，可以大致确定活动举办的是否成功。若有大量未成年人参与该活动，则表明他们对该活动非常感兴趣。相反地，若参与人数非常少，则说明未成年人对这项活动没有兴趣，活动不吸引人，单调且无味，应继续完善活动内容，使推广活动更为有趣生动，进而吸引未成年人。

二是未成年人是否积极主动参与活动。具有较高的主动性与积极性，标志着活动是符合广大未成年人群的。相反，若活动并不是未成年人主动参加的，而是被成人强迫而为，那么，说明活动并没有从未成年人的个性与兴趣出发，这样的阅读活动是没有意义的，反而会让未成年人更加抵触图书馆活动，推广阅读的目的也不能实现。因此，未成年人在进行此类活动时，主动、积极的态度是衡量活动是否成功的重点。

三是参加阅读活动之后，未成年人是否更具有自信。组织未成年人参加阅读活动，应秉承鼓励原则，负责推广的工作人员应每时每刻关注未成年人的活动情况，善于发现优点，并进行表扬、支持，让所有的未成年人都可以在阅读活动中积极自主表达自我，抒发情感。

四是未成年人在阅读活动中的互动情况。现代教育实践表明，传统意义下的培训、说教、灌输等填鸭式的教育方式，已不适宜如今多样化和创新的社会，教育也不是单纯让学生得到知识、信息资源，而是教给他们如何辨别事物，使未成年人能够积极探索、学习与研究。所以说，教育是互动的过程，对未成年人进行阅读推广时，要关注交互程度，激发未成年人的活动热情，鼓励他们不断创新、沟通，活动的同时感受其中的乐趣。

五是阅读活动结束之后是否得到家长认同。家长是否支持阅读活动是检验阅读活动是否成功的因素之一。

六是阅读活动有没有真正地实现对未成年人阅读的促进作用。未成年人的阅读活动效果，是检验阅读活动成功与否的重要标志，成功的阅读活动应该能够促进未成年人养成热爱阅读的习惯。

第十一章　公共图书馆在阅读推广活动中的问题与对策

公共图书馆作为供广大人民群众阅读、学习的文化交流平台，保障了人们基本的阅读权益，满足了人民群众基本的精神文化需求，而加强公共图书馆阅读推广，更有助于公共图书馆充分发挥上述作用价值。然而当下公共图书馆在阅读推广方面依然存在一些不足之处，因此有必要对公共图书馆阅读推广问题及对策进行探究，对于推进我国实现文化强国建设具有重要的意义。

第一节　公共图书馆在阅读推广活动中存在的问题

公共图书馆在积极开展阅读推广活动，为全面带动全民阅读，推动基础性阅读方式建立和阅读习惯养成不懈努力着，但目前，公共图书馆乃至全社会的阅读推广活动仍普遍存在一些问题，主要表现在：未形成全民阅读机制，没有建立全民阅读组织领导机构，在组织上缺乏指导机制和保障机制；经费的缺乏，制约了推广活动发展的广度和深度；全民阅读氛围不够浓厚；对阅读推广人培养不够，缺乏推广活动组织人才，无法开展高层次的阅读推广，缺乏大型阅读推广品牌，很难激发读者的参与热情；推广活动尚未制订整体规划，缺乏有效的指导机制和长效的推广机制；活动缺乏创新，影响力不够；宣传策略缺乏创新，社会各界参与度不够，呈现出应景性和短期性倾向；活动内容比较单一，缺乏特色活动，品牌建设亟待加强，公共图书馆数量及馆藏资源匮乏；图书会、全民阅读会等缺乏专业的图书馆员的专业指导。组织全民参与、培养阅读习惯是推动全民阅读的工作重点和难点，公共图书馆在阅读推广中要以各种手段激发用户阅读兴趣。这些问题在一定程度上影响了全民阅读推广活动向更深、更广、更规范有效的方向发展。

一、公共图书馆发展不完善，建设不均衡

目前，我国公共图书馆的藏书量、数字化程度参差不齐，而且发展也不平衡，导致无法满足广大读者的需求。具体来说，公共图书馆主要包括一级（省级）二级（市级）、三级（县级）公共图书馆，而规模最大的是一级公共图书馆，二级公共图书馆和三级公共图书馆的规模相对较小，藏书量也比一级公共图书馆少。一级公共图书馆计算机设备、存储柜设备等都比较先进，桌椅等配套设施数量较多。而二级和三级图书馆由于占地面

积有限，阅读基础设施薄弱、条件落后、空间狭小、设备数量远远不及省级图书馆。书籍管理也存在一定的问题，有些优秀的文献书籍难以被读者查阅，造成公共图书馆应用功能的缺失，难以满足读者的阅读需求。

公共图书馆在全民阅读风气的倡导方面具有举足轻重的作用，国内外全民阅读风尚佳的城市，都有丰富的全民阅读资源及方便的全民阅读场所，其公共图书馆数量及馆藏资源一定充足。然而，地方政府对公共图书馆的建设重视程度严重不足，各省市的图书馆建设，大部分未有全盘的规划及整体政策，没有足够的图书馆设施、缺乏专业人员提供专业服务、不重视馆藏资料充实。图书馆无馆藏发展计划，未能逐年充实各种类型及各种主题数据，馆藏内容以休闲性居多，馆藏质量不能满足民众全民阅读需求及学习、工作精进和自我成长需求。

现在人们都追求简单快捷的生活，公共图书馆也要满足这种需求，尽可能简化一切程序，为读者阅读提供方便。目前公共图书馆存在如下几个方面的问题：首先，没有简化借书程序、延长图书馆开放时间。其次，现在除了工作、学习，只有到晚上才有时间去图书馆借阅书籍。所以要提供自主查询设备，方便读者快速找到所要书籍的准确位置，以节省时间。最后，要对每一位图书管理员严格要求，必须对所负责的馆藏图书的分类和大致位置充分了解，要主动为读者提供服务，帮助寻找。公共图书馆方便快捷的借阅条件可以更加有力地推动全民阅读。

二、馆员专业性有待加强，服务水平有待提高

图书馆的活动宣传一般使用固定媒体渠道比如报纸、网站、微博、微信公众号及图书馆内的电子屏幕，这都是公共单位常用的媒体宣传渠道。但是这些渠道都有一定的局限性：报纸本身的发行阅读量日渐减少，大多数人不再阅读报纸；官方网站和微信公众号开设的服务内容虽然很全面，几乎涉及目前图书馆开设的全部服务活动，但是读者使用和关注的仍然是自己熟知的部分服务功能，而使用数字图书馆、全民阅读平台功能的人却不多；虽然开设有 24 小时自助服务，但目前能满足的功能非常有限。而且这些宣传的途径令读者处于必须主动去了解的状态，不能常去图书馆或者不能使用网络服务的读者是没有办法获得更多的活动信息的，而读者恰恰是以中学生和老年人为主，本身无法便利地使用网络功能，这就使得阅读服务的宣传效果大幅缩减，自然会造成很多读者无法了解活动信息的结果。

国外图书馆非常重视说故事、读书会、全民阅读指导等活动，坚持一定要由专业的图书馆员负责，从选择适合的图书数据、为不同的对象设计不同的阅读活动，到实际执行，都是由专业的馆员去做。反观国内公共图书馆在这类活动的执行上都交给毫无图书

管理经验的志愿者，志愿者只接受过简单的训练，对于如何在活动中为不同对象挑选适合的读物、如何导读和为不同程度、兴趣甚至有阅读障碍的民众选择适合的读物等方面的能力不足。人员的专业性是影响活动效果的一个重要因素。很多馆员和领导都不是图书馆学专业出身，大多都缺乏图书馆专业的学科知识背景，加之传统图书馆服务以图书借还为主，很多人对专业素养不够重视，这导致在开展阅读服务活动的时候，不能准确地从图书馆服务整体的生态结构出发，宏观地构建服务体系和内容，这些都影响了阅读服务活动的开展。

特殊群体和残障人士作为社会弱势群体，是全社会要关注的对象，公共图书馆也应该格外注重这类人群的阅读需求。目前公共图书馆没有营造良好的阅读环境，提供专人、专业的服务方式和帮助。如为失聪人士配备手语老师，讲解书中内容；为视障人士配备智能阅读器或建立盲文阅读室或有声读物阅读室等；为行走不便的残疾人提供轮椅、推送员，开设专门残疾人便捷通道等。在特殊群体和残障人士获取信息方面，公共图书馆应消除障碍，为他们创造良好的阅读条件。

三、过度迎合读者需求，书籍质量待提升

读者偏爱的图书馆个性化阅读服务和图书馆长期举办的阅读活动中，最受欢迎的是电影放映，读者对活动内容和形式的需求是同样注重的，但是目前图书馆的很多活动似乎陷入了一种重视活动形式而忽视内容质量的氛围中，在举办活动时关注点大多都在参与者的数量、活动的规模、媒体的关注度上面，虽然想让读者关注就必须有一个好的平台，但是这实际上是跟公共图书馆"以读者为本"的服务宗旨相违背的。图书馆经常会举办展演活动，报告厅内载歌载舞，媒体也给予很高的评价和关注，但这却使很多需要安静阅读的读者苦不堪言，非常抵触这样的活动形式，反而对再度开展类似活动不利。而参与这些活动的读者也仅关注表演本身，对于活动本身的内容和意义反而不是很感兴趣，活动结束了，很多读者可能也就忘了活动的目的，没有达到实际的效果。

同时，为了吸引读者，图书馆会根据读者的需要开展一些服务项目，但其中一些服务并不是为了更好地引导读者形成长期、良好的阅读习惯和行为而开展的，比如图书到期短信提醒服务。开馆初期很多图书馆开展此项服务是出于便利读者的目的，但是技术条件的限制，导致短信提醒时常出现偏差，造成许多严重的纠纷，而短信提醒的存在也使得读者不再主动关注借阅信息，过分依赖提醒，久而久之，对图书馆的各项服务都形成了过度依赖，要求图书馆能够提供全方位、无微不至的服务，对图书馆的工作性质也产生了误解。这对以后的工作都造成了很不利的影响，所以图书馆需要满足读者的需求，但也要量力而行，不能过度迎合，这对引导读者养成良好的阅读习惯有害无益，也违背

了公共图书馆服务大众的初衷。

社会大众重视功能性阅读，为了投资理财，全民阅读财经企管书籍；为了个人健康，全民阅读养生保健书籍；为了满足口腹之欲，全民阅读美食书籍；为了子女教养，全民阅读亲子关系及儿童教育相关书籍。学生家长更是重视功能性全民阅读，对学习考试有帮助的全民阅读，如何让孩子得高分的全民阅读，家长举双手赞成，但对休闲全民阅读则不鼓励，一切以升学为重。民众在休闲生活中，选择单纯享受阅读乐趣的情况较为少见。另外，近年来，绘本图书大量发行，大人小孩都爱读绘本，学校、公共图书馆、小区举办非常多绘本故事、绘本导读、绘本讲座活动。然而大量读绘本导致很多儿童停留在读图多字少读物的阶段，遇到文字量较大的书，便不愿意阅读，或是出现阅读障碍，影响了其阅读理解力的增进。

四、活动缺少固定机制，形式缺乏创新

目前公共图书馆开展的阅读服务和活动基本上形式接近，没有太多的创新，一部分原因是很多图书馆在创设活动方面没有太多的经验，也没有特别高素质的图书馆人才去创新。这就导致了很多公共图书馆复制其他图书馆阅读推广活动的模式，活动内容和形式也基本上差不多，阅读推广活动就局限在这些形式里面，很难得到改变和创新；另一方面是由于经费、人力的限制，无法开展太过复杂和多样的服务。

公共图书馆经费紧张是常有情况，虽然经费问题会在很大程度上影响图书馆举办活动、开展服务的进度和形式，但是单纯依赖经费投入，并不能从根本上解决读者参与度不高的问题。活动形式单一，时间久了就很难调动起读者的积极性与兴趣，降低读者的参与热情，自然会直接导致公共图书馆阅读服务效果不佳，久而久之不仅浪费了图书馆的人力物力，对图书馆以及本地区的公共文化发展也是一种损失。

五、家庭阅读推广活动存在诸多问题

1.活动缺乏系统性、长效性

一方面，目前，业界对于"阅读推广""图书馆阅读推广""公共图书馆家庭阅读推广"尚无标准的学术定义，缺乏成熟的理论指导，公共图书馆家庭阅读推广与图书馆的其他活动，比如图书馆书目推荐、图书馆营销、图书馆宣传、图书馆展览等活动盘根错节、边界混淆。现阶段公共图书馆家庭阅读推广活动总体较为盲目、杂乱，尚未步入有序、长效、可持续发展的科学发展轨道。

2.推广目标角色缺位

公共图书馆家庭阅读推广的主要推广目标是以家庭为单位的家庭成员。然而，现实社会中，由于文化传承的流失，传统家庭书香氛围在很多家庭难寻，家庭阅读不被重视，家庭阅读意愿普遍不足。部分家庭阅读理念狭隘，阅读功利心强，阅读的出发点大多是教育功能，期望通过阅读迅速提高学习成绩、获取功名等，并非为了个人的兴趣和习惯而阅读。与此同时，科技飞速发展，新的信息技术和产品层出不穷，信息的来源和获取方式繁多，人们对书籍的阅读需求减弱，家庭藏书量有不断减少之势，家庭阅读氛围随之减弱。上述家庭阅读的种种现状导致家庭阅读推广的目标角色缺位。

3.推广对象覆盖面窄

现阶段，谈到家庭阅读推广，其对象大多数是儿童，且常常是4~12岁的儿童，对0~4岁的低幼段儿童、12岁以上青少年以及成年人的关注都较少，家庭阅读推广对象覆盖面较窄。实际上，无论是一般阅读推广还是家庭阅读推广，其根本目的应是"全民阅读"，即面向对象应该是全体社会成员。无论是低幼段儿童的早期阅读，还是青少年、成年人、老年人的阅读都是重要的。但当前家庭阅读推广对此关注不够，这也意味着公共图书馆在家庭阅读推广需求方面的挖掘尚有空间。

4.缺乏核心阅读推广团队

当前，公共图书馆家庭阅读推广活动多是与社会力量合作开展的，公共图书馆主要提供场地、平台，活动的具体实施大多由图书馆员辅助志愿者或合作机构完成。在此过程中，图书馆员常做些常务性工作，多为辅助性角色；而志愿者和合作机构不太稳定，常常难以长久坚持纯公益性工作，在工作一段时间后，大部分会独立出去，走向盈利，合作机构尤其如此。专业人员的知识结构不均，图书馆学专业人才较为缺乏，是公共图书馆目前存在的主要问题之一。总之，公共图书馆尚缺乏核心阅读推广团队，比如具备家庭阅读推广专业基础的图书馆员以及能够长期坚持做公益的家庭阅读推广志愿者群体等。

第二节 公共图书馆开展阅读推广活动的策略和建议

一、公共图书馆阅读推广的策略

公共图书馆目前的阅读推广整体水平不高，阅读推广效果也亟待增强。需要顺应时代的发展趋势，利用合适的技术，根据受众需求合理配置资源，优化推广内容和推广策略，不断积累受众群体。

1.线上线下相结合的推广策略

随着移动互联网的发展，图书馆在开展传统现场活动吸引读者的基础上，也日益重视利用各种线上平台进行读者互动和活动等。相比而言，现场活动情境感强但便利度较低，线上活动便利度高但情境感较差。要想达到好的活动效果，就要充分利用线上、线下两种渠道，将物理空间推广和虚拟空间推广有机结合，提升活动的广度与深度。深圳图书馆微平台近年来采用线上线下相结合的形式，开展了多场次多类型的读者活动，收到了良好的活动效果。如线下采访读者，线上制作"微访谈"视频；线上利用手机摄影软件"足记"征集照片，线下打造"光影深图"读者摄影展，都获得了读者的一致好评。

2.游戏式的趣味性推广策略

移动互联网时代，新媒体运营的核心就是如何让用户感受到"趣味"，阅读推广更是如此。阅读推广是否成功，很大程度上取决于是否有趣。游戏式推广因其强大的趣味性优势，创新了图书馆阅读推广方式，成为图书馆界的一股鲜活力量。游戏式推广通过有趣的、个性化的互动设计，既能引起读者的兴趣，又能把图书馆的阅读推广信息推送给读者，收到极好的效果。例如清华大学图书馆推出的"排架也疯狂"游戏，重庆大学图书馆推出的"我的任务"游戏，深圳图书馆开展的"页底藏花，书中有宝"有奖寻宝活动，温州市图书馆开展的"图书馆奇妙夜"，都以游戏的方式，吸引了大量读者关注和参与，达到了"有趣"同时"润物细无声"地推广阅读的效果。

3.基于大数据分析的精准推广策略

传统的图书馆阅读推广都是基于图书馆业务角度，一对多地主观推送自认为合适的内容，加上互动性不足，久而久之，容易造成用户的流失。随着大数据技术的应用，为图书馆阅读精准推广带来可能。首先，以用户为中心，利用大数据技术收集用户的个人信息、浏览历史、服务需求、服务评价等一系列海量数据，通过数据挖掘，实现读者与图书馆资源的精确匹配，在此基础上实现资源与服务的个性化推送。其次，实时发布图书馆服务大数据，包括当前读者流量、资源使用量、服务量等。通过位置识别，智能推送附近图书馆和各类可利用的图书馆服务点。再次，将图书馆服务数据和读者个人数据以账单形式发布，鼓励读者晒阅读账单。例如深圳图书馆推出了图书馆年度账单和读者个人年度阅读账单。通过晒账单，向公众展示了图书馆上一年度的服务情况，宣传和推广了图书馆的资源与服务，增加图书馆的社会影响力。同时通过记录见证读者在阅读和利用图书馆方面的情况，激励读者更多地使用图书馆资源和服务，增加读者对图书馆的归属感和眷念感，是一种很好的阅读推广方式。

4.社会化合作推广策略

移动互联网时代是寻求跨界合作的绝佳时期，阅读推广也不能闭门造车。图书馆通过与社会各行业合作，共享彼此资源，搭建新的服务平台，开发新的服务功能，开展新的合作推广，既能有效降低成本、实现双赢，又能促进图书馆的转型升级，扩大图书馆的阅读推广影响力。图书馆行业联盟一直以来都在为全民阅读推广和图书馆均衡发展努力。图书馆开展阅读推广，应该寻求的就是行业内的合作，通过增强图书馆之间的交流与合作，实现跨区域的阅读推广活动协同。图书馆也可以通过和出版社、数据库商等传统供应商合作，从资源生产链上实现对阅读推广内容的一站式服务。图书馆还可以与豆瓣、当当等各类阅读新媒体或机构合作，开展联动营销等各类阅读推广合作项目。

为加快移动互联网时代图书馆转型升级，越来越多的图书馆开始寻求与腾讯、支付宝等移动互联网巨头合作。浙江图书馆和支付宝、腾讯大浙网签有战略合作伙伴协议。深圳图书馆与蚂蚁金服合作开发了支付宝城市服务功能，将线上业务接入支付宝城市服务。深圳图书馆与腾讯公司达成全面战略合作意向，将线上业务接入微信城市服务，并将"QQ阅读"链接到深圳图书馆微信订阅号手机阅读服务之中。

除了行业联盟和互联网机构，图书馆也可以积极寻求与其他社会机构合作，开展更多形式、更广范围的阅读推广活动。图书馆可与地铁公司合作推出面向地铁乘客的公益性阅读推广项目，将精选的电子图书二维码推送至乘客身边，营造移动书香空间。图书馆可通过新媒体平台，与学校合作开展"课后也精彩"青少年数字资源网络答题活动。

二、运用新媒体应用技术进行阅读推广

互联网时代公共图书馆阅读推广的渠道更加多元，内容更加丰富，形式更加多样。层出不穷的新技术为图书馆阅读推广提供了应用支撑和发展动力，如二维码技术、HS场景应用、多媒体技术等。积极探索这些技术在阅读推广中的应用，将极大地推进图书馆阅读推广工作的开展。

1.二维码技术

二维码是按一定规律在平面分布的黑白相间的矩形方阵记录数据符号信息的一种条码格式，可以通过图像输入设备或光电扫描设备自动识读，实现信息自动处理。二维码功能广泛，可以用于信息获取、网站跳转、防伪溯源、优惠促销、会员管理、手机支付等领域。图书馆界目前对二维码技术的应用也比较多，主要表现在信息获取、移动支付等方面。读者可以出示手机、平板电脑等移动终端上的二维码读者证，也可以通过手机、平板电脑扫描二维码直接登录图书馆网站或系统。二维码可以作为线下用户获取线上信息或服务的最快入口，图书馆可以有针对性地整合阅读推广服务，在合适的时间、地点以二维码的方式展示出来供读者扫描以获取相关服务信息。

2.多媒体技术

多媒体技术是对文本、声音、图像和视频等多种媒体综合处理的技术。多媒体技术使信息变得更加直观和有吸引力。移动互联网时代，多媒体技术仍然是图书馆阅读推广的中坚力量。图片处理方面，新媒体传播对图片的重视达到了很高的程度。音频技术方面，主要可以应用在听书资源和朗读类活动上，比如近年来在图书馆日益流行的朗读亭活动，受到了读者的广泛欢迎。在视频技术方面，利用微电影的方式进行阅读推广，是各大图书馆经常利用的手段，如清华大学的《爱上图书馆》系列短剧，北京大学的《天堂图书馆》微电影，都产生了极大的影响。

3.其他技术

除了，上述目前应用较为广泛的技术之外，还有很多移动互联网技术，比如动漫技术、体感技术、虚拟现实技术、人工智能等，都在图书馆阅读推广领域有着广泛的应用前景。新媒体平台不断出现的新生态，也成为图书馆可以积极利用的新技术，比如微信小程序这一新生态的出现，再一次影响了图书馆的新媒体阅读推广。

技术应用方面，目前二维码技术在公共图书馆界应用的较为普及，主要被用于服务推广和活动宣传，取得了很好的推广效果。多媒体技术方面，图书馆较擅长传统的多媒体技术，而对新兴技术的掌握尤其是创意发挥方面需要进一步加强，如当前最流行的短视频营销，技术门槛日益降低，对创意的要求也就越来越高。

三、公共图书馆开展阅读推广活动的建议

过去，我国图书馆在全民阅读政策的制定、全民阅读风气的推动上，缺乏整体规划，没有做到积极参与。我国过去数年甚至数十年的全民阅读教学理念、内容与方式，以及学校、图书馆推动全民阅读的方式和内容仍有很大的改进空间。全民阅读习惯的养成和全民阅读能力培养应从小开始，而且除了学校教育外，小区图书馆的数量、馆藏是否充实、全民阅读活动是否专业都会对全民阅读兴趣，全民阅读习惯和全民阅读能力造成影响。未来，图书馆除持续征集、整理及典藏全国图书信息，保存文化、弘扬学术，研究、推动及辅导全国各类图书馆发展外，还要运用特色资源致力于全民阅读研究、全民阅读政策及全民阅读风尚之倡导。公共图书馆参与的全民阅读活动开展要从知识共享和文化输出角度找寻突破点，从图书馆职能角度进行探索，应用信息技术构建线上服务体系，优化职能体系，调整管理模式，结合民众需求，全方位、多领域拓展服务，加快知识输出，为民众提供高质量阅读服务，进而增强公共图书馆参与的全民阅读的持续性和连贯性。

1.强化公共图书馆设施及充实馆藏资源

全民阅读活动的开展，需要加强组织领导，完善工作机制，在政策上给予扶持，在经费上给予保障，以保证全民阅读活动的持续性、有效性和广泛性。在制度的保证及经费保障下，公共图书馆应一方面扩充馆藏，降低社会成员阅读成本，另一方面进一步深化、丰富阅读活动，并创建阅读活动品牌，为市民提供多元化阅读服务，吸引更多读者参与阅读活动。相关部门应制定公共图书馆发展及推动全民阅读政策，并修订各级公共图书馆馆舍设备、人员及馆藏标准，促使地方政府能主动依人口数量建置足够的图书馆

设施，人口数量与馆藏数据相匹配，以充分供应民众全民阅读需求及个人发展的信息需求。公共图书馆的阅读场地是有限的，为了能够满足广大人民群众的阅读需求，公共图书馆不仅要建设在人口比较密集的城市，在各个县乡也应该建立市公共图书馆的分馆，图书要定期进行更新，这样即使是身处乡村的读者也能够随时阅读。

立体化阅读环境氛围的形成对于培养社会大众的阅读兴趣和阅读爱好十分重要。一般情况下，阅读环境需要图书馆、学校以及家庭的共同协作才能真正完成构建。就社会阅读环境而言，其构建的方向在于形成社会整体氛围，例如国家层面发起的"世界读书日"活动；除此以外，国家还可以考虑从立法层面指定专题化的阅读纪念日，进一步渲染阅读推广活动的社会氛围。就家庭阅读环境而言，可以围绕图书馆的亲子阅读活动，帮助家长在家庭环境中营造温馨和睦的亲子互动阅读氛围，这不仅可以促进家长和儿童的沟通交流，而且有助于培养儿童群体养成良好的阅读习惯。就学校阅读环境而言，建设的主要方向在于推动课堂阅读与课外阅读的良性互动，图书馆可以充分利用自身的馆藏资源协助学校实现课堂内外阅读资源的多维度拓展，还可以与学校共同举办形式多样的阅读推广活动，丰富学生的课外阅读内容和形式，从而达到营造公众与校园阅读氛围的目的。

公共图书馆自身要不断完善服务效能，提供方便快捷的借阅条件。比如要简化借书程序，延长图书馆开放时间。要提供自主查询设备，方便读者快速查到所要书籍的准确位置，以节省寻找时间，对每一位图书馆员专业知识方面要严格要求，必须对所负责的馆藏图书分类及大致位置了如指掌，主动为读者提供便捷服务、帮助寻找。

在公共图书馆进行阅读推广时，馆藏资源的丰富性和趣味性起着至关重要的作用。对于读者而言，提升自身素质最有效的方法是阅读经典书籍，阅读经典书籍的过程，是重新发现和建构经典意义的过程，一般来说读者很难自觉体会到这一点，特别是大部头的经典名著。在经典阅读推广中，要想取得良好的阅读效果，图书馆就要考虑到被推广对象在兴趣爱好、认知能力、知识结构等方面的差异，要结合不同的服务对象挑选经典的类型、深浅程度以及不同版本，才能精确提升读者的阅读水平。例如，在文学名著阅读推广中，对于初中以下学生，适宜推介名著缩写本进行阅读，而对于高中及以上的则推介原著阅读。同时，也需要考虑到在不同服务空间，陈列经典版本数量的合理化情况。

公共图书馆还可以对馆藏建设中的特藏资料进行加值运用，丰富全民的阅读材料。公共图书馆典藏在丰富古籍数据数字化后，不仅便利研究者使用，也让民众更了解国家文献的价值。另外，经由授权与出版社合作，让古籍拥有新的风貌，而且改写成通俗读物或儿童读物后，增进民众对历史的认识，尤其儿童读物可与学校课程配合，制作设计教案，相信对小学推动乡土教学，让民众拥有更丰富的全民阅读资源会有较大的推动作用。

2.实现公共图书馆资源共享和通借通还

所谓通借通还就是将为公众服务的图书馆搭建成一个服务平台，读者凭证件可在全市任意公共图书馆自由借还书籍。通借通还整合了公共图书馆馆藏资源，促进了各图书馆之间的联合，开拓了新的文献共享方式，使读者不受区域限制，体现了公共图书馆"以人为本"的服务宗旨，最大限度保障读者的阅读权利。各地图书馆要积极响应"通借通还"工作，将原本各自独立的公共图书馆，通过搭建平台，连接成全市服务网络，实现全市图书借阅服务全覆盖。

除了图书馆之间的通借通还，公共图书馆还可以依靠图书馆联盟的力量，实现联盟内部和联盟之间的合作，图书馆联盟是图书馆之间通过联合与合作，共建共享实现资源共享、互惠互利的联合体，阅读联盟的共建共享起到组织引领全民阅读的作用。成都市图书馆通过建立"全市读者总库"，将成都数字图书馆近9000万篇册数字资源面向全市21个区（市）县读者免费开放，任何区县读者在任意图书馆注册后即可马上使用成都数字图书馆，共享成都数字图书馆乃至整个成都地区的优质文化资源。各地公共图书馆应达成区域联盟建设协同发展共识，创新资源共享新模式，推动全民阅读深入发展。公共图书馆还可以在联盟内通过联合采购，使各地公共图书馆的文献资源布局各具特色，形成互补，提高文献资源使用的整体满足率。进行资源整合，建立统一检索平台，依托各地公共图书馆地理分布，实现全民阅读的便利性和均等化，实现一站式检索馆藏信息。通过各地公共图书馆多种合作模式，发挥图书馆行业整体服务效能。

虽然公共图书馆历来是全民阅读推广活动的主体，但是在目前图书馆社会影响力不突出的情况下，仅仅依靠图书馆的力量倡导全民阅读是远远不够的，图书馆必须加强与其他社会力量的合作，借助其他机构的优势和条件，将阅读推广活动持续地开展下去。首先，要加强与政府部门的合作，取得政府在政策、资金等方面的支持；其次，应加强与学术团体的合作，获得其专业性的指导；最后，应与媒体加强沟通，充分发挥媒体信息传播的作用，将宣传工作做到位。公共图书馆不能孤军奋战，要努力加强与社会力量的紧密合作，充分利用各种社会资源推动阅读活动深入社会生活。

从文化服务效益上来看，仅凭图书馆自身的力量来实现文化服务效益的最大化并不现实。因此，应该通过公共部门、私营企业和与第三方合作来共同开展文化服务，如此才能最大限度地实现文化服务的效益。阅读推广活动应该采用这种发展模式，除了图书馆自身进行策划组织以外，还需要政府部门、书店等多个部门及行业的联合行动，从而形成有效联合、多元发展的合作模式，进行资源互补、资源共享，从而实现阅读推广活动效益的最大化。在阅读推广活动合作过程中，各合作主体要根据自己的优势特点进行精细化目标定位。比如，学校可以根据学生的知识需求来推荐合理的读物；媒体可以借助自己的渠道优势来进行多角度宣传，扩大影响力。

3.提升图书馆员素质和服务质量

图书馆员是图书馆服务活动、全民阅读活动开展的人力基础，是图书馆职能履行和文化宣传的重要组织要素。公共图书馆全面参与到全民阅读活动中，就要以健全图书馆员的文化素质，提高图书馆员的技能水平为基础，逐渐提高服务质量。图书馆员素质的高低直接关系到全民阅读活动的推广成效。公共图书馆为了保持和民众之间的文化联系，必须针对图书馆员的素质水平建立继续教育机制，举办培训、讲座、文化活动来培养图书馆员的工作素养，促进其形成正确的职业观、道德观，以身作则，严格要求自己，服务好每一位读者，提升图书馆的阅读服务质量。

聚合知识资源推出个性服务，在信息时代，阅读是民众文化生活的兴趣，也是导向，是获取精神食粮的最佳途径。在全民阅读活动开展中，公共图书馆要转变服务理念，建立内部管理系统，深度筛选和聚集符合民众阅读兴趣的信息资源，构建个性化服务机制。图书馆要转变服务侧重点，站在民众角度考虑阅读的价值和时效性，针对民众需求打造人性化、个性化读者服务机制来提高用户体验，以此为基础拓展服务的领域和范围，全方位开展全民阅读活动。

除了培养优秀的图书馆员，公共图书馆还可以发展阅读推广人。阅读推广人是公共图书馆阅读推广的重要角色，公共图书馆要做好阅读推广工作，必须要有核心阅读推广团队。一方面，公共图书馆要引进人才、培养人才，构建能成为核心阅读推广人的馆员团队。公共图书馆要招募具备阅读推广相关专业知识的新人，注重挖掘、培养有潜力的馆员，给馆员们提供更多家庭阅读推广业务上的培训机会，提高他们的活力与张力，提升他们的专业技能，使馆员们获得专业成长，逐渐成为核心家庭阅读推广人，组建公共图书馆馆员的核心阅读推广团队。另一方面，公共图书馆也要建立核心的社会力量家庭阅读推广团队。社会力量包括志愿者、社团组织、商业机构等，公共图书馆要给他们提供平台，并用心观察、注重培养，及时发现并留下有意愿长期坚持做公益、适合留下来和图书馆做一些长远事情的"尖子"，形成一个核心的社会力量家庭阅读推广团队。此外，基于社会角度，高校及科研院所可开设阅读推广相关专业课程或设立相关理论研究专题，加强阅读推广的理论研究与人才培养。

4.创新服务模式拓展服务路径

在知识经济时代，公共图书馆要想充分发挥自身的资源优势，全面参与到全民阅读活动服务和推广中，就要创新服务模式，拓展服务路径。服务质量的高低、服务结果的好坏深刻作用在图书馆的职能体系当中，决定着图书馆能否与民众建立文化联系，高质量地服务民众。知识经济的发展使得诸多学科领域的知识信息更加复杂和多样化，民众对知识信息质量的要求也越来越高，公共图书馆为了满足民众的知识需求，要从传统中以实体书籍管理为核心的服务模式逐渐跳脱出来，逐渐向信息服务、知识服务方向转变，结合馆藏资源和技术优势创新服务模式，结合用户兴趣、爱好提供书籍文献，形成"管家式"用户服务模式，从而提高服务质量与效益。

例如，有的读者白天需要上班，晚上想去图书馆阅读的时候图书馆却关门了。针对这种实际问题，可以建立 24 小时开放的公共图书馆，这样能够有效解决图书馆开馆时间限制的问题，更方便读者进行自由阅读和借阅，也能够在一定程度上激发读者的阅读热情。

5.拓展阅读推广对象

推广全民阅读是国家赋予公共图书馆的职责，要在阅读推广活动中使成年人、未成年人、阅读障碍人群享有平等的阅读权利，才能缩小区域间的文化差距，最大限度地发挥全民阅读的效力。公共图书馆应当按照平等、开放、共享的要求向社会公众提供服务，这就决定了图书馆阅读推广活动的多样性，因此阅读推广需要根据被推广对象的需求进行精准推介，以达到更好的效果。

当前，全民阅读推广对象大多为少年儿童，尤其是 4~12 岁的儿童，而较少面向低龄幼儿、中学生、成年人、老年人等其他人群。实际上，"其他人群"并非不重要，而是因其各自特点，阅读推广难度较大。比如，低龄幼儿尚未启蒙，行为与认知能力尚弱；中学生个性凸显，且学业应试需求强；成年人承担社会家庭双重责任，有知识需求却精力有限。虽然阅读推广难做，但这也正是推广工作能有所突破、有所作为之处。公共图书馆阅读推广特别是家庭阅读推广工作要关注不同人群，分析其个性特点和阅读需求，有针对性地开展阅读推广活动，不断发掘新的阅读推广对象，才能使阅读为更多人带来积极影响，让更多的社会成员更加爱读、多读、会读，才能使更多参与阅读的社会成员得以增进知识、提升智慧、愉悦身心、修养品行、成就事业，才能提高全民族的阅读水平，增强全民族的精神力量，促进社会的整体发展。

每个读者对知识的需求方向和渴望程度不同，因此不同的读者的阅读经验和阅读目的会有所差异。这就需要加强图书馆、读者、作者以及出版商之间的相互交流和互动，以保障阅读推广活动的效果，也有助于体现读者阅读的个性化。这些活动主体之间通过交流互动，能够彼此了解对方的需求，对于知识共享、经验共享都有极其重要的意义。同时，鼓励读者同活动其他主体进行交流，有助于提高读者的人际交往能力和沟通能力，并通过阅读获得更多的课本之外的资源。例如读者在与作者交流的过程中，如果把自己阅读后的想法及今后的需求表达出来，作者就可以通过自身的写作阅读经验的传递，来帮助读者满足阅读需求。另外，图书馆员在与其他主体进行沟通时，能够了解到不同的需求方向，有助于其在今后的阅读推广工作中提升自己的服务水平，从而实现图书馆阅读推广整体服务质量的提升。

在社会上，还存在这样一部分读者，渴望阅读，但是没有阅读的条件，其自身的阅读激情无法释放，阅读的兴趣不能实现。这时候图书馆就可以充分发挥自身的优势，向想阅读而又不能阅读的弱势群体提供一些帮助，开展帮助型的推广阅读模式。例如，对于那些视觉有障碍的读者，可以给他们提供盲文书或者是有声读物；为出行不便的读者提供送书上门服务，尽最大能力满足弱势群体的阅读愿望。为提高全民阅读率，公共图书馆应该格外重视并加强为未成年人、残疾人等弱势群体提供适合阅读条件的服务。针对未成年人各年龄段进行分阶段、分层次的阅读推介。针对残疾人的阅读需求，提供专人、专业的服务方式：一是要为残疾人设置专座，或为他们送书上门，为残疾人获取信息创造有利条件。二是要组建盲文阅览室，使盲人读者只需轻轻移动鼠标，就可享受视听资料、互联网浏览、电子信息查询等服务。三是还可以鼓励市民开展文献传递，拿出家里的旧书捐给社会上的弱势群体，为弱势群体创造更多、更便利的阅读条件。全民阅读推广是公共图书馆义不容辞的责任，一定要对所有人一视同仁，尽力帮助，实行社会效益与经济效益并重的发展方式。

6.指导读者并培养阅读习惯

很多民众面对不断推出的新书，不知如何选书、购书。而评选及推荐好书是图书馆责无旁贷的工作，目前除了中国图书评论学会主办的"中国好书"评选活动，对于书籍并无较严谨的评选及推荐机制。未来，公共图书馆要加强对读者的指导，搭建读者与好书间的桥梁，逐步建立读者读物的评选及推荐机制。

在做好图书推荐工作的基础上，公共图书馆还需要发展全民阅读团体，学校、图书馆、公司、政府部门、小区皆可组织成立全民阅读团体，从儿童、青少年、成人到老年人皆有适合的全民阅读团体，以培养更多的读者，并促使学校图书馆、专门图书馆及公共图书馆提供更符合民众全民阅读需求的馆藏数据及读者服务。

公共图书馆的使命之一便是推广全民阅读，一个良好的社会阅读风气要从儿童阅读的推广做起。阅读激发孩子的想象力、理解力和语言表达能力，阅读能力强的孩子，学习能力也强。公共图书馆应积极开展儿童早期阅读推广，策划具有针对性的读书活动及阅读扩展活动，为未成年人营造阅读氛围，倡导家庭阅读，加大亲子阅读活动力度，举办故事会、读书会、知识竞赛、猜谜等活动，通过亲子互动，促进家长与孩子的沟通交流，营造和谐温馨的家庭氛围，让孩子从小养成良好的阅读习惯。

7.举办丰富的阅读推广活动

推动全国全民阅读，与出版社、书店、媒体、学校、政府机构、民间团体合作，举办朗读节、读书节、经典日、小说月等全民阅读活动，提升学生全民阅读力，让全民阅读进入民众的生活，促进社会全民阅读风气形成。

虽然说现在开展全民阅读是大势所趋，但还是有一些人并没有很大的阅读意愿，更不会去图书馆进行阅读，因此，必须要开展一些生动、有趣的阅读推广活动，使这部分人发现阅读的魅力，体会阅读的乐趣，产生阅读的意愿。例如，开展主题阅读活动，搭建一个有趣的阅读平台，通过话剧、手抄报等形式展示阅读的乐趣，提高读者的阅读兴趣，使其习惯阅读。公共图书馆多年来一直秉承着"读者第一、服务至上"的理念，在新媒体迅速发展的今天，传统的阅读载体面临着巨大的挑战。在阅读推广中，广大读者才是阅读的真正主体，图书馆阅读的推广工作主要就是要从读者身上入手，首先要了解读者的知识层次以及他们的阅读需求，这样才能做到有针对性地解决问题，做到有的放矢。在信息技术迅速发展的今天，各种各样的电子设备出现在人们的生活中，相比于去图书馆阅读，很多读者，特别是年轻的一代更喜欢在家里躺在沙发上用手机、平板电脑来阅读。可见，图书馆阅读面临着巨大的挑战。因此，图书馆必须由被动地等待读者来阅读改为主动出击，迎接挑战，根据读者对阅读的需求进行创新升级，让读者体验到传统阅读的乐趣，采用各种方式避免图书馆阅读被边缘化。阅读不仅仅只是自身对书本中的文字的理解，有时候听他人对书中的金玉良言进行讲解也是一种不一样的阅读方式。因此，图书馆可以定期开展一些讲座或者授课，每次都有一个明确的主题，提前在一些网络平台发布相关信息，吸引志趣相投的读者前来倾听，寻找共鸣。相比于授课来说，沙龙式的阅读推广模式更具有特色性，图书馆相关负责人可以定期组织一些在某些领域有经验的人作为"图书"，读者与"图书"进行面对面的交流，他们可以相互分享经验，说不定还能够碰撞出思想的火花，将各自的知识潜移默化地传递给对方。

还可以利用阅读日等日子，每年举办全民阅读节，吸引读者参加，激发民众的全民阅读热情，使其成为读者的年度盛会。全民阅读节期间，活动可以在图书馆、书店、剧场、学校、火车站或街头巷尾等地举行。除邀请作家和插图画家来与读者互动，还可以邀请全国的出版社、全民阅读团体、图书馆联合展览，读者们可以参观展览，购买图书，或聆听书评讲座，获得作者签名等。民众有机会见到他们喜爱的作家，而且欣赏说书人利用音乐、舞蹈和木偶戏所呈现出来的动人故事。此外，还可以组织民众高声诵读文章，参加或观看演出，参与和读书有关的各种交流会和讨论会等。

在阅读活动中，要积极推动民众阅读经典，除开设提供一般大众参与的国学讲堂外，鼓励大学院校、高级中学成立传统文化研究群，支持公共图书馆成立读书会，推动设立经典书籍书房，定期举办经典讲座，导读中文经典。将过去只有学术，研究人员参与的讲座开放给公众。让学术研究成果引导民众对传统文化的欣赏，一方面延续中华传统文化的生命，另一方面，深化全民阅读，提升读者的自我修养。

图书馆在推动全民阅读的推广方面责无旁贷，应借鉴发达国家的经验，在推动全民阅读风气形成、促进民众养成良好全民阅读习惯，并具备良好全民阅读能力方面做出自己的贡献，全民阅读使社会更加智慧和包容，使得社会更加美好。

8.运用新兴技术为读者服务

现在是一个内容多元、方式多样的阅读时代。互联网、云阅读、电子书、阅读器等带来一场阅读革命，使所有好书可以在方寸间随身携带，数字阅读影响力不断攀升。为了使更多的人投身全民阅读活动，必须意识到，传统与现代的融合、纸质图书阅读与电子网络阅读并存是阅读未来的趋势。所以说公共图书馆在推进传统阅读的同时，要更进一步积极探索网上阅读、手机阅读、电子阅读等新领域，并以此为重点，努力实现数字媒体和纸质媒体的对接与共荣，不断拓展阅读领域，努力打造网上全民阅读公共文化服务平台，探索适合新形势需求的数字阅读服务的新模式、新载体、新平台。

基于资源的阅读推广不一定基于一个图书馆当前的现实馆藏，还可以基于任何可以被纳入馆藏的资源。如今，虚拟现实、数字化阅读、远程教育等技术正不断应用于图书馆服务领域，图书馆特别是公共图书馆拥有大量数字馆藏、共享资源，我国大众数字化阅读普及率已近70%，而目前公共图书馆界开展的家庭阅读推广项目大多仍以纸质图书为主，尚未针对已逐渐形成趋势的数字阅读、电子阅读等新的馆藏资源阅读展开相应的家庭阅读推广。因此，公共图书馆在开展家庭阅读推广时，也应该结合新技术，充分利用一切可用的馆藏资源，开展内容更丰富、形式更新颖的阅读推广活动，吸引更多家庭参与阅读，使更多人爱上阅读，推动全民阅读的发展进程。

公共图书馆在阅读推广中，需要进一步丰富包括传统资源和数字资源在内的馆藏资源，确保馆藏资源能满足民众的阅读需要，这是公共图书馆开展阅读推广活动的基础。对于中华优秀传统文化，为方便现代人阅读经典内容，不仅需要进行纸质图书的推介，更需要大力进行相关内容的数字资源建设，借助网络渠道加以推广。公共图书馆理应加强经典文献资源的数字化建设，建立线上线下相结合的文献信息共享平台，为社会公众提供优质的数字文化服务。

可以由各地省馆牵头，制作经典阅读内容的视频、图文资源，并及时录入相关文化数据库。例如南京图书馆在自建资源中，已经整理制作出民国连环画、百年人物等经典数据资源，可供读者在线阅读。各区域图书馆在制作这类资源时，一方面要注意根据各馆自身条件，通过影印、数字化、缩微技术等方式对馆藏经典进行研究整理；另一方面要注意按照分级阅读辅导的要求制作数字资源。同时，各省馆之间尽可能相互合作，协商在一定区域内共享制作完成的数字资源，或是在制作前期制订计划，分领任务去制作。

随着数字阅读时代的到来，公共图书馆应适应数字化新趋势，充分发挥公共图书馆阅读引领作用，积极推广数字阅读，增设24小时自助借还机、电子书刊机等新技术设备，增加数据库及电子出版物馆藏，积极推进多媒体、多平台融合，提供高质量的阅读资源，不断探索数字化阅读的新载体、新技术、新模式，满足读者的阅读需求。

在互联网、大数据技术引领下，公共图书馆要想加快全民阅读推广进程，帮助民众树立阅读意识，还要整合技术资源，构建网络知识服务平台。信息时代，科学知识的输出模式已经发生了根本性改变，书籍借阅不再是知识服务的唯一形式，电子阅读、网络阅读成为民众阅读的首选。在此背景下，公共图书馆要想普及科学文化知识，开展全民阅读活动就要从信息技术中汲取有益经验，采用互联网技术、网站技术构建网络知识服务平台。通过互联网向群众进行知识文化输出，最大限度普及科学文化理念，引导群众形成阅读学习意识。北京科技大学通讯工程学院与学校图书馆携手合作，针对学校周围的社区推出了"移动图书馆服务系统"，居民可利用手机下载客户端，直接登录图书馆移动服务系统进行图书借阅预约，图书馆会把居民想看的书籍直接送到家中，为居民的阅读和文化生活提供便利。

9.建立长效机制，形成品牌效应

全民阅读推广活动的开展不应该是一个应景或应时的活动，为确保阅读推广活动的健康有序发展，建立全民阅读组织领导机构，健全长效阅读推广机制，完善全民阅读工作体制机制，显得尤为重要。实现开展全民阅读活动的广泛性、持续性和有效性。当然，建立全民阅读推广活动的组织协调部门，要着眼于图书馆实际，建立一支高效、专业的推广阅读队伍，形成一支具备理论与实践能力的骨干队伍，从事阅读活动的策划、组织、研究和实施工作。

全民阅读推广是一项长期的活动，在长期阅读服务的过程中，应该注意凝练出阅读推广项目的品牌。公共图书馆要在现有阅读品牌的基础上，进一步将阅读推广活动载体充实化，策划实施全民阅读推广项目，创造性地推出更多大型的全民阅读活动品牌，诸如"读书节""读书月"等，并以此为契机，进行形式多样的"书香家庭""读书达人""书香校园"等评选活动，以"身边的典型"作为榜样示范，吸引更多群众关注阅读、参与阅读活动。此外，还要充分利用春节、清明节、端午节、中秋节、重阳节等传统节日开展具有民族文化特色、生动活泼的主题阅读活动，如文化讲座、经典诵读、征文活动等，引导广大市民走进图书馆以阅读的方式欢度传统佳节。

推进经典阅读，塑造品牌活动，体现着对于传统文化、对古代先贤往圣的"温情与敬意"。因此，经典阅读推广可以通过讲座、诵读、影片欣赏，或是"阅读节""读书周"等方式开展,在这些活动中图书馆需要注重品牌活动的塑造。图书馆经典阅读品牌活动成功树立,广泛吸引读者,使读者在长期的阅读推广活动中潜移默化地受经典的熏陶,培育和启迪读者身心深处蕴藏着的中华传统文化思想。图书馆应每年选取一部经典名著进行导读,以研讨会、讲座、展览、知识竞赛等多种形式予以呈现,选取多部经典哲学名著开展相关的阅读推广活动。在经典阅读活动中结合馆藏资源,把握每次活动中的每一环节,注重活动的深度和广度。

针对家庭阅读推广活动的品牌效应,公共图书馆要借鉴成熟的家庭阅读推广理论,制订明确的家庭阅读推广计划,实现公共图书馆家庭阅读推广的科学发展。公共图书馆是家庭阅读推广的核心力量,常常处于家庭阅读推广工作的第一_线,在家庭阅读推广的实际工作中,往往能够深入地了解读者需求,也能掌握读者家庭藏书、家庭阅读行为方式等第一手研究数据和资料。同时,可利用软硬件资源优势进行大数据分析。结合这些优势,公共图书馆可以以家庭为单位,展开读者阅读行为研究,思考和探求家庭阅读推广的内涵、外延;制定一系列工作标准,比如家庭阅读推广方式、家庭阅读推广活动的组织原则、书刊采购规则等;基于相关规划以及国家层面的阅读推广计划,制订适合自身的明确的阅读推广计划,从而更有计划性、针对性地展开公共图书馆家庭阅读推广工作,使公共图书馆家庭阅读推广活动逐步走上科学、有序、长效、可持续发展的轨道。

10.建立反馈机制,定期展示成果

从我国当前的公共图书馆发展模式来看,基本都是由政府进行主导,缺乏活力,行政内容较多,甚至在对外开放合作的活动中都有严格的要求,这就严重限制了图书馆阅读推广活动自主能动性的发挥。因此,必须破除此种机制的弊端,充分发展图书馆阅读推广活动的自主创新能力。具体可以从三方面入手:首先,对相关法律进行调整和优化,通过法律来规范图书馆阅读推广行为的基本框架,使图书馆阅读推广活动的多元化发展有法可依;其次,改革图书馆内部阅读推广工作的组织方式,可以考虑在图书馆内部成立独立的推广部门,围绕阅读推广服务展开相应的工作,做到专职专干专责;最后,要形成有效的阅读发展和评价机制,防止阅读推广活动流于形式,保证阅读推广活动的效果。

图书馆可以运用相关统计数据,每年定期分析我国各类型图书出版情形,呈现全年度出版风貌,让民众及专业人士了解我国出版物市场现况,与民众的全民阅读情形比对,作为出版业和图书馆调整出版、营销、馆藏发展策略的参考。

为能完整呈现读者的阅读风貌,图书馆可以通过相关的借阅统计,了解读者的喜好,作为全民阅读推广方向与新书购置的参考,由借阅排行榜信息的发布,吸引更多的民众走进图书馆,一同享受全民阅读的乐趣,公共图书馆可以汇总分析前一年的借阅资料,呈现借阅情形，了解读者的阅读兴趣。

阅读推广活动反馈的重要性远大于其活动形式的新颖和规模。公共图书馆应当定期公告服务开展情况，听取读者意见，建立投诉渠道，完善反馈机制，接受社会监督。图书馆营销理论中的"用户满意度"往往也通过"用户反馈"得以体现。经典阅读推广尤其需要和用户建立畅通的意见反馈渠道，因为经典阅读是一种对话性的阅读，需要更加注重推广对象的个体性差异。这种对话是读者和作者之间，超越时间、超越空间、超越年龄的一种交流，是思想与思想的对话，心灵与心灵的对话，甚至是生命与生命的对话。对不同的读者，每一次的阅读都是一场对话。唯有建立起阅读推广的反馈机制，才能帮助每一位读者从自身出发，理解经典，最终运用经典为自己的人生答疑解惑。公共图书馆可以同时利用线上线下两个平台，一方面在馆舍内设置意见建议反馈箱；另一方面利用官方网站、微博、微信平台直接与用户对话，利用网络的快速与便捷，及时解决用户的困惑。

11.不断探索新的阅读推广模式

传统的阅读模式的深度是不可代替的，然而，在新媒体发展迅速的时代，人们在阅读过程中，明显发觉"界面阅读"比"纸面阅读"更加简便、快捷、丰富，正由于这样的原因，新的阅读模式融入了人们的生活，渐渐成为生活中不可或缺的一部分。也正因为这种新阅读模式的简单和快捷，阅读习惯也发生了改变，阅读的深度渐渐变浅，阅读的内容娱乐休闲化，带给读者的更多是碎片式的信息。这样的新的快餐阅读模式在消耗读者时间的同时，也造成了读者对知识的了解程度不深，阅读的实际意义也没有能在过程中体现出来。怎样才能在不固定的时间和地点，把图书馆中的知识通过新媒体的方法带给读者呢？这就需要公共图书馆将传统与新媒体阅读方法相互结合，双管齐下，共同进步。

现今，新媒体阅读模式越来越多，读者也更愿意体验新的数字阅读方式。手机移动端阅读已经非常普遍，成为新媒体时代的潮流，怎样才能将图书馆的知识内容通过网络载体发送到移动电子设备上进行随时随地的阅读，这需要图书馆方面进行探索，构建更加全面而高效的阅读推广模式，吸引更多读者，让不同年龄段、不同层次的读者有全新体验。图书馆要丰富移动图书馆的服务内容，健全移动数据库，让读者能在手机或平板电脑等移动设备上随时随地进入移动端图书馆查阅图书馆的数字化典藏，比如图书、报纸、期刊等，实现"把图书馆带回家"，让读者能更加自由地调取图书馆中的资源。图书馆还可以在微博或微信公众号等方面进行创新、更新，这样能够让读者更方便地了解图书馆的动态，获取图书馆推荐书目等，同时也可以实现读者之间的社交分享，也能够让读者更加方便地对图书馆提出意见和建议，图书馆也可以通过这些方式更加准确地掌握读者的需求。

随着新媒体时代的到来，阅读推广模式越来越多，但是，新媒体的到来并不意味着图书馆传统阅读模式的消亡，而是给读者带来了更多的阅读机会。新媒体时代下，图书馆阅读推广的传承与更新为阅读者的阅读空间提供了更多的阅读元素。图书馆阅读推广工作是一项长期工作，需要不断扩展阅读宣传的渠道，创新更多有趣的阅读模式，才能够吸引广大读者加入阅读的行列。

随着全民阅读活动作为促进建设书香社会、提高国民文化素质的重要举措，进一步得到国家高度重视和社会的广泛认可，基于公共图书馆的全民阅读推广的研究已经成为大家关注的热点。公共图书馆要通过健全长效阅读推广机制，做大做强全民阅读活动品牌，拓展全民阅读新领域，加强与社会力量的合作等具体措施，推动全民阅读推广的持续发展。在当今全民阅读大环境下，阅读推广作为公共图书馆的使命，全民阅读任重道远。创新发展新模式，提升阅读活动质量，打造阅读服务品牌，加强社会合作与业界交流，科学地推动全民阅读的可持续发展，需要图书馆人不断思考探索创新。

目前，国内阅读推广活动的总体发展状况已是成绩斐然，但结合全民阅读的现状来看，无论是政府组织层面还是公共图书馆发展层面都存在不小的压力，全民阅读的全方位发展非一朝一夕可以实现。公共图书馆要想实现阅读推广活动的可持续发展，就必须努力寻找多元化的发展途径，使之产生持续的生命力，也唯有如此方能真正推动图书馆事业的创新发展。未来仍将是各种新技术、新平台、新业态不断涌现的时代，图书馆要积极把握时代机遇，寻求更多更好的平台、技术和策略，开展"百花齐放""不拘一格"的阅读推广服务，让全民阅读永远焕发生机。

第十二章　我国公共图书馆阅读推广模式的创新研究

公共图书馆阅读推广模式作为新兴的阅读方式，具有灵活性、方便性且资源丰富等特征，满足现阶段人们的阅读需求。所以，对公共图书馆阅读推广模式与创新进行讨论是十分有必要的，只有了解公共图书馆阅读现状，并且积极采取措施，才能够从根本上解决问题，才能够充分发挥公共图书馆阅读推广模式的价值。

第一节 公共图书馆智慧阅读推广模式研究

"智能互联、万物融合"的加速到来，为国民阅读带来了前所未有的机遇与挑战。智慧阅读作为一种划时代意义的阅读方式逐步出现在大众视野，其不仅极大地降低了阅读门槛、丰富了阅读形态，还拓展了阅读内容、保障了读者的阅读权利，对于促进读者身心健康发展具有十分重要的现实意义。近几年，随着阅读推广活动逐渐受到重视并且逐步得到大规模的发展，公共图书馆在阅读推广活动中也逐步开始利用智慧图书馆的新技术及智慧技术。当前，关于图书馆智慧阅读推广的研究仍处于起步阶段，相关理论研究少之又少，因此，还需从研究数量、深度、广度上不断增强之。

一、智慧图书馆与智慧阅读推广模式的内涵

智慧图书馆，是继复合图书馆、数字图书馆后，图书馆发展的一个更高级阶段，是建立在系统文献资源、智能知识服务、智慧保障支撑基础上的新型知识服务体系。具体而言，智慧图书馆指的是在物联网、大数据、云计算等环境下，基于云计算与智慧化设备所建构的融合化、互动化、可视化、泛在化智慧数据平台系统，集高效的服务管理质量、互联的文化数据环境、多元的信息共享空间于一体的智慧服务综合体。

所谓的智慧阅读推广，本质而言，是通过全面感知、智能识别读者的阅读特征及其需求，自动设置推广目标及方法，向读者传递与之相匹配的阅读资源，并通过实时跟踪、监控记录阅读全过程及成果，实现个性化推广支持的过程。与传统阅读推广服务不同，智慧阅读推广具有以下特点：

1.以读者为导向的服务模式

图书馆传统阅读推广模式是由推广人员明确推广^的时间、内容、方式等，读者需

要依循活动的具体安排参与阅读，因而属于从属地位。而智慧阅读推广进一步开放了图书馆的阅读资源及工具，读者可依循自身需求自主筛选资源、订制阅读目标、选择阅读途径、决定阅读进度，实现个性化、多元化阅读。不仅如此，智慧阅读推广提供多层次阅读支持，读者可在自适应、泛在化的阅读环境支持下，实现深度阅读，享受极致的阅读乐趣。

2.强调阅读的互融互通

智慧阅读推广打破了传统单一的虚拟阅读空间，通过服务集成构筑一个开放式阅读平台，实现线上、线下阅读的无缝对接，为读者提供了互融互通的阅读服务。

3.实现多视角决策

智慧阅读推广借助于智能技术高效收集读者阅读语音、文字、图像等，跟踪读者阅读行为及轨迹，深度挖掘读者所留存的非结构化数据，精准识别每位读者的阅读规律，科学完成推广目标决策，通过理性推理预测各决策推行效果，继而确定最优决策，为图书馆提供最优化阅读推广方案。

二、图书馆智慧阅读推广模式的实践应用

智慧图书馆是未来图书馆发展的新趋势和新方向，同时阅读推广服务也是未来图书馆服务发展的新内容和新动力。

（一）智慧阅读推广模式架构

对于图书馆而言，智慧阅读推广关键是要发掘阅读数据及资源背后的规律，全部把握读者的兴趣偏好，通过用户细分实现大众阅读推广与分众阅读推广的有机结合，继而深化数字、专业及主题等阅读内容，提高读者的阅读兴趣与能力。可见，图书馆智慧阅读推广目标集中在数字阅读层面，必须通过智慧阅读平台构建实现读者数字阅读素养的稳步提升。具体而言，智慧阅读推广模式的构建涉及对读者阅读数据的感知、整合、关联分析、偏好发现、个性化定制等方面，继而构成一个集推广规划、对象细分、策略分析、数据变化分析于一体的架构。图书馆智慧阅读推广模式包括三大模块：

1.智慧门户模块

该模块包括个人、资源、协作三大门户。其中，个人门户以个性化服务为特征，提供极具个人特色的学习空间；资源门户提供馆藏资源的采集、管理、推荐以及流转等多项功能；协作门户则针对具有共同阅读偏好的群体提供学习空间。

2.智慧图书馆模块

该模块实现了读者、资源、管理与服务等各子系统的集成。此类子系统在该平台上聚集了海量数据，为图书馆从海量积聚的非结构化数据中发掘前瞻性信息，实现智慧阅

读推广提供了依据。

3.推广服务模块

该模块涉及前段分析、策略决策、组织实施、评价反馈四部分。其中，推广前端分析主要是借助智能技术完成多元异构数据的接入、存储、分析、处理、查询、可视化等过程，实现数据的高效整合与数据系统的建立，推广人员利用该系统对读者特征、阅读需求、阅读内容展开深度分析，明确其阅读偏好、文化背景、动机情感等，以识别读者阅读特点与行为，构建多维读者分析模型，为智慧阅读推广最优决策提供支持；对于推广策略决策而言，其通过回归、聚类、关系规则、神经网络等方法进行读者阅读模型构建，以便对读者未来阅读趋势进行预测，科学寻找最佳推广内容及最优解决方案，为读者提供个性化、差异化阅读环境；推广组织实施是通过智能记录读者阅读过程，统计跟踪读者的查询、下载、阅读、反思等行为，并借助舆情监测技术明晰读者阅读交互式传播路径、读者参与交互传播的热度、信息传播层级等行为，通过交互行为识别与科学筛选，掌握读者阅读情感状况，洞悉其阅读参与性、热度、专注度等，继而判断读者是否存在阅读困难及薄弱问题，为读者阅读体验的逐步优化提供具体的推广实施方案；评价反馈主要负责对阅读推广的预测、决策是否可行进行反馈，并及时修正推广决策。

（二）智慧阅读推广实践应用

在智慧阅读推广方面，中山图书馆开展情况较好，并在数字资源阅读推广、基于新媒体的阅读推广等方面取得了良好的效果，对其他图书馆的智慧阅读推广具有一定借鉴意义。

1.智能推荐服务，拓展数字阅读渠道

中山图书馆已经建成了当前国内最大的图书馆数字化资源库群，为读者提供免费的数据库资源查询、浏览与下载服务。为响应国家号召，中山图书馆开展了基于数字图书馆推广工程的数字资源提升活动，并提供了"猜你喜欢""主题资源库"等智能推荐服务，不仅实现了阅读推广资源的整体提升与高效利用，还极大地拓展了数字阅读渠道。以"猜你喜欢"为例，中山图书馆依循每位读者的检索、浏览、阅读记录，挖掘其阅读偏好，并构建兴趣模型，用以匹配馆藏资源，随后从匹配资源中开展二次过滤，将文献质量较高的内容推介给读者，避免与其他读者推荐内容重复。

2.用户参与式阅读，开启深度阅读模式

中山图书馆除了为读者提供基础借阅服务，还提供十余种便利、高效、智慧的读者服务，使读者能够现场选择心仪图书，由中山图书馆现场采购后借阅给读者。此外，中山图书馆还构建了"中图悦读会"平台，依循时下阅读热点、社会热点划分为四大主题板块，即"时尚阅读""经典阅读""文学鉴赏""主题活动"，每个板块依循内容侧重点开展相关内容的阅读推广，持续深入挖掘读者的阅读需求，并为读者提供参与式交互阅读服务，通过认知参与、行为参与、情感参与三大维度使读者深入思考，促进其阅读热情的提升，使读者深度沉浸于阅读中。

智慧图书馆已经成为图书馆发展的主要趋势，为了适应智慧图书馆的服务创新要求，必须将智慧图书馆的智慧技术与未来阅读推广的内容和发展方向相结合，加快构建智慧阅读推广模式，以发挥推广引导优势，引领图书馆全面升级的阅读新风貌。当前，国内图书馆阅读推广与智慧阅读推广这一服务愿景仍存在极大的差距，仍需全面采集、整合读者阅读数据，构建起科学的匹配模型，不断推进服务标准体系完善，促进阅读推广人才队伍建设，深化智慧阅读推广模式研究，以助推图书馆智慧阅读的爆发式增长。

第二节 基于 5W 传播理论的公共图书馆群组阅读推广模式研究

随着信息化的发展和数字化时代的到来，人们的阅读方式和阅读习惯发生了较大的变化，读者间的阅读区别分层越来越明显。与此同时，各地各级公共图书馆的阅读推广服务工作也随之进行了转变，根据读者阅读兴趣划分的群组成为公共图书馆阅读推广的对象单位。为了顺应读者身心发展特点和契合其阅读习惯，凸显出图书馆阅读推广的高效化、规范化与个性化，充分发挥公共图书馆的阅读推广作用，部分公共图书馆尝试了与 5W 传播理论相结合的实践研究。我国传统的公共图书馆阅读推广服务模式大致遵循"读者主动提出要求、图书馆根据读者要求提供服务"的被动推广方式，在这种情况下，深入研究和发掘 5W 模式在公共图书馆领域的应用，对创新图书馆阅读推广的客体单位，从单一的个人向群组进行转变，提升公共图书馆的阅读推广活动效果具有重要意义。

一、5W 传播理论应用于公共图书馆群组阅读推广服务的适用性与可行性

5W 传播理论是一种科学化的建模理论，下面从 5W 传播理论和公共图书馆群组阅读推广服务的概念出发，阐述二者融合的适用性和可行性。

1.适用性

5W 传播理论是 20 世纪中期美国政治学家哈罗德·拉斯韦尔提出来的，他认为人类社会的传播活动从其过程和环节进行划分，主要由主体（Who）、内容（Says What）、媒介（In which channel）、客体（To Whom）、效果（With What Ef-fect）这五个要素构

成。公共图书馆是社会公共资源储存、交换与传播的中心，在本质上来看也属于社会传播活动的范畴，因此，5w 传播理论应用于公共图书馆群组阅读推广服务活动具有科学的理论基础。针对公共图书馆阅读推广服务的实际情况，5w 传播理论中的五大要素又可具体化为控制分析、内容分析、媒介分析、受众分析、效果分析五部分。

2.可行性

公共图书馆群组阅读是以阅读情感和阅读感知为出发点，根据广大社会读者阅读兴趣和爱好进行划分的若干阅读群体，每个群体内部的阅读需求差异较小，在公共图书馆进行阅读推广服务时，可以针对每个群体进行共性的、集中的推广内容选取，而群体间的差异则十分明显，公共图书馆通过设计群组间的阅读推广内容，也实现了服务的个性化与普适化兼顾。结合 5W 传播理论，群组单位作为公共图书馆阅读推广的客体，实际上改变的是整个阅读推广的流程和图书馆定位。目前我国部分公共图书馆在群组阅读推广领域已经具有丰富的实践经验，5W 传播理论也日臻完善，因此，基于 5W 传播理论的公共图书馆群组阅读推广服务模式研究具有充分的理论支撑和实践基础。

二、基于 5W 传播理论的公共图书馆群组阅读推广服务模式构建要素

按照 5W 传播理论的界定，公共图书馆群组阅读推广服务模式由主体、内容、媒介、客体与效果五要素构成。

1.主体

公共图书馆群组阅读推广服务模式的主体即为公共图书馆，图书馆是社会文化文明建设的重要力量，是文献与信息资源汇聚的中心、人类文明成果的保存地。此外，公共图书馆承担了读者群组的划分、阅读推广内容选择、方式建设等重任。其中，图书馆员充当着重要的角色，因此，图书馆馆员是进行群组阅读推广服务的能动性主体。另外，随着信息化技术的进一步发展，馆际之间的合作成为公共图书馆服务的主流趋势，越来越多的公共图书馆不再以单一的主体形式开展阅读推广活动，而是与当地的高校图书馆、博物馆或档案馆等文化服务机构形成合作关系，共同为不同群组读者提供相应的阅读内容和推广活动。总而言之，5W 传播理论的公共图书馆群组阅读推广服务主体从宏观上看为公共图书馆自身，从微观上又可分为能动性主体与合作性主体两类。

2.内容

公共图书馆群组阅读推广服务模式的内容主要有纸质文献和数字文献，格式体现为文本、图片、音频、视频等多种形式。目前来看，大多数图书馆采用的是纸质文献推广与数字文献推广兼具的形式。一方面，馆内的新书推荐会、读者交流会、地方民俗活动、

当地文化节等推广方式推陈出新，吸引了广大读者的阅读兴趣，培养了他们良好的阅读习惯；另一方面，借助社交媒体平台开展的数字阅读推广也被公共图书馆普遍采用，读者可通过加入兴趣小组的方式自行组建阅读群组，也可由图书馆根据读者的检索记录和所填写的信息进行分组，从而投其所好，向读者分层次、分学科地实时推荐符合其阅读需求的专业科研阅读内容，实现公共图书馆的群组推广服务。

3.媒介

由于公共图书馆群组阅读推广服务的内容可以从表现形式上分为纸质文献和数字文献两种，与之相对应的是，进行群组阅读推广服务的媒介也被分为物理空间和虚拟媒介两类。物理空间的群组阅读推广常见方式是将群组成员聚集在图书馆内，由图书馆引导、协助读者进行有针对性的讲座或交流活动，是一种图书馆为主要发起者、读者用户为被动接受者的推广服务。虚拟空间的阅读推广服务媒介方式更为灵活，覆盖面更为广泛，常见的有视频培训、网上资源推荐和社交平台的阅读推广，具有创新意识，能够更好地契合当下新技术发展潮流，更符合广大读者的阅读习惯，特别是采用人们常用的微博、微信等社交软件，能够增强公共图书馆群组阅读推广服务的友好性和有效性。同时，5W 传播理论中的公共图书馆群组阅读推广服务的媒介也作为一个群组内智慧共享空间而存在，为读者间的阅读交流以及读者与图书馆的互通反馈提供了广阔便捷的平台。

4.客体

公共图书馆群组阅读推广服务的客体，宏观意义上讲是社会上所有读者用户，微观意义上则指以群组为单位的读者小组。由于很多公共图书馆碍于人力和物力条件所限，无法真正实现针对每个个体提供个性化、差异化服务，群组单位的出现则是聚集了相同阅读需求的公共读者，公共图书馆可以为组内读者提供相应的阅读推广内容，间接地为组员提供个性化服务。例如，北京市丰台区公共图书馆建立了古文献特色资料库，该数据库一方面对社会读者免费开放，允许读者自行查阅所需要的资料和文献，另一方面会向对古文献感兴趣的读者进行主动推送和推广，实现了群组单位内图书馆阅读推广主动化与个性化的推广目的。总而言之，客体群组的精准化可以提高公共图书馆阅读推广服务的有效性，避免了资源的浪费、优化了馆藏配置，同时有利于增强读者用户对图书馆的黏性，营造了良好的公共阅读环境。

5.效果

检验阅读推广活动的成效，既要检验可量化的后续显性成效，也要检验不可量化的后续隐性成效。结合公共图书馆群组阅读推广服务模式的构建，5w 传播理论中效果要素可以理解为评价阅读推广成效的指标。一套合理的、科学的群组阅读推广评价机制是总结前一阶段工作成果、反思前一阶段工作问题的标准，也是下一阶段工作制定的依据和出发点，因此，公共图书馆群组阅读推广服务评价的正确运用具有深远的意义。根据公共图书馆群组阅读推广服务的实践，其效果指标也要有所区分。在整体上，首先要对群组的划分进行指标测评，考量群组区分和合理度、有效度及覆盖度；其次要对公共图书馆群组阅读推广服务流程进行评价，如推广内容的选取与群组内读者要求的匹配度、每一次开展阅读推广活动参与人数等，这些都成为公共图书馆群组阅读推广服务效果评价的重要依据。总之，设计一套行之有效的、因时制宜的多维评价指标体系，有助于立体、全面地衡量阅读推广服务过程中的得失。

三、基于 5W 传播理论的公共图书馆群组阅读推广服务模式建设策略

根据 5W 传播理论的五大构成要素，从主体、客体、内容、媒介和效果五个维度提出了相应的公共图书馆群组阅读推广服务模式的构建策略。

1.群组阅读推广主体：健全图书馆机构，加强合作

公共图书馆是群组阅读推广服务的主体要素，主体机构的健全和完善在很大程度上决定着阅读推广活动的效用。因此，在制定公共图书馆群组阅读推广服务模式建设策略过程中，要突出强调 5w 理论下公共图书馆的主体定位。一方面，公共图书馆应该加强自身的馆藏资源和文献建设，尤其重视数据资源的创新和发展，如针对群组用户的阅读需求，打造特色化文献数据库，以强化资源建设为中心健全图书馆群组阅读推广服务机构；另一方面，单一的图书馆面对多元化群组客体，其服务能力和服务内容是存在局限性的，为了突破公共图书馆群组阅读推广服务的瓶颈，越来越多的公共图书馆主动与当地高校图书馆、文化服务机构或基层组织之间建立合作关系，形成了广泛的合作联盟，从多方面挖掘资源、拓展推广服务范围，建设多渠道、多内容的群组阅读推广模式。此外，公共图书馆成立专门的群组阅读推广机构非常必要，由专人负责公共图书馆群组阅读的整体规划、管理和指导工作，能够保障阅读推广服务工作有序高效运行。

2.群组阅读推广客体：群组划分，因地制宜

公共图书馆群组阅读推广服务的核心在于群组的精准划分与定位，这是图书馆个性化服务的延伸和发展。公共读者是 5w 理论视角下图书馆群组阅读推广服务的客体，要想对群组读者进行精准的内容推送，重中之重是要明确群组划分的标准，一般来说，图书馆可以根据读者身心特征、科研专业、知识结构、阅读兴趣等特点确定群组，进一步为其打造"我想读什么就提供什么"的专属推广模式。例如，公共图书馆可以根据读者年龄将老年读者组成一个特定群组，将其作为阅读推广服务的客体，定期定量地为老年读者推送养生、保健类的相关资讯和读物，满足老年读者的共性阅读需求。此外，图书

馆可以进一步发挥文化传播的作用，为老年读者构建交流平台，增强老年读者间的情感沟通与互动，帮助老年读者驱散孤独感。总之，5W 传播理论中，客体因素直接影响着主体活动的效度和信度，对于公共图书馆群组阅读推广服务而言，因地制宜的群组划分，有利于加强公共图书馆对群组客体的关注，从而将公共读者的需求和阅读推广服务有效连接起来。

3.群组阅读推广内容：开发特色，强调共享

5W 传播理论视角下，内容要素是活动的中心，是贯穿于活动过程始终的，正因为如此，公共图书馆群组阅读推广内容的建设也是服务模式研究的重点和难点。由于公共读者的阅读范围广、对文献资源的需求量与日俱增，公共图书馆需要不断更新资源库，以保障阅读推广内容的全面和丰富。结合 5W 传播理论，公共图书馆群组阅读推广服务模式建设策略的内容要素层面可以从以下两方面展开：第一，公共图书馆可根据本馆的资源特色和地方民俗特色组建相应的阅读群组，针对群组读者的需求，再对某领域或某专业的资源集中进行标准化的、有价值的数字化加工，形成网络数据库，满足群组读者物理空间和网络平台双渠道的阅读要求。第二，公共图书馆尤其要重视公共图书馆或与其他类型图书馆的馆际合作，通过达成合作关系，与之互通有无，实现资源的共享和共建，在减少资源建设成本的情况下，将资源的使用最大化，提高阅读推广服务的主动性和多样性，促进公共群组阅读推广服务内容的延伸和拓展。

4.群组阅读推广媒介：创新服务，树立品牌

媒介是 5w 传播理论的基本组成部分，是公共图书馆实现对群组用户阅读推广服务的平台与渠道，因此，必须重视群组阅读推广媒介的创新和品牌树立。当前公共图书馆群组阅读服务推广媒介主要从两方面展开：第一，立足读者使用习惯，以读者常用的信息获取方式作为传播媒介，如社交媒体平台 QQ、微信、微博等，公共图书馆形成了浓厚的阅读推广氛围，使无论哪一个群组的读者或每一个群组内的读者，全天候 24 小时均可以获取到相关资源，突破了传统阅读推广中常用的图书馆布告栏、广播站等形式在空间和时间上的限制，增强了公共图书馆阅读推广服务的效用。第二，打造公共图书馆群组阅读推广服务品牌，如可以建设真人图书馆，采用小组交流的方式，以动态的、立体的人物作为阅读资源，进一步吸引读者用户的阅读兴趣；再如，公共图书馆定期开展的"读书节"也逐渐成为长期的、稳定的、标志性的服务品牌。

5.群组阅读推广效果：合理评价，规范管理机制

5w 传播理论的最后一个构成要素为评价，此评价又可看作是下一个 5w 传播活动的基础，有利于促进和改善公共图书馆阅读推广活动。针对公共图书馆群组阅读推广服务而言，有效的评价是指科学合理的评估体系，公共图书馆在经过主体提供—内容筛选—

媒介构建一客体划分四个环节后，应该及时落实阅读推广评价工作。一般来说，完整的、规范的阅读推广评价体系包括评价方法、评价机构、评价指标和反馈信息等，通过对群组读者进行回访，获取读者的真实反馈，完成 5w 传播理论的一个阶段循环。群组阅读推广效果的最大价值在于使图书馆结合机构内衡量阅读推广活动指标清晰地认识到当前阅读推广活动存在的问题和不足，并以此为契机，在总结经验、吸取教训的基础上开启下一轮群组阅读推广服务活动，实现多个 5W 传播活动的衔接与良性循环。总之，重视 5w 传播理论中的评价要素，有利于对公共图书馆群组阅读推广服务进行规范管理，以促进活动更好更完善地开展。

综上所述，阅读推广是一个长期而艰巨的工程。5W 传播理论应用于公共图书馆群组阅读推广活动是适用的，更是必要的，有利于促使公共图书馆阅读推广形成一个更为精准和个性化服务的良性循环。

第三节 基于微信平台的公共图书馆阅读推广模式研究

微信是一种有效的信息传播媒介，为公众的工作、生活和学习带来了很大的便利。通过微信平台开展阅读推广为公共图书馆扩展读者服务渠道提供了新的思路。近年来，已有很多图书馆利用微信公众平台开展阅读推广，然而，如何利用微信公众平台吸引读者，引导读者由"浅阅读"向"深阅读"转变，从而提高阅读推广效果，是值得图书馆人不断思考的问题

一、公共图书馆微信平台阅读推广的优势

1.庞大的注册读者群体

微信是社交媒介，微信用户数量巨大而且还在持续增长，这些数量众多的读者群体都可能是潜在的读者用户群体。除了读者群体方面具备的优势，微信的免费使用、操作简单、信息推送多样化等优势也比较显著。公共图书馆作为国家公益性的文化服务机构，必须考虑到其阅读推广对象的覆盖面，不能受到年龄、地域以及身份等方面的限制，要面向全民族挖掘潜在读者，利用微信公众平台庞大的用户群体开展图书阅读推广活动。

2.微信平台阅读推广投入成本低

随着智能手机在公众群体中的普及度越来越高，微信读者在查阅文献的时候不再受到时间与空间的限制，能够自主获取微信的阅读推广信息，也能够自主检索需要的信息资源，提高了阅读推广的灵活性，也就是说，只要有网络覆盖的地方就可以开展信息推送活动。读者使用微信不收费，公共图书馆借助微信平台开展阅读推广也不需要进行过多的投入，成本比较低，更容易被接受。

3.信息传播方式便捷

对于微信平台来说，信息推送是通过网络进行，传播的速度快，图书馆借助微信平台开展阅读推广能够提升时效性。以微信为载体开展阅读推广不仅具备信息传播速度的优势，还丰富了阅读推广的内容。纵观传统的图书馆阅读推广活动，基本都是文字信息发布，或者是开展线下推广，相对比较单一。而微信平台阅读推广则是语音、文字等的融合，信息传播手段更加现代化，也更加立体化，图文、语音、视频结合能够带给读者更为直观的感受，提高了阅读推广的实效性。

二、公共图书馆微信公众平台阅读推广存在的问题

1.平台推广力度不够，内容质量有待提升

很多公共图书馆微信公众平台阅读推广力度不够，活跃粉丝数量不足。出现这种现象大致有两方面的原因：一是多数公共图书馆对微信公众平台的推广力度不够；二是发布的内容价值不足、质量不高、对读者的吸引力不够。

2.阅读推广效果不佳，服务质量有待提升

很多公共图书馆微信公众平台阅读推广的成效并不尽如人意，出现此种情况主要由于推送内容质量不高，不能吸引读者，或服务质量不高，缺乏与读者的互动，不能激发读者的阅读兴趣。

3.深度阅读推广不足，引导性阅读有待加强

很多公共图书馆开展了"微阅读""在线阅读""云阅读"等阅读推广活动，有效地引导了读者进行"浅阅读"，但缺乏"深阅读"活动的开展，如读书沙龙等。例如，广西壮族自治区图书馆、安徽省图书馆设置了读书沙龙菜单，但只是简单地发布通知或沙龙推广成果，并未充分利用微信的实时交互性线下与线上同步直播沙龙活动，受众范围难以最大化。由此可见，图书馆利用微信公众平台开展阅读推广的深度不够，应加强对读者的正确引导，促使读者由"浅阅读"向"深阅读"转变。

三、公共图书馆微信平台阅读推广服务的优化策略

（一）拓展推广途径，吸引读者关注

微营销时代是粉丝经济时代，对微信公众平台而言无论是内容营销还是服务营销，如果缺少粉丝关注，策划准备得再充分也毫无意义，因此，微信公众平台营销的核心就是粉丝。粉丝的获取完全取决于用户的主动性，只有用户主动关注微信公众号，才能定时收到微信公众平台推送的信息。微信公众号的关注度直接影响阅读推广的效果，因此，图书馆要强化营销理念，采取多种形式宣传推广图书馆微信公众号，提高图书馆微信公众平台的活跃粉丝数量。

1.线下推广，主动邀请和激励引导

线下推广是阅读推广的常规方法，图书馆可以通过以下两种方式提高用户的关注度：一是主动邀请。利用读者到图书馆借书、还书、参加活动、听讲座等机会主动邀请读者扫描图书馆微信二维码，关注图书馆微信公众号。二是被动设置。图书馆可将带有二维码的宣传海报或流动图书车放置在图书馆入口或人流量较大的地方，通过馆员引导、"关注有奖""分享有礼"等吸引、鼓励读者关注并转发。图书馆要转变服务理念，由被动服务转向主动服务，通过热心的服务和适当的奖品激励，最大限度地吸引读者关注。

2.线上推广，自然裂变和文库引流

线下推广主要针对经常到馆或参与图书馆实体活动的读者，而有很多读者虽未到馆，但也时刻关注图书馆的动态，如图书馆QQ服务群中的用户、微博和博客的粉丝、浏览主页的用户等；各大社交平台上也存在大量的"潜阅读"用户，如个人微信、社交网站等。图书馆应利用各种新技术、新方法，多途径深度挖掘，将以下两种"潜阅读"用户引流到微信公众平台，提高公众平台的关注度。

（1）已是图书馆"潜阅读"用户的转换

图书馆可以将公众号的二维码置于图书馆主页、博客、微博的显著位置和QQ群的公告栏中，通过文字描述，将平台上的"潜阅读"用户引导到微信公众平台，实现自然裂变。

（2）各大社交平台上"潜阅读"用户的引流

朋友圈是读者关注公众号的第一渠道。公共图书馆可通过一些热爱阅读推广的个人微信账号推广图书馆公众号，提高公众平台的关注度；各大社交网站、论坛、经验交流平台、问答平台等也是阅读推广的重镇，如豆瓣、知乎、百度经验、百度知道、天涯问答等，将微信公众平台的二维码或微信公众号植入高质量软文或问答中，利用内容引流、文库引流、问答引流等方式将"潜阅读"读者引流到微信公众平台，从而提高图书馆微信公众号的关注度。

（二）提高服务质量，增强用户黏性

1.加强内容建设，提升用户关注度

"内容为王"是图书馆微信公众平台发展的重要原则。当一个微信公众号推送的内容兼具实用性、趣味性，并贴近用户，能够满足用户分享的满足感时，这个微信公众号就成功了一大半。具备这些特征的内容，用户会主动分享，并辐射到用户强关系链上的好友，促发更多基于真实关系的传播。图书馆应通过不断提高内容质量，利用蝴蝶效应，引领读者阅读，增强读者黏性，具体而言，可以通过如下几种形式：

（1）利用微信

公众平台用户管理功能实现精准推送。微信公众平台后台可以获取用户的全部信息，并提供强大的用户分组功能，可以按地域、性别、喜好、需求等不同的指标分组，根据分组类型及文章类型进行精准推送。只有读者需要且认为有价值的文章才是好文章，他们才会自愿去分享、转发，产生裂变效应，从而增强用户黏性，提高微信公众平台的关注度。

（2）结合时事热点，推送相关图书

适当结合当下社会热点，推送与之相关的内容或编写与该热点有关的主题，积极参与用户的评论互动，向关注该公众号的用户推送与该热点有关的图书，达到事半功倍的效果。

（3）"拆书"，经典图书推送

所谓经典，就是经久不衰的万世之作，为了引导读者充分利用碎片时间阅读经典图书，可以将经典图书按照章节拆分、重组，使其适合碎片化阅读。

（4）多原创少转发

高质量的原创文章更可能会被其他微信公众号或个人微信转发、分享，产生裂变效应。

（5）心灵鸡汤美文

在物质生活丰富、精神生活匮乏的时代，名人名言、励志创业、爱情、生活、工作等类的文章更容易被读者接受，增强用户黏性。

2.加强服务群建设，实现良性互动

除了高质量的内容，还有很多细节影响着图书馆微信公众平台用户的忠诚度，如与粉丝的互动。实现互动的方法有很多，如签到、答疑、微信功能服务、调查、有奖竞猜、有奖征文、用户评比、游戏抽奖等。答疑类互动是最受用户欢迎的，也是最容易与用户形成强互动的一种形式。微信公众平台虽然实现了互动服务，但只能实现平台与粉丝的互动，即使是关注同一微信公众平台的粉丝也不能实现彼此间的互动。而在图书馆利用微信公众平台进行阅读推广时，由于馆员数量不足，不能及时回答读者的问题，进而使读者体验欠佳，甚至取消关注。为此，图书馆在利用微信公众平台进行阅读推广时可以建立微信服务群，将有问题的读者添加到服务群中，将热衷于阅读推广服务的读者设为管理员，读者可以对某个主题的内容展开深入探讨，也可以帮助其他读者解决问题，实现良性互动，从而提高粉丝的忠诚度。

（三）加强互动功能建设，促进读者深度阅读

1.建立激励机制，鼓励读者评论

有效引导读者对某个主题或文章内容发表评论，不仅有利于促进读者的深度阅读，还可以培养读者的创新思维。通常，整体上参与评论的读者关系比较稀疏，习惯于浅层次的互动（阅读、点赞），深层次的互动（评论）较少。而高产评论读者之间的关系比较密切，可以推动整个微信公众平台进行深层次的阅读评论。为有效地将"浅阅读"引向"深阅读"，引导读者对某个主题或文章进行深层次的评论，调动读者的积极性，可以采取一些激励措施，如每天从参与留言评论的读者中抽取一名幸运读者赠予图书，促进读者积极撰写评论。对于优秀的评论应及时给予回复，以促进读者更深层次的思考，同时也可以拉近与读者的距离，增强读者对平台的黏性。

2.搭建交流平台，引导读者深度阅读

微社区"兴趣部落"是基于微信公众平台的互动社区，可以应用于服务号和订阅号，是提升人气、增强用户黏性的有效模式。充分利用"兴趣部落"微社区，通过定期或不定期设立某个主题或阅读书目引导读者进行交流、分享，也可以由读者发起某个主题，实现读者间的交流、互动、思想碰撞，从而达到促进读者深度阅读的目的。

3.线上线下同步，营造读书氛围

"碎片化"阅读、"浅阅读"已成为现代阅读的趋势，人们可以充分利用碎片化时间阅读大量的信息。但是，如果只是一味地进行"碎片化"阅读，缺乏对国民从"浅阅读"向"深阅读"的正确引导，将会导致国家文化底蕴的丧失。美国联机图书馆中心的研究显示，最受读者欢迎的阅读方式是在图书馆与他人分享阅读经验和体会，即读书沙龙。通过读书沙龙可将一群具有共同兴趣的读者聚集在一起，围绕一个主题进行深入的讨论、交流并分享读书经验和体会。读书沙龙能够增进读者交流，促进读者深度阅读，提高图书馆人气。传统的读书沙龙受时间和空间的限制，只能集结同一城市中拥有共同爱好的部分读者，很多读者希望参与但由于时间和地理位置等限制无法到场，此时可以借助微信公众平台，将读书沙龙实况通过现场直播的方式展示给读者，读者可以根据现场情况，利用微信公众平台的交互功能与现场的嘉宾、读者进行交流，分享自己的阅读经验。微信公众平台在进行读书沙龙直播时，需开通读者与平台互动功能，在直播的同时用户可以实时与平台互动。采用这种模式进行读书沙龙直播可以打破时空限制，用户只要关注图书馆微信公众平台，就可以通过该平台的直播功能实时与沙龙现场进行互动、交流，从而激发读者的阅读兴趣。

第四节 公共图书馆数字阅读推广服务模式研究

随着移动互联网技术的普及，阅读载体、方式与途径发生了变化，人们的阅读习惯也由纸本阅读向数字阅读转变。研究表明，近年来国民数字化阅读率迅速提高，纸本阅读量呈下降趋势。由此可见，数字阅读正逐渐成为全民阅读的主流范式。如何提高数字阅读服务水平，探索适合用户阅读习惯的服务模式，成为信息机构研究的热点。公共图书馆作为全民阅读活动的主力军，作为公众获取知识的公益平台，在数字化阅读方面进行了大量尝试，从服务、内容、信息行为、绩效等多个层面，分析数字阅读服务模式的发展方向，旨在为用户提供更为人性化、便捷化的服务体验。

一、全民阅读时代图书馆数字阅读推广服务概述

1.数字阅读是时代发展趋势

数字阅读与传统阅读的最大不同在于，它依附于手机等各种互联网设备，使阅读不受时空限制，随时随地都可以进行，方便、快捷，能大大提升阅读效率，节省了人们的学习时间。随着智能手机的不断发展，手机阅读成为大众阅读的主要方式，阅读不再局限于固定场所。数字阅读是顺应时代发展的必然选择，它不仅实现了无纸化，节省了生产成本，有利于环境保护，而且数字阅读环境下，只要知道书的名称就可以很快搜索到，大大提高了阅读效率。对于一些经典文物类书籍，数字阅读有利于保护原著的完整性。数字阅读成为与纸质阅读并驾齐驱的阅读方式，得益于数字化资源丰富的可选择性，便捷的操作性，高效的传播力，这也使得数字阅读拥有广阔的发展前景。由于数字阅读具有先天优势，为了适应新时代文化建设的需要，必须大力推广。

2.数字阅读的特点

数字阅读即阅读载体、内容、方式的数字化，是信息技术催生的全新阅读方式。互联网时代信息载体的形态更加多样，无论是电子书、网页信息还是影像制品，都可以借助智能终端获取，方便了用户随时随地学习新知识。如今数字化的期刊、杂志、报纸日益普遍，文献资源的数字化加工，方便用户在线浏览，进一步扩大了信息传播范围。数字阅读形式灵活，内容丰富，阅读场所不受限制，符合公众对信息需求的倾向。数字阅读促进了空间阅读的泛在化，使得阅读活动不受时空限制，一部小小的手机就可以承载海量内容。用户的选择更多，与他人的交流更加便捷，有助于分享知识，传播经验，扩大交际圈，加快知识的多向传递。

3.数字阅读推广方式

数字阅读推广服务是图书馆或其他信息机构为培养用户阅读习惯，借助数字化服务技术激发用户阅读兴趣，促进全民阅读所从事的一系列工作。图书馆作为数字阅读推广

主体，可以借助微博、微信等推广媒介，采用特定技术与设施，设计合理的阅读推广活动，从而对服务对象产生影响，并通过反馈不断调整以达到最佳效果。数字化媒介的应用，为图书馆迎合用户阅读需求，紧跟时代发展步伐提供了渠道，能够采用丰富的方式达成服务目的。用户无须到馆借阅图书，而是利用智能终端随时接收信息，直接在线进行数字化阅读，信息传输高效，内容生动、简洁，契合现代人的学习习惯。目前微博、微信等社交网络平台是数字阅读推广的首选方式，不同媒介具备不同的功能，能够吸引特定的用户群体，节省图书馆服务成本，扩大阅读推广范围。

二、公共图书馆数字阅读推广服务模式的构建要素

公共图书馆数字阅读推广模式的构建，强调对各类信息媒介的充分利用，强调用户与馆员、用户与用户之间的交流互动，扩大阅读资源传播范围，激发更多人的阅读兴趣。图书馆在服务实践过程中，要关注数字资源、信息技术、推广对象等相关要素的相互关联，以优质的服务提高用户满意度。

1.数字资源

数字阅读推广服务的核心，就是让用户随时随地享受优质资源。因此，公共图书馆不断完善、丰富数字化资源，是开展阅读推广的基础。公共图书馆是文献资源的加工中心，拥有多种类型的数据库，可以从多个渠道采集信息，保障稳定的资源供给。作为阅读推广服务主体，公共图书馆需要根据自身建设需求，积极与中外数字资源供应商合作，争取获得更多优质资源，保障用户在线获取信息的实时更新。如今超星图书馆、中国知网、方正数字图书馆等在线服务商，吸引了大批用户，成为人们获取专业文献的重要渠道。公共图书馆与这些在线机构合作，通过开放信息采集、文献采购、合作建库等方式，对数字化资源进行整合并投入流通，可以确保馆藏数字化资源的持续性增长。

2.信息技术

公共图书馆数字阅读推广服务模式的构建，离不开先进技术的支撑，离不开优质的信息传输媒介。要想扩大数字阅读推广范围，促进数字化资源的跨界融合，吸引更多阅读推广客体，图书馆需要学习、引入新技术，选择合适的平台、媒介和工具，让阅读推广服务更加智能化，不仅能够引导全民阅读，也能够满足少数用户的高端阅读需求。例如，云计算、大数据等新兴技术，可以帮助公共图书馆转变服务理念，以智慧驱动提高数字化资源传播效率，提高阅读推广服务水平。而微博、豆瓣书评、微信等社交媒体的应用，以庞大的用户规模，不断延伸的社交网络，为公共图书馆提供了多样化推广渠道，有助于数字阅读推广服务的顺利实施。

3.用户需求分析

公共图书馆用户作为数字阅读推广的客体，其数字阅读习惯、阅读需求、建议反馈等，不仅决定了数字阅读推广服务模式的构建方法，也影响着最终服务的成效。全民阅读背景下，公共图书馆数字阅读推广对象应该是全体国民，但由于数字阅读人群中年轻人居多，因此，图书馆员可以年轻群体作为调研对象，掌握他们对数字阅读的实际需求，以多种宣传推广手段，引导他们认识数字阅读的重要性，提高阅读积极性，增强用户黏度。充分利用社交网站、新媒体工具和强化体验式阅读服务，让更多用户参与其中，加强信息交互，促进数字化资源共享。公共图书馆也要根据推广客体的反馈建议，及时调整阅读推广服务模式，优化数字阅读推广内容，形成适应现代社会用户习惯的阅读环境。

三、基于社交网络的公共图书馆数字阅读推广服务模式演变

互联网时代大量社交网络的涌现，不仅促进了人与人之间的在线交互，也在不断改变着人们的信息行为，影响着人们的阅读习惯。公共图书馆要熟悉各类社交网络，并根据不同社交网络的特点与变化趋势，不断调整数字阅读推广服务

1.基于博客的数字阅读推广服务模式

博客的流行始于 2000 年，是一种由用户自主管理，可自由发布文章、视频等信息的社交网站。它具有公开、自主、深度交互的特点，发布的内容可对外开放，对字数并无限制，方便用户发布原创文章，分享观点与感悟，寻找感兴趣的话题，或者与专业人士深度交流，获得更多新知识。作为起步较早的社交网站，博客在公共图书馆的应用较为广泛，也是十分有效的数字阅读推广模式。博客方便馆员根据需要发布阅读推广内容，宣传推广服务业务，发起话题讨论，或者公布专家讲座，吸引用户加入数字阅读推广活动中，拓展阅读推广渠道。公共图书馆也可以利用博客，为用户推送优质阅读资源，通过在线讨论掌握用户需求，增进与用户的在线交互，丰富用户的阅读内容。

2.基于微博的数字阅读推广服务模式

微博的应用拉近了人与人之间的距离，让更多的人习惯于将自己的想法发布在网上，或者通过即时互动寻找具有共同爱好的伙伴。尤其是年轻群体，具有较强的适应能力，对新生事物具有好奇心，因此在微博上更为活跃。研究表明，大部分年轻人有刷微博的习惯，喜欢借助微博了解社会资讯、娱乐八卦等。公共图书馆开通官方微博，以全新的方式宣传推广阅读服务，让用户直接在线阅览信息，可以节约成本，借助微博平台提高其社会影响力。在发布数字阅读资源时，馆员应注重对内容的正确编辑，每一次推送都应该仔细斟酌，做到简洁、亲切、有吸引力。在微博内容编辑基础上设置相关链接，方便读者直接进入数字图书馆，达到在线引流的目的。

四、公共图书馆数字阅读推广服务模式的创新发展方向

全民阅读背景下国民每天接触新媒体的时长不断提高，日均在线阅读时长也有不同程度增加，表明新兴媒介成为备受青睐的数字阅读载体，理应成为公共图书馆开发服务领域，创新数字阅读推广服务模式的有益途径。通过研究国内图书馆创新实践案例，可知公共图书馆可以搭建大数据阅读平台、提供数字阅读云服务、建设数字文化驿站等，让数字化阅读触手可及，为全民阅读事业发展提供动力。

1.搭建大数据阅读平台

"36大数据"网站是依托大数据技术搭建的专门为用户提供与大数据相关文献内容的知识性平台。该平台由百度、腾讯等多家企业联合，并与清华大学、浙江大学等高校图书馆合作，寻找优质文献数据资源，并将其录入平台，涵盖大数据案例分析、数据可视化等专业信息资源，方便用户随时随地获取。网站将服务内容分为多个模块，从不同的专业领域采集信息，以大数据为核心汇聚资源，以帮助用户了解大数据的总体发展趋势，将所需资源应用于日常工作与学习中，对于企事业单位决策者也有一定的启发作用。经过长期的积淀与发展，该网站以有价值的大数据媒体，在业内树立了良好的口碑，也为公共图书馆数字阅读推广模式创新提供了思路。公共图书馆也可以与数据供应商合作，联合多家机构搭建相关平台，借助大数据技术为用户提供优质服务。

2.提供数字阅读云服务

公共图书馆利用云计算技术，开发移动终端云服务平台，以共享架构整合云服务、云系统和云应用等资源，为用户提供云计算环境下的高效服务，这是促进数字阅读推广服务升级的方向之一。云计算环境下，用户只需要利用智能终端设备，如移动电脑、智能手机等，就可以通过移动网络连接云服务平台，在发送请求后迅速获取所需资源，随时查询、下载、借阅馆内资源。公共图书馆对馆藏资源进行优化整合后，可以借助云服务平台展现给更多用户，提高数字化资源利用率。然而，数字阅读云服务模式的实现，需要一批具有较高素养的信息编辑馆员，负责对平台信息进行筛选与监控，及时采集、发布最新信息，促进用户与数字化资源的交互，为云服务平台提供可靠的人力支持。

数字阅读是当前主流的阅读方式，拥有纸本阅读无可比拟的优势。随着新兴媒体的涌现与发展，公共图书馆的数字阅读推广模式将随之变化，甚至出现超出我们想象的阅读推广方式。公共图书馆作为全民阅读的倡导者，应该学会把握时代发展脉搏，不断引入新技术，学习新方法，适应用户不断变化的数字阅读需求，在新环境中探索数字阅读推广新模式，使数字阅读推广服务得到不断优化升级。

结　语

综上所述，读者处于图书馆的核心位置，为此，基层公共图书馆必须着眼于满足读者的各类需求，并要积极推动基层公共图书馆读者服务创新，以使图书馆读者服务步入更加科学化、规范化、效能化轨道，从而推动基层公共图书馆的发展。在进行全民阅读推广过程中，如何更好地发挥公共图书馆的优势，是一项十分重要且值得研究的工作。对于公共图书馆来说，应该积极读者营造一个良好的阅读空间，不断深入开展全民阅读活动，积极发挥图书馆在保障广大市民文化权利、提高全民文化素质中的中心阵地与基础平台作用，在全市形成以读书为荣、以读书为乐的良好社会新风尚。

公共图书馆是我们国家在教育发展阅读形式中的重要载体，反映着人们在阅读需求中的内容，利用多种方式对阅读的活动和阅读的内容进行推广，为新时代公民能力素质的提升奠定好的基础条件。保存人类知识，实现知识和信息的自由、平等获取，是公共图书馆永恒的社会意义所在。读者服务工作是公共图书馆的日常工作，是公共图书馆的基本职能，也是公共图书馆赖以生存的基础，图书馆的一切工作，归根结底就是为读者用户提供信息服务，满足读者的需求是公共图书馆服务工作的中心，图书馆的服务工作必须得到广大读者的满意和高度认可。而在现代社会，为了更好地实现个人的进步与发展，广大读者对公共图书的服务提出了更高的要求，所以必须充分利用现有的文献资源、人才、设备等优势，树立与读者公众利益一致的原则，积极与读者公众沟通、协调、协作，转变传统的服务方式，从单一不断走向多元，从传统不断走向现代，从部分不断走向全体。面对社会不同层面的阅读需求，图书馆阅读推广工作也应顺应社会趋势，积极采用阅读推广多元化策略，呈现多元化的特点，为社会发展和国家建设贡献力量。

参考文献

[1]王海河.公共图书馆服务与创新管理[M].长春：吉林摄影出版社,2021.

[2]张靖,陈深贵主编.公共图书馆工作人员入职培训教材[M].广州中山大学出版社,2022.05.

[3]李瑞欢主编；李树林,董晓鹏副主编.公共图书馆工作实务[M].北京：现代出版社,2018.09.

[4]王蕴慧,张秀菊作.公共图书馆的服务体系建设与创新[M].北京：中国纺织出版社,2021.12.

[5]许莉作.公共图书馆古旧文献管理与服务[M].长沙：湖南大学出版社,2021.08.

[6]徐益波.公共图书馆信用服务的宁波实践[M].天津：天津大学出版社,2021.11.

[7]韩春磊作.公共图书馆馆藏文献资源数字化建设[M].长春：吉林摄影出版社,2022.01.

[8]刘志芳著.公共图书馆亲子阅读活动的创新模式研究[M].昆明：云南大学出版社,2022.06.

[9]曲蕴,王晓樱,施雯,黄吉,姚馨作.大都市公共图书馆国际经验与上海特色[M].上海：上海科学技术文献出版社,2022.02.

[10]刘剑英,叶艳,姚晓鹭著.计算机技术与公共图书馆管理[M].北京：九州出版社,2018.06.

[11]卢家利著.美国公共图书馆管理与服务[M].北京：中国商务出版社,2018.04.

[12]宋松著.公共图书馆信息资源建设研究[M].北京：现代出版社,2019.05.

[13]周红雁.文旅融合环境下的公共图书馆转型研究[M].合肥：安徽大学出版社,2021.10.

[14]李一男.现代公共图书馆资源建设与服务的多维透视[M].长春：吉林大学出版社,2021.07.

[15]祝坤著.公共图书馆发展及其文旅融合路径探究[M].吉林人民出版社,2021.09.

[16]郑辉,赵晓丹著.现代公共图书馆智慧服务平台建构研究[M].长春：吉林人民出版社,2020.12.

[17]王继华著.新时期公共图书馆阅读推广理论研究[M].银川：宁夏人民出版

社,2020.04.

[18]张洪升，付国帅，张正伟著.公共图书馆资源建设与服务研究[M].北京：新华出版社,2018.03.

[19]付立宏等著.数字时代图书馆学情报学研究论丛公共图书馆用户权利义务规范配置研究[M].武汉：武汉大学出版社,2021.11.

[20]王东亮作.智慧图书馆与阅读推广工作研究[M].北京：中国国际广播出版社,2021.09.

[21]薛天著.公共图书馆儿童读者活动理论与实务[M].长沙：湖南大学出版社,2017.04.

[22]尚海永著.公共图书馆的转型与社会责任研究[M].延吉：延边大学出版社,2017.11.

[23]阮光册，杨飞主编.公共图书馆管理与服务[M].上海：上海科学技术文献出版社,2015.10.

[24]蔺丽英著.公共图书馆与阅读推广[M].北京：光明日报出版社,2015.12.

[25]浦绍鑫著.现代公共图书馆资源建设与服务[M].北京：光明日报出版社,2016.08.

[26]张文亮著.公共图书馆组织文化诊断模型与方法[M].北京：海洋出版社,2016.01.

[27]王世伟主编.公共图书馆是什么[M].上海：上海社会科学院出版社,2010.10.

[28]于青编著.公共图书馆微博服务研究[M].南京：东南大学出版社,2014.10.

[29]王志东著.公共图书馆文化产业研究[M].济南：山东人民出版社,2012.12.

[30]孙凤作.图书馆读者服务理论与实践[M].长春：吉林出版集团股份有限公司,2021.09.

[31]朱洪霞，姚丽娟著.现代图书馆读者服务工作创新与研究[M].北京：北京燕山出版社,2022.02.

[32]王秀文，于丽娜著.高校图书馆读者服务于档案管理探索[M].长春：吉林科学技术出版社,2021.08.

[33]张毅华编.新媒介环境下图书馆读者心理演变研究[M].镇江：江苏大学出版社,2020.11.

[34]苏文成作.高校图书馆读者实体资源检索行为研究[M].镇江：江苏大学出版社,2020.12.

[35]何津洁著.高校图书馆读者服务工作拓展与创新[M].北京：北京工业大学出版社,2018.12.

[36]王振伟著.新时期高校图书馆读者服务工作研究[M].北京：北京理工大学出版

社,2019.06.

[37]张岩编；王余光，霍瑞娟，李东来总主编.传统文化与阅读推广[M].北京：朝华出版社,2022.03.

[38]孙洪林，陈秀英，任延安著.地方文献阅读推广新论[M].北京：新华出版社,2022.08.

[39]刘瑞琨，马燕，王贤云主编.现代图书馆管理与阅读推广服务[M].银川：宁夏人民出版社,2020.09.

[40]郑珊霞作.阅读推广与档案开发利用[M].上海：东华大学出版社,2021.11.